Eberhard Löschcke

Hartmut Przybylski

Unzeitgemäßes über Religion

SWI VERLAG

© 2004 SWI Verlag, Bochum
Selbstverlag des Sozialwissenschaftlichen Instituts
der Evangelischen Kirche in Deutschland
Postfach 25 05 63, 44743 Bochum
Umschlagentwurf und -gestaltung: Ulf Claußen (SWI)
Titelbild: „Kreuzigung, 1962/63" von Joseph Beuys
© VG Bild-Kunst, Bonn 2003
Satz, Layout: Manuela vom Brocke
Herstellung: Books on Demand
Alle Rechte vorbehalten
Printed in Germany
ISBN 3-925895-89-2

Inhalt

Vorwörter 7

Hartmut Przybylski

Kirche und Religion im Kapitalismus

Zur Reproduktion individueller und sozialer Lebensverhältnisse 9

Eberhard Löschcke

Aspekte der marxistischen Religionstheorie vor dem Hintergrund

lateinamerikanischer Befreiungsprozesse 81

Hartmut Przybylski

Religion und Moral in der Kritischen Theorie Max Horkheimers

Erinnerungen aus Anlass seines 30. Todesjahres 228

5

Vorwörter

www.Ausbeutung Basis Christentum Dialog Elend Freiheit Gott Hegemonie Ideologie Jenseits Kapitalismus Leben Moral Nicaragua Opium Praxis Quantität Revolution Sozialismus Tod Unterdrückung Vernunft Ware Zeit Zensur Widerstand Verelendung Utopie Theorie Solidarität Religion Qual Produktivkraft Option Nächstenliebe Marx Leiden Kirche Jesus Identität Hoffnung Gerechtigkeit Fetischismus Engels Dialektik Chile Befreiung Antagonismus Akkumulation Bewusstsein Castro Diesseits Entfremdung Frieden Gesellschaft Horkheimer Interesse Jammertal Lenin Macht Natur Opfer Protestation Qualität Realismus Spiritualität Tradition Unrecht Veränderung Widerspruch Zukunft…@Religion.de

Sommer 2004   Eberhard Löschcke
                                               Hartmut Przybylski

Hartmut Przybylski

Kirche und Religion im Kapitalismus*
Zur Reproduktion individueller und sozialer Lebensverhältnisse

Einleitung

Hinsichtlich der Bearbeitung des Themas „Religion" dominieren gegenwärtig verschiedene Varianten der funktionalen Religionstheorie. Die im Prozess der Herausbildung der neueren Religionssoziologie beobachtbare Abnahme des Interesses an den Intentionen und Inhalten religiöser Aufklärung wird dahingehend interpretiert, dass wir heute im Zusammenhang unserer intellektuellen, moralischen und politischen Kultur religiös unter Voraussetzungen vollbrachter Aufklärung leben. Religion hat gegenwärtig nur noch orientierungspraktische Bedeutung für den Einzelnen.
Alles ist kontingent, ausgenommen die Funktion der Kontingenzbewältigung. Als abstrakte, schlechthin notwendige Funktion ist sie evolutionär unüberholbar, außer bei Wegfall des Menschen und seiner Welt. Da nun aber durch reine Nötigung Kontingenz nicht wirklich zu bewältigen ist, – ebenso unmöglich wäre es anzunehmen, dass jemand durch die Nötigung zu essen satt würde – bedarf es zumindest sprachlich eines bestimmten Inhalts zur Sättigung der Funktion. Dieses Konkrete nennt die funktionale Religionstheorie Religion. Religion ist „Kontingenzbewältigungspraxis". Eine solche funktionale Bestimmung darf nun aber nicht in der

* Aus: Hartmut Przybylski, Von der Studentenbewegung ins Gemeindepfarramt.
Eine historisch-empirische Längsschnittstudie zur Sozialisation evangelischer
Theologen im Beruf, Frankfurt am Main 1985

Weise missverstanden werden, als sei hier irgendeine historisch explizite Religion gemeint, denn das hieße Kontingenz mit Kontingentem bewältigen, was wir zwar lebenspraktisch ständig tun, was aber einer strengen philosophischen Seitenbeleuchtung nicht standhält. Aus dieser Perspektive interessiert nicht, was, wie viel und wie wir essen, auch nicht ob wir unter- oder überernährt sind, sondern allein, dass wir essen und dass wir aus Bestandserhaltungsgründen essen müssen. Das notwendige ‚dass' der Kontingenzbewältigung schlechthin ist Religion. Die funktionale Betrachtung verhält sich indifferent gegenüber historischer Religionsdifferenzierung und ist dem Zugriff der Aufklärung und Säkularisierung entzogen, weil es hier nichts mehr aufzuklären und zu säkularisieren gibt. Sie unterbietet damit das Wissen der Aufklärung und der marxistischen Religionskritik um den ambivalenten Charakter von Religion als Wissen und Aberglaube, Erkenntnis und Ideologie und um die Funktion von Religion als Herrschafts- und Befreiungsinstrument.

Die funktionale Religionstheorie hat Recht, wenn sie sinngemäß feststellt, dass das Ende der Neuzeit nicht gleichzeitig auch das Ende der Religion bedeutet. Allein unter dem Aspekt der Kontingenzbewältigung wird dieses faktische noch oder weiterhin In-Geltung-stehen von Religion jedoch nur unzureichend thematisiert. Die wirkliche Situation der Religion innerhalb der Bedingungen neuzeitlicher Lebenswelt und der erreichte Stand des Nachdenkens über sie sind bei uns und anderswo weitaus komplexer und differenzierter, als diese zu einfache Formel anzugeben vermag. Ob und wie man heute Religion hat, ist immer noch in erster Linie Ergebnis heteronomer Sozialisationsprozesse und in weit geringerem Maße Angelegenheit der Wahl selbstverantwortlicher Subjekte. Beides jedoch, Fremdbestimmung in Sachen Religion wie freie Entscheidung für ein bestimmtes religiöses Symbolsystem und dessen Sozialform kann eine sinnhafte Deutung der eigenen personalen und sozialen Situation sowohl ermöglichen als auch verhindern. Unabhängig vom Modus der Eintrittsbedingungen in eine Religion und abgehoben von der Sozialgestalt, in der sich Religion realisiert, liegt daher das entscheidende Kriterium ihrer Bestimmung in der Beantwortung der Frage, ob und inwieweit sie an der Fortschreibung und Zementierung einer unbefriedigten Aufklärung, das heißt, an der Verhinderung und Verweigerung von Mündigkeit, Freiheit und Gerechtigkeit, oder an gegenläufigen Prozessen orientiert und beteiligt ist.

Eine zureichende sozialphilosophische Theorie der Religion erschöpft sich daher nicht in wertneutraler ahistorisch verallgemeinernder funktionaler Deskription, sondern ihre Aufgabe ist es, im Spannungsfeld von bewahrender historischer Rekonstruktion, Denunziation und projektiver Transformation das dialektische Geschäft der Aufklärung auch weiterhin zu betreiben. Wer demgegenüber auf der Vollendung religiöser Aufklärung besteht, hat die Beweislast zu zeigen, dass der empirisch als fortdauernd belegbare ambivalente Charakter expliziter Religion – als Konstituens gelungener personaler und sozialer Identität und als Problemanzeiger pathologischer Strukturen personaler und sozialer Systeme – für eine plausible Theorie der Religion keine Rolle spielt.

Demgegenüber beharrt der hier wiederveröffentlichte Text auf einer immer noch unbefriedigten religiösen Aufklärung. Mithilfe Lefèbvres Theorie der kumulativen und nicht-kumulativen Prozesse, als Erweiterung der bei Marx ausgearbeiteten Akkumulationstheorie des Kapitals wird der Versuch unternommen, den neuzeitlichen Strukturwandel des Religionssystems mit seinen ambivalenten, ja widersprüchlichen Ursachen und Folgen ansatzweise zu rekonstruieren.

Sollte sich beim Lesen des folgenden Textes die irritierende Vermutung einstellen, diese „alten" Theorien könnten in der Lage sein, auch die Gegenwart von Religion und Gesellschaft „neu" zu denken, dann ist das durchaus beabsichtigt.

1. Einige Positionen im sozialwissenschaftlichen beziehungsweise sozialphilosophischen Diskurs: Religion

Es gehört nicht allzu viel Scharfsinn zu der Feststellung: Das Ende der Neuzeit brachte nicht das Ende des Religionssystems, das man Kirche nennt. Davon überzeugt schon der Augenschein:

• Immer noch, als Erbe einer vielhundertjährigen Tradition, arbeitet Kirche „am Ort" der dort zufällig Wohnenden. Sie präsentiert sich dort durch Gebäude und Gottesdienst beziehungsweise durch Amtshandlungen, die in erstaunlich hohem Maße nach wie vor in Anspruch genommen werden.

• Von uneingeschränkter Anwesenheit der Kirche zeugen weiterhin Schwesternstationen, Altersheime, Krankenhäuser, Aktionen wie „Misereor" oder „Brot für die Welt" und die vielfältigen Tätigkeiten, die unter dem Stichwort „Innere Mission" zusammengefasst sind.

• Noch immer verwaltet die Kirche in beträchtlichem Maße öffentliche Rechte und spielt im Prozess der öffentlichen Meinungsbildung eine wichtige Rolle. So ist sie unter anderem vertreten in kulturpolitischen Aufsichtsgremien, in der freiwilligen Selbstkontrolle des Films, in den Beiräten von Funk- und Fernsehanstalten und durch besondere Beauftragte bei Bund und Ländern.

• Und schließlich ist Kirche präsent in Kindergärten, konfessionellen Grund- und Oberschulen, im Religionsunterricht an öffentlichen und berufsbildenden Schulen, an Forschungsinstituten, an pädagogischen und technischen Hochschulen, an Predigerseminaren und kirchlichen Hochschulen, in zahlreichen Institutionen der Erwachsenenbildung und sogar an den Hochschulen der Bundeswehr.

Kirche, so lässt sich hinzufügen, ist in den genannten Feldern aber nicht nur gesellschaftlich anwesend und in dieser ihrer Anwesenheit rechtlich sanktioniert, sondern sie erfreut sich auch, wie kirchensoziologische Untersuchungen immer noch ergeben, sowohl bei ihren professionellen (Pfarrer) wie auch nicht-professionellen Mitgliedern weitgehender Akzeptanz.

Ein etwas anderes Bild ergibt sich jedoch, wenn man nicht beim bloßen Augenschein verharrt, sondern nach der Einschätzung des Religionssystems in den Sozialwissenschaften respektive in der Sozialphilosophie fragt. So erscheint Religion unter neuzeitlichen Bedingungen etwa für Arnold Gehlen als Randphänomen. Im beobachtbaren Trend zur Individualisierung und Subjektivierung dokumentiert sich für ihn ein ständig fortschreitendes Verblassen der ursprünglichen Stabilisierungsleistungen von Religion. Im Fortfall der religiös-institutionellen Klammer verselbständigen sich Außenwelt und Innenwelt mit der Konsequenz zunehmender Bedrohung der Stabilität des Ganzen auf Grund wachsender Desorientierung und Verhaltensunsicherheit des Einzelnen.[1]

Als gegenwärtig wohl umfassendster Versuch, Religion innerhalb einer Theorie der Gesellschaft zu verorten, kann der Ansatz von Niklas Luhmann gelten.[2] Nach Luhmann muss Religion als gesellschaftliches Teilsystem begriffen werden, das aber dennoch auf das Gesamtsystem bezogen bleibt und zwar auf dessen Selektivität. Religion hat die Funktion, die Unbestimmtheit und Unbestimmbarkeit des Welthorizonts zu bestimmen und damit die kontingente Selektivität des gesellschaftlichen Systems zu chiffrieren und motivfähig zu interpretieren. Auf der Ebene des Gesellschaftssystems geschieht Kontingenzbewältigung durch Religion als Deutung und Legitimation der kognitiven wie normativen Weltentwürfe. Darüber hinaus erbringt Religion bestimmte Leistungen, die, sofern sie andere gesellschaftliche Teilsysteme betreffen, Luhmann unter einen erweiterten Begriff von Diakonie fasst und, sofern sie auf personale Systeme bezogen sind, Seelsorge genannt werden. Die Beziehung des Religionssystems auf seine eigene Identität schließlich, die Reflexionsleistung, ist Sache der Theologie. Beiden hier nur angedeuteten Positionen ist gemeinsam, dass sie Religion in erster Linie hinsichtlich ihrer kompensierenden und integrierenden Funktion, also als stabilisierenden Ordnungsfaktor thematisieren, sie unterscheiden sich aber in der Einschätzung der realen Wirksamkeit und Reichweite dieses Faktors unter gegenwärtigen gesellschaftlichen Verhältnissen.

Als Gegenposition sind vor allem die Ansätze von Ernst Bloch und Max Horkheimer zu nennen. Beide sind Vertreter einer bestimmten Tradition des Marxismus, die sich davor zu bewahren wusste, durch abstrakte Negation von Religion selbst zur Ideologie zu werden. Für Horkheimer gilt dabei, dass das, was Religion ist, ontologisch nicht bestimmt werden kann.[3] Der

Begriff der Religion ist vielmehr theoretisch-historisch in seinem dialektischen Doppelcharakter von Wissen und Aberglauben, Erkenntnis und Ideologie jeweils am Ganzen der menschlich-gesellschaftlichen Praxis zu entfalten. Vom neuzeitlichen Entwicklungsprozess, in dem die subjektive, instrumentelle Vernunft triumphiert, bleibt auch die Religion nicht verschont. Sie wird in ihrem Anspruch relativiert, in ihrer Bedeutung eingeschränkt und weitgehend neutralisiert, so dass sie heute als Kulturgut ein gesellschaftlich immer irrelevanter werdendes Dasein fristet. Soll nach Horkheimer die „Welt der Nummern", der total verwalteten Welt aber nicht schlechthin gültig werden, muss die theoretische Kritik, denn sie allein ist heute noch möglich, mit Nachdruck auf der objektiven Vernunft geführt werden. Da Ideologiekritik, bestimmte Negation sich letztlich der Religion verdankt, hat Kritische Theorie das Wahrheitsmoment von Religion zu bewahren und zwar in Form der Negation, des Zweifels, der Trauer und der „Sehnsucht nach dem ganz Anderen".[4]

Ernst Bloch interpretiert die Menschwerdung des Menschen als Auszug aus Gott beziehungsweise als „Eindringen der Revolte des Humanum in die Gottesvorstellung". Religion wird nun aber auf diese Weise nicht einfach abgeschafft, sondern es gilt sie zu beerben, den Akt des Transzendierens einzubringen in die Immanenz, da der Mensch im Ensemble vorfindlicher Verhältnisse nicht aufgeht. Im Wegfall Gottes bleiben so nicht nur die Kontingenzprobleme von Leid, Krankheit und Tod, sondern es bleibt ein *„... riesiges Fragen, riesig negative Verwunderung ... brauchen die Wunschträume, die es so schwer haben, keinen Trost, daß für sie trotzdem etwas vorgesehen sei? Brauchen die Werke, die gegen das Unmenschliche errichtet werden, brauchen die konkret-sein-wollenden Utopien, die Planungen des Noch-Nicht-Gewordenen nicht im Weltkern ein Korrelat? Muß das harte Zusammen von Elend und von Tendenz zu seiner Überwindung, von Ausbeutung und von progressiver Dialektik in der Ausbeutung selber, nämlich, daß sie einen solch langwierigen, solch entsetzlichen Prozeß braucht, nicht auch – gerechtfertigt werden? Woher stammt das Reich der Notwendigkeit, das so lange bedrückt? Wieso ist das Reich der Freiheit nicht mit einem Male da? Wieso muß es sich so blutig durch Notwendigkeit hindurcharbeiten? Was rechtfertigt seine Verzögerung? – Das sind Angelegenheiten, die gerade auch beim Athe-*

ismus übrigbleiben, sofern er nicht geschichtsloser und irrealer, ja irrsinniger Optimismus ist. "[5]

Beide, Horkheimer und Bloch, rekurrieren auf den nach ihrer Meinung eigentlichen Wahrheitsgehalt von Religion, der nicht in der Vermittlung von realem Elend in der Geschichte und gegenseitiger Erlösung liegt, sondern im Anspruch auf universale Überwindung allen Elends.[6] Allein in der Erinnerung und Aufhebung dieses religiösen Traditionselementes sehen sie die Möglichkeit, dass philosophisches Denken wahrhaft kritisch bleibt.

Neben diesen mehr globalen und wie bei Luhmann sehr abstrakten theoretischen Zugangswegen zum Religionsproblem[7] gibt es eine Fülle spezieller und operationaler Ansätze, vor allem auf der Basis von Theorien des symbolischen Interaktionismus und der Wissenssoziologie, die hier aber nicht im Einzelnen diskutiert werden sollen.[8] Eine kritische Sichtung zahlreicher relevanter „Theorie-Versuche" über Religion hat Ingo Mörth unternommen.[9] Das Ergebnis seiner Suche nach *„Bausteinen einer universalen Religionstheorie"* lässt sich folgendermaßen zusammenfassen:

Religion expliziert alle Erfahrung jenseits der alltäglichen Wirklichkeit, kompensiert gesellschaftlichen Triebverzicht und alle Formen diesseitiger Beschränkung, integriert die verschiedenen Lebensphasen personaler Biografien, koordiniert disparate Gesellschaftsstrukturen zu einem einheitlichen Handlungsfeld, stützt Normen und Werte mitweltlichen Zusammenhandelns, fundiert und legitimiert kontingente gesellschaftliche Selektionen und deren Herrschafts- und Machtstrukturen beziehungsweise garantiert ihre Dauer. Daneben bietet sie personale Akzeptanz und emotionale Sicherheit, überwindet die Einsamkeit des Ich und die Fremdheit des Anderen, liefert Mittel zur Beeinflussung bedrohlicher Wirklichkeitsaspekte und ermöglicht ein sozial unschädliches Ausleben von Emotionen im expressiven Ritual. Hinzu kommen negierende Elemente zur Legitimation gesellschaftlicher Veränderungsprozesse. Dieses Konstitutionsbündel von Religion ist durch eine materielle Definition zu ergänzen: Religion ist ein System unwiderlegbarer und/oder unüberprüfbarer Aussagen, Vorstellungen und Handlungen. Die Kriterien der alltäglichen interaktiven und intersubjektiven Überprüfung und der Erfolgskontrolle in einer Kultur haben keine Gültigkeit für die Aussagen und Handlungen des entsprechenden religiösen Feldes. Allein möglich ist eine außeralltägliche, subjektive Überprüfung durch mystische Erleuchtung oder ekstatische Erfahrung.[10] All diese Elemente zusammen bilden historisch sich verändernde Konfigurationen unterschiedlicher Wirksamkeit und Akzeptanz und kondensieren zu ebenfalls historisch veränderlichen Sozialformen und Organisationstypen.

Auf der Folie dieser Leitlinien soll im Folgenden der Versuch gemacht werden, das Religionssystem evangelische Kirche, insbesondere die Ebene ihrer Segmente, die Gemeinden sowie ihre professionellen und nichtprofessionellen Mitglieder unter Berücksichtigung der historischen Formbestimmtheit einiger Aspekte der sozioökonomischen Bedingungen der Bundesrepublik in einem plausiblen theoretischen Kontext zu verorten. Dabei kommt es darauf an, auch die eingangs kurz genannten allgemeinen sozialwissenschaftlichen beziehungsweise sozialphilosophischen Positionen eines Diskurses über Religion in die Analyse mit einzubeziehen und möglichst in ihr aufzuheben. Das Ganze zielt jedoch nicht auf eine Erklärungstheorie von Religion überhaupt, sondern versteht sich als eine mögliche Form der Analyse neuzeitlicher Gesellschafts- und Religionsentwicklung, die andere Sichtweisen keineswegs ausschließt.

2. Religion in der vorkapitalistischen Gesellschaft

Will man sich bei der Untersuchung der historischen Formbestimmtheit des gegenwärtigen Religionssystems nicht nur mit der bloßen Deskription empirischer Sachverhalte – Entkirchlichung, Funktionsverlust, Partikularisierung, Individualisierung oder ähnliches – und dem einfachen Rekurs auf begründende Ursachen wie Aufklärung, Industrialisierung, Säkularisierung und so weiter oder mit kontrafaktischen Theoriebildungen zufrieden geben, so muss vor allem die Genese des bundesrepublikanischen Religionssystems genauer ins Auge gefasst werden. Welche Prozesse, so ist zunächst zu fragen, haben zu der unabweisbaren Trennung von Religion und Gesellschaft[11] geführt und welchen Transformationen ist das Religionssystem dabei erlegen?

„Im Zuge der Durchsetzung der kapitalistischen Produktionsweise hat sich die Ökonomie aus den Grenzen der Hauswirtschaft, überhaupt aus

16

einer Integration über Handlungsnormen gelöst. Die vom Staat ebenso wie von der Familie (und auch der Religion, so wäre zu ergänzen, der Verfasser) *geschiedene Sphäre der ,bürgerlichen Gesellschaft' wird durch die Imperative des Marktes, also durch Systemmechanismen gesteuert und nicht durch die sittliche Orientierung der handelnden Subjekte.* "[12] Im Kapitalismus lassen sich die gesellschaftlichen Verhältnisse nicht mehr als wechselseitiges Verhalten der Individuen bestimmen.[13] Die Reproduktion der materiellen Lebensbedingungen und die soziale Reproduktion treten auseinander, und dies hat Folgen auch für das Religionssystem. Unsere These lautet nun, dass im Prozess der Herausbildung kapitalistischer Warenproduktion das Religionssystem sowohl als *„Kader"*[14] der neuen Produktionsweise wie auch als Resistenzpotential eine wesentliche Rolle spielt und sich dabei selbst entscheidend verändert. Voraussetzung zur Explikation und Begründung dieser These ist die Beantwortung der Frage: Aus welchen „bornierten" sozioökonomischen und religiösen Verhältnissen war aufzubrechen, was musste zerstört, ausgebeutet und angeeignet, was notwendig bewahrt werden, um kapitalistische Produktionsweise zu ermöglichen und durchzusetzen?

Aufzubrechen und zumindest teilweise zurückzulassen war das, was man alteuropäische, traditionale Gesellschaft[15] zu nennen sich angewöhnt hat. Sie lässt sich ganz allgemein charakterisieren als lokal und ständisch versäulte Einheit überschaubarer Lebenszusammenhänge. Ihr Ökonomieprinzip ist geschlossene private Hauswirtschaft handwerklicher und bäuerlicher Kleinproduzenten. Korrespondierende Sozialform ist die des „ganzen Hauses".[16] Arbeit und Eigentum bilden eine Einheit. Produziert wird in kollektiver Form lediglich für den Eigenbedarf, Warentausch gibt es nur marginal,[17] jedenfalls nicht als dominantes Vergesellschaftungsprinzip. Die „Naturalform" der Arbeit und der Arbeitsprodukte sind ihre „unmittelbar gesellschaftliche Form". Materielle Produktionsweise und Lebenszusammenhang werden gesteuert durch „persönliche Abhängigkeitsverhältnisse" und durch die sittliche Orientierung der handelnden Subjekte. Arbeit und Freizeit bilden ungetrennte und konkurrenzlose Lebensbereiche, man lebt in einem „*... quasi natürlichen Wechsel von Mühsal und Genuß, Anspannung und Ruhe, ... der periodischen Entregelung der Sinne und Gewohnheiten im Fest, der Kollektivität anschaulicher* *und überschaubarer Vergesellschaftung.* "[18] Mit Marx beschreibt Lefèbvre diesen Prozess der „einfachen Reproduktion" als zyklischen Prozess: *„In diesen archaischen Gesellschaften sind die grundlegenden Prozesse zyklisch, und diese Zyklen bleiben den kosmischen Zyklen und den aus der Natur stammenden Rhythmen sehr nahe. Der ökonomische Prozeß der einfachen Reproduktion, dessen zyklischen Charakter Marx aufgezeigt hat, fügt sich unauffällig in die Zyklen und Rhythmen ein, die in diesen archaischen Gesellschaften vorherrschen und die sie organisieren: Stunden und Tage, Jahreszeiten und Jahre, Generationen, Jugend und Alter. Diese Gesellschaften überraschen uns. Sie organisieren sich weniger im Raum als in der Zeit und gemäß der Zeit, obwohl sie genau genommen weder eine historische Zeit noch ‚Zeitlichkeit' haben, die der unseren vergleichbar wäre, sondern eine Zeit, die sich aus verschlungenen Zyklen zusammensetzt.* "[19]

Das Religionssystem ist nun in dieser vorkapitalistisch-alteuropäischen Gesellschaft sowohl mit deren lokaler und ständischer Struktur als auch mit deren zyklischer Form der Zeit und den materiellen wie sozialen Reproduktionsprozessen eng verbunden, ja es lebt als Kirchengemeinde in und von diesen Bedingungen, wenn es auch nicht vollständig in ihnen aufgeht. Die Gemeindegründungen der Reformation halten fest am katholischen Erbe des Parochialsystems, an der Präsenz der Kirche vor Ort. Die lokale Obrigkeit ist Repräsentant kirchengemeindlicher Belange, die jeweils vorfindlichen Sozialstrukturen spiegeln sich in der Hierarchie kirchlicher Ämter: Wer im Lebenszusammenhang eines Dorfes oder einer Stadt eine besondere Rolle spielt, gehört selbstverständlich auch in den Kirchenvorstand. Hier von Laien wahrgenommene Aufgaben dienen nicht der Kirchengemeinde als eigenständigem System, sondern dem Gemeinwesen als Ganzem (Armenpflege, Verwaltung des Kirchengutes und so weiter). Die *„institutionellen Lebensformen"*[20] der Kirche wie Gottesdienst, kirchlicher Festkalender und Amtshandlungen sind zwar nicht *„Produkt der Ortsgemeinde"*[21], sie fügen sich aber in die oben genannten Rhythmen und Zyklen der traditionalen Gesellschaft ein. So schafft zum Beispiel erst die unproblematische Einheit von Arbeit und Muße, das konkurrenzlose Nebeneinander der Lebensbereiche den notwendigen Raum für *„unproduktive"* religiöse Kontemplation in der Andacht und für ein sozial unschädliches Ausleben von Emotionen im Fest oder expressiven Ritual. Gleichzeitig wirken die religiösen Praktiken wiederum verstärkend und verfestigend auf die Weise der Arbeits- und Lebensäußerungen zurück. Ähnliches gilt für den Gottesdienst. Er profitiert von den ihm vorausliegenden kollektiven Lebens- und Arbeitsvollzügen, stabilisiert diese aber gleichzeitig als Medium gemeinsamer Kommunikation und gegenseitigen Informationsaustausches (Nachrichtenbörse). Ebenso verhält es sich mit den Amtshandlungen; sie vollziehen geistlich nach, was durch Familie, Stand und Tradition sozial immer schon gegeben ist: die Kontinuität und Integration der personalen Biografie. Auch hier gibt es bestätigende und verstärkende Rückkoppelungseffekte. Und schließlich kann für die Ebene religiösen Wissens unter zwei Aspekten das Gleiche gezeigt werden. In Bezug auf die Explikation außeralltäglicher Erfahrung und Geheimwissen zur Beeinflussung bedrohlicher Wirklichkeitsaspekte ist es in der traditionalen Gesellschaft – vor allem wegen deren Naturbefangenheit – ebenso unentbehrlich wie konkurrenzlos, was wiederum zur Stabilisierung des Eingebundenseins in natürliche Zusammenhänge beiträgt. Als die sittliche Orientierung des Einzelnen stützendes und legitimierendes oder ethisches Wissen erscheint es, innerhalb der Grenzen ständischer Strukturen und persönlicher Abhängigkeitsverhältnisse, am anderen als dem Nächsten, also gebrauchswertorientiert.[22]

Ein wesentliches Element im Konstitutionsprozess von Religion unter den Bedingungen einfacher Reproduktion ist bisher unerwähnt geblieben: der Pfarrer. Zum einen ist er Prediger mit autoritativer Zuständigkeit für Lehre und Kirchenzucht. Diese Einschätzung ist jedoch nicht uneingeschränkt gültig. Relativiert wird sie weniger durch das protestantische Prinzip vom Priestertum aller Gläubigen als vielmehr je nach Maßgabe der Trägerschaft einer Kirchengemeinde (Stadt, freie Bauernschaft, Patronat oder ähnliches).[23] Der allgemeine und theologische Bildungsstand der Pfarrer, und das gilt bis ins 17. Jahrhundert, ist ausgesprochen niedrig.[24] Nur die wenigsten sind in der Lage, eine eigene Predigt zu formulieren, wofür die weite Verbreitung der Postillen sicher ein Indiz ist.[25] Zum anderen ist der Pfarrer beziehungsweise sein „ganzes Haus" und hier sehr oft auch die Ehefrau handwerklicher und bäuerlicher Kleinproduzent und zwar gezwungenermaßen durch die Not der nackten Existenzsicherung, trotz

Stolgebühren und Naturalabgaben der Gemeinden.[26] Kommt der Pfarrer in diesem Tätigkeitsfeld dem Gemeinwesen am nächsten, so ist er durch seine obrigkeitlichen Funktionen – Verteilung der Einquartierungslasten, Führung der Steuerlisten, Erhebung von Abgaben und so weiter – am weitesten von ihm entfernt.

Die bisher gegebene und für unsere Zwecke ausreichende Darstellung ist nun nicht dahingehend misszuverstehen, als gingen wir von einer spannungslosen, sakral, politisch, ökonomisch und sozial einheitlich vermittelten alteuropäischen Gesellschaftsstruktur aus. Dies ist ebenso wenig der Fall, wie dass wir behaupten wollten, die traditionale Kirchengemeinde sei ein realer Vorschein der sanctorum communio gewesen. Es sollten vielmehr lediglich einige allgemeine Konstitutionsmerkmale und -charakteristika des Religionssystems unter den Bedingungen „einfacher Reproduktion" bestimmt werden, wobei über das jeweils historisch-tatsächliche Mit- und Gegeneinander von kirchlicher und politisch-sozialer Gemeinde noch nicht viel ausgesagt ist. Festzuhalten bleibt allerdings, dass sich unter vorkapitalistischen Verhältnissen ein Systemtyp von Religion konstituiert, den wir mit Rendtorff als „*integrierte Kirchengemeinde*" bezeichnen wollen.[27]

3. Ökonomische Voraussetzungen kapitalistischer Produktionsweise und deren Folgen für die Reproduktion individueller und sozialer Lebensverhältnisse

Ohne hier auf die Einzelheiten der unter Spannungen und Brüchen sich schubhaft vollziehenden weiteren Entwicklung eingehen zu können, lässt sich feststellen, dass die Herausbildung kapitalistischer Produktionsweise im Wesentlichen zwei miteinander in Wechselwirkung stehende Bedingungen zur Voraussetzung hat: die Durchsetzung des Warentauschs als allgemeines Vergesellschaftungsprinzip und die Entwicklung des Geldes zu akkumulierendem Kapital.

Warenproduktion und Tausch bedeuten: „*... daß in einem präzisen Sinne unmittelbar nicht mehr gearbeitet wird, um konkrete Bedürfnisse zu befriedigen oder Probleme zu lösen, sondern genau genommen für den Verkauf der Arbeitsprodukte beziehungsweise der Arbeitskraft* *selbst: Arbeitsprodukte und Arbeitskraft verlieren für den Produzenten ihre Bedeutung als konkret-nützliche Mittel der Aufgabenbewältigung und erhalten eine neue Bedeutung als ,abstrakte', inhaltlich, für sich genommen, subjektiv eigentlich bedeutungslose Medien der Aneignung fremder Güter oder Arbeitsleistungen im Tausch; sie werden zu ,Waren'.*

Als solche müssen sie einen ,Gebrauchswert' für einen möglichen Käufer haben, der, um in den Genuß dieses Gebrauchswerts zu kommen, an den Produzenten dieser Ware deren ,Tauschwert' entrichten muß, um dessentwillen der Produzent die Ware überhaupt hergestellt und zum Markt gebracht hat. "[28] Eine besondere und eigenständige Gestalt gewinnt der Tauschwert im Geld. In gebrauchswertorientierten Gesellschaften erscheint es in der Zirkulationsform „Ware – Geld – Ware" lediglich als Mittler. Erst mit dem Übergang in die Zirkulationsform „Geld – Ware – Geld" wird es zu sich selbst akkumulierendem Kapital: *„Die einfache Warenzirkulation – der Verkauf für den Kauf – dient zum Mittel für einen außerhalb der Zirkulation liegenden Endzweck, der Aneignung von Gebrauchswerten, der Befriedigung von Bedürfnissen. Die Zirkulation des Geldes als Kapital ist dagegen Selbstzweck, denn die Verwertung des Werts existiert nur innerhalb dieser stets erneuerten Bewegung. Die Bewegung des Kapitals ist daher maßlos ...* "[29] Das Kapital vermehrt sich aber nicht durch die Zirkulation von Tauschwerten, sondern durch die Konsumption der Ware Arbeitskraft: *„Für das Kapital existiert kein anderer Gebrauchswert. Es ist eben dies das Verhalten seiner als Tauschwert zum Gebrauchswert. Der einzige Gebrauchswert, der einen Gegensatz und Ergänzung zum Geld als Kapital bilden kann, ist die Arbeit und diese existiert im Arbeitsvermögen, das als Subjekt existiert.* "[30] Durch Verkehrung des tatsächlichen Subjekt-Objekt-Verhältnisses erscheint dabei real das „automatische Subjekt" Kapital als das eigentlich wirkliche, welches von den „lebendigen" Subjekten all das abspaltet und sich einverleibt, was ihre wahre Subjektivität ausmacht. Beide Subjekte sind bestimmten, voneinander getrennten, aber doch durcheinander vermittelten Prozessen der Reproduktion unterworfen, die sich im Kreislauf von Produktion, Distribution und Konsumption vollziehen. In unserem Zusammenhang ist nun weniger der Reproduktionsprozess des Kapitals von Bedeutung als vielmehr dessen Voraussetzungen und Konsequenzen für die Reproduktion der individuellen und sozialen Lebensverhältnisse.

Zunächst müssen die konstitutiven Elemente der neuen kapitalistischen Produktionsweise aus den sie fesselnden traditionalen Verhältnissen befreit werden: „... *jedes dieser Elemente bringt mehrere Prozesse der Decodierung und Deterritorialisierung verschiedenen Ursprungs ins Spiel: für den freien Arbeiter Deterritorialisierung von Grund und Boden durch Privatisierung; Decodierung der Produktionsinstrumente durch Enteignung; Privation der Konsumptionsmittel durch Auflösung der Familie und der Zünfte; schließlich die Decodierung des Arbeiters zugunsten der Arbeit selbst oder der Maschine ...* "[31] Die Zurüstung der menschlichen Arbeitskraft für die Zwecke des Kapitals bedeutet jedoch mehr als nur gegenständliche Enteignung oder soziale Umwälzung: „*Die aus Bindungen und Bornierungen entlassenen Massen müssen ,lernen', Lebenszeit nur noch als wertproduktive Arbeitszeit zu verausgaben, Muße und freie Zeit als Reproduktionszeit der Arbeitskraft an Arbeitszeit zu binden und ihr nachzuordnen. Sie müssen ,lernen', eine strenge Hierarchisierung ihrer Lebensäußerungen vorzunehmen, jenes zu privilegieren, dieses zu unterdrücken. Lebensäußerungen müssen dissoziiert, Handlungsketten, deren Elemente in Motivik, Stimmung und Bewußtseinsbegleitung im vorkapitalistischen Arbeitsprozeß aufeinander verweisen, prinzipiell unterbrechbar sein.* "[32] Dieser Aspekt betont gleichsam die psychische Innenseite des zuvor genannten „äußeren" Emanzipationsprozesses.

Sind damit die wesentlichen individuellen und sozialen Voraussetzungen für die Herausbildung der neuen Produktionsweise angedeutet, so hat deren Durchsetzung entsprechende Folgen. Zum einen entsteht durch das Vergesellschaftungsprinzip von Markt und Tausch eine selbständige, von den sittlich-normativen Orientierungen der handelnden Subjekte abgekoppelte, allein durch Systemmechanismen gesteuerte Sphäre. Zum anderen „versachlichen" sich die gesellschaftlichen Beziehungen der Individuen und treten ihnen als fremd und ihrer Kontrolle entzogen gegenüber. Und schließlich gilt: „*Die kapitalistische Produktionsweise führt mit sich nicht nur die Partikularisierung der Menschen, deren ,Unabhängigkeit' sich nach einem Marxschen Verdikt als Gleichgültigkeit, Indifferenz herausstellt (die Trennung des Menschen vom Menschen ist*

*nun sein wahres Dasein), sondern zugleich eine Maximierung der Ab-
hängigkeit der einzelnen (denen namentlich als ‚freie Arbeiter' alle
Ressourcen genommen sind und die vereinzelt auf ihr Schicksal keinen
Einfluß nehmen können).* "[33] Dies hat in doppelter Weise Konsequenzen
„*... für die Herausbildung von Innerlichkeit: Sie entwickelt sich in eins
mit dem Abstraktionsvorgang von unmittelbarer (‚persönlicher') Auto-
rität und erzeugt Angst vor sozialer Desintegration und Isolierung.*"[34]
Beide Prozesse zusammen „*... arbeiten einen Hiatus von ‚Innenwelt' und
‚Außenwelt' heraus, etablieren historisch neue, innere Instanzen der
Verhaltenskontrolle, zwingen zu dauernder Vorstellung und Antizipation von Verhaltensfolgen.*"[35]
Bezogen auf den Prozess sozialer Reproduktion stellt sich die bisher
deutlich gemachte Zerrissenheit und Widersprüchlichkeit der kapitalistischen Gesellschaft (Kapital – Arbeit; Tauschwert – Gebrauchswert; Arbeit – Freizeit; Autonomie – Abhängigkeit; Innenwelt – Außenwelt) objektiv in folgender Weise dar:
• auf der Ebene der Produktion: als Gleichgültigkeit gegenüber dem
Arbeitsprodukt, der Produktionstätigkeit und gegenüber den Mitprodu-
zenten bei gleichzeitig minimalem Erhalt konkret stofflichen Interesses,
partiell erfahrbarer Solidarität und einem Rest Selbstobjektivierung im
Lohn.
• auf der Ebene der Distribution: als instrumentelle Gleichgültigkeit,
misstrauische Antizipation und hartes Konkurrenzverhalten bei gleichzeitiger Aufrechterhaltung „liebenswürdigen Scheins".
• auf der Ebene der Konsumption: als abstrakte und zwanghafte Kompensation bei gleichzeitiger Erfahrung von Nähe, Liebe und Fürsorge.[36]
Diese verschiedenen Handlungskomponenten müssen auf jeder Ebene
und im gesamten Kreislauf des Reproduktionsprozesses jeweils vom Einzelnen so synthetisiert werden, dass weder der Bestand des Gesellschaftssystems noch die eigene Existenz gefährdet ist. Dabei handelt es sich
jedoch unter kapitalistischen Verhältnissen nicht einfach um bloße soziale
Integration, sondern um die Herstellung der Möglichkeit von Verhalten
überhaupt, in einer Art „*sekundärer Harmonisierung und Homogenisierung*": „*... ‚sekundär' kann diese Harmonisierung ... deswegen genannt
werden, weil die Funktionsgerechtigkeit von Normen und Orientierun-*

23

gen ihre materielle Gerechtigkeit, oder zumindest die Vorstellung und den Anspruch materieller Gerechtigkeit, verdrängt, neutral wird gegen ihre Entstehungszusammenhänge und Inhalte. Das Schwergewicht verlagert sich auf die Modalitäten ihrer verläßlichen Befolgung, ihre Verankerung (‚soziale Kontrolle', ‚Internalisierung') und ihre individualpsychologische Wirkungsweise. Mit diesen Verschiebungen u. a. entsteht Sozialisation als Problem gesellschaftlicher Realität."[37] Sozialisation als *„Vergesellschaftung innerer Natur"*, als Kompensation gesamtgesellschaftlicher Zerrissenheit und Widersprüchlichkeit gelingt aber nicht problemlos, weil sie eine *„besondere Produktions- und Beziehungsweise"* darstellt, *„... die in Wechselseitigkeit, nicht tauschvermittelter Bedürfnisbefriedigung und Gebrauchswertorientierung allein sich durchsetzen kann, als Beziehung auf ‚innere Natur' nicht durchgängig nach dem Muster der Beziehung auf äußere Natur organisiert werden kann, weil technisch-manipulative, kommunikative und bedürfnisbefriedigende Anteile in ihr sich untrennbar verbinden, ja sie gerade durch die gelungene Verbindung definiert ist, ... kapitalistische Aneignungs- und Modulationsprozesse haben in Sozialisation als Vergesellschaftung ‚innerer Natur' eine Grenze, sofern sie ohne Anteile vor- und nichtkapitalistischer Beziehungsweisen auf Gegenstände scheitert. Genau dadurch letztlich wird Sozialisation zum problematischen Prozeß, zum Problem gesellschaftlicher Praxis. Das Kapitalverhältnis als soziale Form, als reines gesellschaftliches Verhältnis ist auf ein Material, eine Naturbasis und nichtkapitalistische Traditionsbestände angewiesen.*"[38]

Wir folgen hier der Argumentation Krovozas, weil, wie noch zu zeigen sein wird, die Formbestimmtheit des Religionssystems im Kapitalismus wesentlich mit diesem Problemkomplex verbunden ist. Ausgehend von der Unterscheidung Lefèbvres zwischen kumulativen (Kapital, Kenntnisse, Technik, Bevölkerung, Gedächtnis) und nicht-kumulativen Prozessen (Arten der Bedürfnisbefriedigung, Gemütsregungen, Gefühle, Träume, Regenerations- und Reifungsprozesse, Objektbeziehungen, menschliche Physis) bestimmt Krovoza Sozialisation als nicht-kumulativen Prozesstypus. Sozialisation, als Problemfeld erst entstanden mit der Herausbildung kapitalistischer Produktionsweise und institutionell im exterritorialen Bereich der Familie verankert, ist in ihrer zentralen Funktion, nämlich

24

der Produktion erwünschter Sozialcharaktere nicht „kumulativ" organisierbar. Dennoch stellt sie keine gesellschaftlich separierte Enklave traditionaler Bedürfnisse und Lebensweisen dar, sondern ist mit bestimmten Elementen und Strukturen an der „Vergesellschaftung der Gesellschaft" beteiligt. Diese „*Kader-Funktion*"[39] erfüllt Sozialisation nun aber nicht widerspruchsfrei. Gleichzeitig enthält und bewahrt sie ein Stück funktioneller Autonomie mit Labilisierungstendenz. Am Beispiel der Sexualität macht Krovoza den Zusammenhang deutlich: „*... Sexualität im Verein mit Lust und dem Bedürfnis nach Nähe kann gerade wegen ihrer relativen Invariabilität treibende Kraft: Motiv von Auflehnung und Ursache von Veränderung werden; sie kann aber auch wegen der Dringlichkeit ihrer Befriedigung zur Quelle der Subsumtion der Individuen unter Herrschaft werden...* "[40] In ähnlicher Weise gilt dieser Doppelcharakter für alle Leistungen der gesamten Prozess-Struktur Sozialisation. Gegen ihre gesellschaftliche Zweckbestimmung der Produktion und Vorqualifikation von „*Ersatzarbeitern* ", der „*psychischen Zurichtung für Herrschaftsverhältnisse* " und der adäquaten Ausbildung von „*Organisationsmodi von Subjektbedürfnissen* " bildet sie immer auch einen „*Block wirklichen Lebens, das gegen das Verwertungsinteresse steht* ".[41] Ausführlich diskutiert Krovoza die Internalisierung der Normen abstrakter Arbeit in den Dimensionen von „Arbeitszeitnorm", „Objektbeziehung" und „Desexualisierung". Dabei kommt er hinsichtlich der Arbeitszeitnorm zu dem Schluss, dass eine zu weit gehende „Formalisierung und Entsinnlichung der Zeit" nicht nur der Logik des Sozialisationsprozesses widerspricht, sondern auch gegen das Kapitalinteresse steht: „*Vernichtet die kapitalistische Zeitstruktur den Index von Veränderbarkeit im Zeitbewußtsein, werden selbst minimale Anpassungsleistungen der Arbeitskraft an die ständig wechselnden Bedingungen der Produktion ausbleiben.* "[42] Die durch das Vergesellschaftungsprinzip des Warentauschs bestimmte Zerstörungstendenz aller Objektbeziehungen hat ihre Grenze, „*... wenn auch kurzfristige Bindungen an Personen und Gegenstände nicht mehr aufrechterhalten werden können ... Das Ich, unfähig geworden, konkrete Gegenständlichkeit festzuhalten und durch sie zur Äußerung stimuliert zu werden, verliert ,Welt' und mit diesem Verlust auch sich selber.* "[43] Und schließlich scheitert, wie oben bereits angedeutet, für Krovoza kapitalistische Aneignung und

Vergesellschaftung „innerer Natur" im Prozess der Zurichtung menschlicher Arbeitskraft durch Desexualisierung am „anarchischen Kern" der Sexualität selbst.

4. Religion als Ensemble kumulativer und nicht-kumulativer Prozesse

Zu ergänzen ist in der dargestellten Charakteristik kapitalistischer Warenproduktion ein Moment, das unmittelbar den Übergang schafft zur Beschreibung der Veränderungen des Religionssystems unter den Bedingungen der neuen Produktionsweise. Wertabstraktion und Warentausch bilden nicht nur die logische Voraussetzung spezifischer „Entfremdungsverhältnisse", sondern realisieren sich auch in der Sozialstruktur „... *als Absonderung, Entmischung (Segregation) und Differenzierung von Subsystemen, Subkulturen, Gruppen wie: die Kinder, die Jugend, die Frauen, die Intellektuellen etc.*"[44] Zwischen die totale Abhängigkeit von Sachstrukturen und die abstrakte persönliche Freiheit des vereinzelten Einzelnen tritt als Modus der Vergesellschaftung, der sozialen Integration und Homogenisierung, die Gruppenbildung. Diese Partikularisierung geht der Klassentrennung voraus, hemmt sie aber gleichzeitig, indem sie sie konterkariert. Hierin liegt nun ein erstes Erklärungsmoment für den Wandel des Religionssystems. Mit dem Aufbrechen der alten traditionellen Lebenszusammenhänge, der totalen Mobilisierung und Disponibilisierung, vor allem aber mit dem Auseinandertreten von Arbeit und Freizeit verlieren die kirchlich institutionellen Lebensformen ihr soziales Fundament. Die desorientierten, atomisierten einzelnen Christen sind mit den Mitteln der alten Kirchengemeinde nicht mehr zu integrieren. In dieser Situation profitiert das institutionalisierte Religionssystem von den außerhalb seiner selbst sich entwickelnden gemeinschaftlichen Lebensformen, die das Integrationsproblem auf ihre Weise, nämlich über Mission und Caritas beziehungsweise Geselligkeit und Frömmigkeit zu lösen versuchen.[45] Später kommt es dann zu einem Aneignungs- oder besser Verkirchlichungsprozess, in dessen Verlauf diese Gruppen auf dem Boden der alten Ortsgemeinde – die trotz Funktionsverlust auf Grund des formalen Festhaltens am Parochialprinzip fortbesteht – angesiedelt und sesshaft gemacht werden. Kirche im Kapitalismus konstituiert sich also auf der

Basis partikularer Wir-Gruppen, wobei als Einheit stiftende Prinzipien die Abgrenzung von der alten Ortsgemeinde und der übrigen „Welt", der Gottesdienst und die Person des Pfarrers fungieren. Gemeinde und umgebendes Sozialsystem fallen auseinander, zum dominanten Unterscheidungsmerkmal wird eine besondere Weise verinnerlichter, gemeinschaftsbezogener Frömmigkeit.

Dieser mehr globale Veränderungsaspekt bedarf der differenzierenden Ergänzung durch eine detaillierte Analyse des Strukturwandels einzelner Elemente und Funktionen des Religionssystems. Dabei stützen wir uns in unseren weiteren Ausführungen auf Lefèbvres Theorie der kumulativen und nicht-kumulativen Prozesse: *„Ein Kontrast, fast schon ein Widerspruch, wird deutlich zwischen der zyklischen und der linearen (traditionellen) Zeit, aber besonders zwischen den kumulativen (gesellschaftlichen) Prozessen und den nicht-kumulativen Prozessen. Die schon im Marxschen Werk ausgearbeitete Akkumulationstheorie ist unvollständig geblieben ... Der kumulative Charakter eignet nicht nur dem Kapital, sondern auch den Kenntnissen, den Techniken, in einem gewissen Maße der Bevölkerung (...) Nun besitzt aber das Alltägliche die kumulativen Eigenschaften nicht ... Die Arten, die Bedürfnisse zu befriedigen (oder zu enttäuschen), verändern sich ... Die Gemütsregungen und Gefühle wechseln, aber häufen sich nicht an, auch der Traum nicht ... Die physischen Leistungen, die erotische Kapazität, die Jahre des Reifungsprozesses und des Alterns, die natürlichen Fruchtbarkeiten schwanken zwischen relativ engen Grenzen. Die Anzahl der Objekte, die man im täglichen Leben benutzen kann, kann nicht unendlich anwachsen. Kurzum, ohne den Konsequenzen der Akkumulation ganz entgehen zu können, enthält das Alltägliche nur einen Abglanz davon. Es entwickelt sich (wenn es sich verändert) nach Rhythmen, die nicht der Akkumulationszeit koinzidieren und in Räumen, die sich nicht mit den Feldern der kumulativen Prozesse identifizieren.*"[46] Danach gibt es offenbar bestimmte Elemente und Prozesse, die eher geeignet sind, dem Reproduktionskreislauf des Kapitals zu dienen und ihm einverleibt zu werden als andere, die sich dagegen zu sperren scheinen. Agenten kapitalistischer Reproduktionsordnung sind einmal die genannten: Wissen, Technik, Bevölkerung und Gedächtnis, daneben aber auch: „... *die ‚Kultur' im üblichen Sinne* *des Wortes, insofern sie nämlich mit der Rationalität und dem Wissen verbunden ist, und vielleicht die politische Aktion, insofern sie von den etablierten juristischen und bürokratischen Überbaustrukturen aus betrieben wird, die ihrerseits wieder lawinenartig sich entwickeln.*"[47] Davon zu unterscheiden sind Gefühl, Gemüt, Traum, alle Arten der Bedürfnisbefriedigung, Objektbeziehungen, Regeneration und Reifung. Diese nicht-kumulativen Prozesse erleiden nun nach Lefèbvre im Zuge der Entwicklung kapitalistischer Produktionsweise ein doppeltes Schicksal: Einmal können sie, sofern ihnen ausbeutbare Potenz zukommt, als „Kader" kumulativer Prozesse fungieren, zum anderen übernehmen sie dort, wo die neuen Organisationsschemata von linearer Zeit, industrieller Produktion und Gesetz zur Vergesellschaftung der Gesellschaft nicht ausreichen, die Aufgabe der „Substitution", gleichsam als notwendige „Naturbasis" der erweiterten Reproduktion. Beide Funktionen, Ausgebeutetwerden und Substitution sind jedoch keinesfalls problemlos, beide haben kritische Schwellenwerte, deren Erreichen bedrohende Folgen für den Bestand des Systems haben kann.[48]

Eine direkte Anwendung dieser theoretischen Annahmen auf das Religionssystem findet sich bei Lefèbvre nicht. Dort, wo er explizit auf Religion eingeht, heißt es: *„Und im Leben selbst, im alltäglichen Leben, setzen sich die alten Gesten, die unvergeßlichen Riten unverändert fort; auch wenn dieses Leben seiner Schönheit beraubt worden ist. Es bleiben die Relikte der Werte, die toten Gesten. Riten und Gefühle, Gebete und magische Formeln für Wünsche und Verfluchungen sind abstrakt geworden, weil sie vom Leben abgetrennt worden sind, also ,innerlich', wie man in der Sprache der Rechtfertigung sagt. Die Überzeugungen sind nicht mehr so stark, die Opfer weniger groß, weniger vom Feuer der Begeisterung getragen. Man spart sich – schlecht – die Kosten. Die Freuden sind immer schwächer. Allein die alte Unruhe ist nicht verschwunden, das Gefühl der Schwäche, die Vorahnung des Risikos und der Gefahr. Diese alte Unruhe ist Sorge, Angst geworden. Religion, Moral, Metaphysik sind nun spirituelle und ,innerliche' Feste der menschlichen Angst, die Kanäle, in die man diese schwarze Flut der Beklemmung (zu welchen Abgründen?) leitet.*"[49] Und an anderer Stelle formuliert er: *„Dicht am Boden vegetiert das Leben jeden Tag immer noch dahin, während*

sich die ‚höheren' Augenblicke in stratosphärische Räume entfernen.
Die Religion wächst mit allen praktischen Schwächen der menschlichen
Wesen ‚lawinenartig' an, und diese Masse ist riesig; die Religion ist
anwesend im unendlichen Detail des Lebens, sie kennt und provoziert die
Schwäche, saugt die positiven Substanzen des Alltagslebens auf, dessen
negativen Aspekt sie kondensiert."[50] Unter diesem Gesichtspunkt kann
Lefèbvre sogar davon sprechen, dass „... *Religion alle Schwächen und*
Ohnmachtsbeweise der Menschen akkumuliert."[51] Für Lefèbvre ist Religion Ausbeutung und Affirmation, „*reaktionäre und zerstörerische*" Kritik
des Alltagslebens in einem. Damit fällt er hinter die Marxsche Religionskritik zurück, sein Verdikt bleibt ebenso abstrakt wie dessen Gegenbild: „...
das tägliche Leben geistvoll zu verändern. Das ist genau die Umkehrung
des Ziels der Religion, ihres Wesens."[52]

Religion war und ist nicht nur aus auf die Zementierung geistloser
Zustände, wenngleich ihre historischen „Leistungen" auf diesem Gebiet kaum zu bestreiten sind. Ebenso wie das Alltagsleben ist auch
Religion den Anforderungen der Akkumulation unterworfen, gleichzeitig widersetzt sie sich jedoch diesem Prozess mit ihren Rhythmen,
zyklischen Zeiten und Symbolen. Religion ist auf das Alltagsleben verwiesen und umgekehrt: Sie kanalisiert nicht nur das Unbehagen, die Sorge
und die Angst des Alltagslebens, sondern artikuliert sie überhaupt erst als
Allgemeines; sie beutet menschliche Schwäche und Ohnmacht nicht nur
aus, stabilisiert und kompensiert nicht nur, sondern bietet auch Widerstand, Labilisierung und Protest, steht gegen die restlose Aneignung des
allerindividuellsten psycho-physischen Lebens durch das Öffentliche; sie paktiert nicht nur mit den Beschädigern aus Ökonomie und
Politik, sondern hält der desorientierten und gebrochenen Subjektivität
die Treue; sie ist nicht nur eifrige Mitarbeiterin an der Katastrophe, sondern gleichzeitig auch Bewahrerin des Gedankens an eine „neue Schöpfung". Religion vermag dies, da wesentliche ihrer Elemente – und zwar
durchaus im Sinne Lefèbvres nicht-kumulativen Charakter haben. So beinhaltet zum Beispiel die christliche Erlösung das Moment personaler
Akzeptanz, zielt die Ethik der Nächstenliebe als Schwesterlichkeit und
Brüderlichkeit auf unmittelbaren Personenbezug und meint die christliche Gemeinde Kooperation und Solidarität. Im Abendmahl unter bei-

derlei Gestalt findet sich die Bindung an Gegenständlichkeit und im Kirchenjahr, der Auferstehung sowie der Reich-Gottes-Hoffnung dokumentiert sich eine nicht-formalisierte, sinnliche Zeitstruktur. Diese Elemente können sich entwickeln und verändern, ihre Bedeutung kann verblassen, sie können, wie andere nicht-kumulative Prozesse auch, Kader- oder Substitutionsfunktion übernehmen, aber sie akkumulieren nicht. Sie stehen gegen den zerstörerischen Zugriff der Akkumulation aufs Alltagsleben und bewahren dessen „positive Substanzen". Als abstrakte, und hier hat Lefèbvre Recht, wirken sie jedoch wie Sperrgitter gegen die produktiven Tendenzen der Akkumulation[53] und verschließen das Alltagsleben in seiner Negativität.

Andererseits finden sich im Religionssystem Prozess-Strukturen, die eindeutig kumulativ sind und die mit den eigenen nichtkumulativen sowie den fremden kumulativen Prozessen besondere Beziehungsverhältnisse und Konfigurationen bilden. Solche Elemente sind: das theologische Wissen[54], kirchliche Bürokratie, Recht und Verwaltung und das Feld der Mission. Religion lässt sich danach fassen als Ensemble kumulativer und nicht-kumulativer Prozesse. Das konkrete, spannungsvolle Zueinander der einzelnen Elemente und deren Entwicklung im Zusammenhang der Herausbildung kapitalistischer Produktionsweise soll im Folgenden eingehender erörtert werden.[55]

5. Rolle und Schicksal der kumulativen und nicht-kumulativen Prozesse von Religion in der kapitalistischen Gesellschaft

Zunächst zu den kumulativen Prozessstrukturen des Religionssystems. Hier eindeutige Promotoren- oder Agentenfunktion für andere kumulative Prozesse oder gar den des Kapitals auszumachen, dürfte schwierig sein. Allenfalls gelingen könnte dies für den Bereich kirchlicher Bürokratie, Recht und Verwaltung, der als Muster bei der Herausbildung entsprechender säkularer Systeme sicher von Bedeutung gewesen ist.[56] Fest steht jedoch, dass das Religionssystem mit der weiteren Entwicklung nicht Schritt halten kann, was sich unter anderem daran zeigt, dass es sich heute selbst verstärkten Rationalisierungsforderungen – wenn möglich, nach Prinzipien kapitalistischen Managements – ausgesetzt sieht.[57] Die Situation des Religionssystems ist unter solchen Bedingungen eher als dilemmatisch zu bezeichnen: Auf der einen Seite muss es als gesellschaftliches Teilsystem aus Bestandserhaltungsgründen und zur Aufrecht-Erhaltung einer gewissen Interaktionsfähigkeit in Bezug auf seine Umwelt einen bestimmten Grad an Bürokratie, Recht und Verwaltung aufbauen und erhalten, auf der anderen Seite steht es dabei aber ständig in der Gefahr, mit seinen eigenen nicht-kumulativen Elementen und Prozess-Strukturen in Spannung und Konflikt zu geraten.[58]

Zumindest von einem partiellen Zusammenfallen von Kapitalinteresse und Interessen des Religionssystems kann auf dem Felde der (äußeren) Mission gesprochen werden. Kolonialismus, Imperialismus und Mission gehen vor allem seit dem 19. Jahrhundert in einer Art unheiliger Allianz Hand in Hand. Ihr gegenseitiges Aufeinanderbezogensein wird noch dann deutlich, wenn wie heute die Kirche auf Grund verstärkten Protestes aus der so genannten „Dritten Welt" und infolge eines Umdenkungsprozesses (Druck eigener nicht-kumulativer Prozess-Strukturen[59]) sich daraus zu lösen beginnt, sich verdeckt oder offen gegen Imperialismus und Kolonialismus wendet und das Kapital darauf mit entsprechenden Sanktionen gegen die öffentlich-rechtliche Stellung der Kirche und ihre materiellen Ressourcen reagiert.[60]

Neben den beiden genannten kumulativen Elementen des Religionssystems hat auch das theologische Wissen seine spezifische Beziehungsweise auf andere kumulative und nicht-kumulative Prozesse. Theologie als Wissenssystem speichert die historisch jeweils verschiedenen Aneignungs- und Vermittlungsversuche einer Tradition (Bibel), die selbst nicht kumulierbar ist. Gleichzeitig betreibt sie das Geschäft der Aneignung und Vermittlung immer wieder neu und bedarf dabei, weil angewiesen auf ein erkenntnistheoretisch wie methodologisch innerhalb ihrer selbst nicht herstellbares Bewusstsein ihrer Zeit, anderer, fremder Wissenssysteme (Philosophie, Soziologie, Psychologie und anderer), die ebenfalls kumulativen Charakter haben. Theologisches Wissen ist nicht Selbstzweck, sondern es hat Gebrauchswert für die Erhaltung und Reproduktion des religiösen Systems und zwar in dreifacher Weise. Zum einen als für Glauben und Leben der Mitglieder notwendiges Lehrwissen, zum anderen, damit zusammenhängend, aber nicht identisch, als Berufswissen der professionellen Mitglieder und drittens, mit dem vorhergehenden zusammenhängend, aber nicht identisch, als Ideologie zur Vermittlung von Christentum und Herrschaft: *„Zwischen dem Gebot des Evangeliums und der Macht hat seit je Theologie vermittelt. Angesichts der klaren Worte des Stifters bedurfte es gewaltigen Scharfsinns. Ihre Kraft bezog Theologie aus dem Umstand, daß dem Recht des Stärkeren, dem Naturgesetz sich anzupassen hat, was auf Erden dauern soll. Die Vereinbarkeit von Christentum und Herrschaft, die Herstellung eines befriedigenden Selbstbewußtseins bei den Oberen und Unteren für ihre Arbeit in der bösen Realität war ihr unerläßlich.“*[61]

Ohne hier ernsthaft in eine historische Analyse eintreten zu wollen, lässt sich feststellen, dass der kumulative Charakter theologischen Wissens in der beschriebenen Form sicher nicht für die traditionale Gesellschaft Gültigkeit hat. Theologisches Wissen als Wissen ist zwar potentiell akkumulationsfähig, in einer Gesellschaft aber, deren soziale Prozesse von der zyklischen Zeitstruktur bestimmt sind, akkumuliert es nicht. Es wird auch nicht, trotz seines Abstraktionsgrades und der Vermehrung der Begriffe, zum Agenten anderer kumulativer Prozesse. Es verändert und entwickelt sich in der Zeit, hat aber noch keine Zeitlichkeit oder Geschichtlichkeit. Erst mit der Herausbildung der kumulativen Gesellschaft wird auch das theologische Wissen ein Teil dieser Prozesse, realisiert sich dessen kumulativer Charakter. Dies geschieht vor allem unter dem Druck verschiedenartiger, einander zum Teil widerstreitender partikularer Anweisungsstrukturen, von denen zwei besonders erwähnt werden sollen. Zum einen erfordert, bei Strafe des Ausscheidens und der Marginalisierung, ein sich ständig formalisierender, immer abstrakter und esoterischer werdender Wissenschaftsbetrieb entsprechende Anpassung, zumindest jedoch den Ausweis wissenschaftlicher Methoden. Andererseits erwarten die professionellen Mitglieder des Religionssystems (Pfarrer und Kirchenleitungen) Instrumentalisierungen und Konkretionen des Wissens, ja Handlungsanleitungen und ständig verbesserte „Techniken" zur Bewältigung ihrer Aufgaben. Beide Anweisungsstrukturen finden ihre Grenze und Brechung immer wieder an den nicht akkumulierbaren „klaren Worten des Stifters", die gegen jegliche Verdunkelung sich als empfindlich erweisen.[62]

Wenden wir uns nun den nicht-kumulativen Elementen des Religionssystems zu. Hier gilt unser Interesse zunächst denjenigen Prozess-Strukturen, die im Verlaufe der Entwicklung kapitalistischer Produktionsweise
„Kader-Funktion" übernehmen. Dabei handelt es sich um eine bestimmte
Form protestantischer Ethik, die als subjektive, nicht rechtlich kodifizierte
und durch politische Macht sanktionierte, vom Typ her nicht-kumulativen
Charakter aufweist.

Zur Debatte steht die Kapitalismus-These Max Webers.[63] Weber bestimmt Religion in zweifacher Weise: als subjektiv-sinnhaftes, an Erfah-
rungsregeln orientiertes Instrument diesseitiger Wirklichkeitsbewältigung
und als Herrschaftsform. In der Entwicklungsgeschichte der christlichen
Religion sind beide Aspekte aufeinander bezogen. Auf der Grundlage
affektiver Bindungen kommt es zur Unterwerfung unter die charismatische
Herrschaft von Propheten und damit zur Vergemeinschaftung von Religion, während gleichzeitig das Interesse an der planmäßigen Lösung von
Alltagsproblemen zur Unterwerfung unter die rationale Herrschaft der
Priester führt. Ausgehend vom Primat der Priesterherrschaft sieht Weber
in der Wirtschaftsethik des Calvinismus, der Endstufe religiöser Rationa-
litätsentwicklung, den geistigen Geburtshelfer der kapitalistischen Gesellschaft. Im Zusammenfallen von Heilsvergewisserung und Berufsbewährung mit Hilfe von Kapitalanhäufung durch „innerweltliche Askese"
bereitet sich nach Weber die moderne rationale und systematische Nut-
zung von Sachgütern und Menschen unter der Herrschaft des allein zum
Zwecke seiner selbst akkumulierenden Kapitals vor. Die zu sich selbst
gekommene „säkularisierte" kapitalistische Gesellschaft funktioniert dann
ohne sinnstiftende Leistungen subjektiver Religiosität, und sie bedarf
auch nicht mehr bestimmter, durch Priesterherrschaft legitimierter, hand-
lungsorientierender, ethischer Regeln. Das sozial-kompensatorische Element von Religion, die Zusage der Aufhebung aller notwendigen und
nicht-notwendigen diesseitigen Triebverzichtsleistungen und Beschränkungen im Jenseits (Prinzip der aufgeschobenen Belohnung) und die damit verbundene Unsicherheit (Erwähltsein) erhält durch das Prinzip der
Heilsvergewisserung mittels Berufsbewährung eine besondere historische Form. Triebunterdrückung wird instrumentalisiert, was sich unter
anderem auch darin zeigt, dass gleichzeitig die affektiven Elemente, die

religiöse Kanalisierung periodischer Entregelungen der Sinne durch expressive Rituale aus der reformatorischen Variante des Religionssystems fast vollständig verschwinden. Freigesetzt wird so ein Gegenstandsbezug ohne jede libidinöse Besetzung: *„Der Protestantismus war die stärkste Macht zur Ausbreitung der kalten, rationalen Individualität. Vorher wurde im Bild des Kreuzes das Zeichen zugleich noch als Marterwerkzeug sinnlich unmittelbar angeschaut. Die protestantische Religiosität aber ist bilderfeindlich. Sie hat das Marterwerkzeug als unvertilgbaren Antrieb in die Seele des Menschen gesenkt, unter dem er nun die Werkzeuge der Aneignung von Arbeit und Lebensraum produziert. Die schlechte Verehrung der Dinge ist gebrochen und das Kreuz verinnerlicht, aber die Wirklichkeit, die dafür entstand, ist nun erst recht von den Dingen abhängig. An Stelle der Werke um der Seligkeit willen, trat das Werk um des Werkes, der Profit um des Profits, die Herrschaft um der Herrschaft willen; die ganze Welt wurde zum bloßen Material ... Auch die protestantische Religion mag Opium fürs Volk gewesen sein, aber ein Opium, durch das sie jenen vom Rationalismus verordneten Eingriff ertragen hat: die industrielle Revolution an Leib und Seele. "*[64] Und: *„Elend und qualifizierte Todesstrafen allein reichten nicht aus, die Arbeiter zum Fortschritt ins Industriezeitalter anzutreiben. Mittels der erneuerten Religion wurde der Schrecken durch die Sorge um Weib und Kind ergänzt, in welcher die moralische Selbständigkeit des verinnerlichten Subjekts eigentlich besteht. Am Ende behalten die Menschen als rationale Form der Selbsterhaltung die freiwillige Fügsamkeit übrig, die so indifferent gegen den politischen wie gegen den religiösen Inhalt ist. "*[65]

Diese Argumentation Horkheimers legt wie die von Max Weber den Schluss nahe: Die protestantische Ethik oder sogar der Protestantismus überhaupt hat Kader-Funktion in Bezug auf die Herausbildung der kapitalistischen Produktionsweise. Genau genommen fungiert jedoch nicht eigentlich die protestantische Ethik als Kader, sondern deren calvinistische Variante, die durch entsprechende Zwangsmittel objektiven, kodifizierten und sanktionsfähigen Charakter erhält.[66] Aber auch sie ist nur Mittel der Deformation und Unterdrückung eines anderen nicht kumulativen Prozesses, der erst in seiner Deformation und Unterdrückung zur wirklichen Basis der neuen Produktionsweise wird: die innere Natur des

Menschen. Die calvinistische Ethik ist die normative, in den Subjekten verinnerlichte Zwangsstruktur, die ein Durchschlagen konsumptiver Leistungen in den Arbeitsbereich verhindert. Lebenszeit nur noch als „wertproduktive Arbeitszeit" zu verausgaben, wird zur inneren religiösen Pflicht. Darüber hinaus verweist die Argumentation Horkheimers aber noch auf einen anderen Zusammenhang. Die reformatorischen Prinzipien der Gnade, des Glaubens und der Rechtfertigung sind der religiöse Reflex auf die sich mit der neuen Produktionsweise herausbildende Sozialform der „persönlichen Unabhängigkeit" (als einzelner Warenbesitzer) bei gleichzeitig zunehmender „sachlicher Abhängigkeit" (Markt, Tausch). Zum Ausdruck kommt dies in Luthers Satz, dass ein Christenmensch freier Herr über alle Dinge und niemandem untertan sei, unentrinnbar gleichzeitig jedoch Knecht aller Dinge und jedermann untertan.[67] Innenwelt und Außenwelt werden in einer Art religiöser Verdopplung noch einmal gespalten, frei ist nur der inwendige religiöse Mensch, der seine äußere Unfreiheit durch Verinnerlichung kompensiert und durch das Gewissen als symbolischer Repräsentanz von Abhängigkeit und Herrschaft sein äußeres Verhalten kontrolliert.

Die bisher genannten Aspekte stellen nun aber nur die eine, über Triebunterdrückung kapitalisierbare Seite der protestantischen Ethik dar. Im Gegensatz zu Weber ist sie für Horkheimer gleichzeitig immer auch Anweisung zum wirklichen Auszug aus „borniertten Verhältnissen", denn ihr Verzicht auf Selbsterhaltung bedeutet Verzicht auf Unterdrückung des anderen. Wo das Selbst des Menschen sich nicht behauptet und durchsetzt, kann das andere als der andere Mensch oder als Natur sich voll entfalten. Die protestantische Ethik hält fest an nicht-instrumentalisierbarer Wechselseitigkeit der Menschen untereinander, an Gebrauchswertorientierung und gerechter Bedürfnisbefriedigung: *„Auch das erneuerte Christentum ist keine blanke Anbetung von Macht und Erfolg, wenn auch einige seiner Tendenzen diese Gesinnung gefördert haben; es enthält vielmehr im Gottesbegriff die Idee der Indifferenz des Menschen gegen die sozialen Unterschiede und weist über die Verhältnisse der Klassengesellschaft hinaus."*[68] In diesem Sinne, als abstrakte Negation ist auch der Protestantismus „Opium des Volkes". Die letzte Spur von Metaphysik ist noch nicht getilgt, die Unerlöstheit noch nicht zur Wahrheit Gottes selbst geworden wie in der modernen „restlos aufgeklärten" Theologie.[69] Ja, es gibt sogar Ansätze, mit Luthers Freiheit eines Christenmenschen in bestimmter Negation ganz Ernst zu machen und den Unheilszusammenhang der Welt zu sprengen durch Abbruch des Kontinuums von Geschichte überhaupt.[70] Dass letztlich im so genannten „linken Flügel" der Reformation die Chance der Unterbrechung doch nur unvollkommen wahrgenommen wird und das Alte im Neuen kontinuierlich sich fortsetzt, zeigt nur, dass noch der Kampf um eine neue Praxis den Bedingungen der alten verhaftet bleibt. Die negierenden, ideologiekritischen Elemente des Religionssystems verlieren sich dann „... *in dem Maße ..., als Botschaft zur Dogmatik und Eingedenken zu Theologie wurde ...*"[71]

Die umfassend durchgesetzte kapitalistische Produktionsweise bedarf nach Weber nicht mehr der Zufuhr bestimmter Maximen protestantischer Ethik. Dennoch scheint es zweifelhaft, ob die ausgebildeten Systemsteuerungsmechanismen und ihr ideologisches Abbild vom „gerechten Tausch" hinreichen, den Zusammenhalt des Gesellschaftsganzen zu garantieren. Vielmehr spricht einiges dafür, dass auch oder gerade die „kumulative Gesellschaft", will sie ihren Zusammenhalt nicht verlieren, auf Werte, Normen und vorkapitalistische Traditionsbestände angewiesen ist. Diese Normen sind nach Habermas rechtfertigungsbedürftig und wahrheitsfähig, sie werden angeeignet und internalisiert im Prozess individueller Sozialisation. Genau darin aber liegt für moderne Gesellschaften ein Problem. Zum einen sind Werte und Normen nicht mehr in Ganzheiten wie Gott, Natur oder Geschichte verbindlich zu fundieren. Es ist unmöglich geworden, über alle historischen Wechselfälle und Diskontinuitäten hinweg, substantiell angeben zu können, was von Ewigkeit her und über den Tod hinaus der Mensch als einzelner und als Gattung sei, was seine personale Identität sichert und seine soziale Identität in Staat, Gesellschaft und in den Organisationen garantiert. In der ausgebildeten kapitalistischen Gesellschaft gerät der Einzelne unter eine Vielfalt einander widersprechender Anweisungsstrukturen: „*Erst in einem fortgeschrittenen Stadium der industriellen Gesellschaft ist mit dem, was Max Weber die Rationalisierung ihrer Verhältnisse genannt hat, die funktionelle Interdependenz der Institutionen so gewachsen, daß die Subjekte ihrerseits von einer zunehmenden und beweglichen Vielfalt gesellschaftlicher*

Funktionen beansprucht, als Schnittpunktexistenzen sozialer Verpflichtungen gedeutet werden können. "[72] Zum anderen ist eben die Synthesis dieser verschiedenen Anweisungsstrukturen immer wieder neu zu leistende Aufgabe des je einzelnen Subjekts. Die Situation wird prekär: Legitimationsbedarf und Legitimationsangebot fallen auseinander. Dass unter solchen Voraussetzungen in der kapitalistischen Gesellschaft überhaupt noch soziale Integration erfolgt, liegt nach Krovoza daran, dass, wie bereits erwähnt, im Prozess der Sozialisation in einer Art „sekundärer Harmonisierung" nicht ein bestimmtes Verhalten, sondern die Bedingung der Möglichkeit von Verhalten überhaupt gesichert wird.[73]

In diesem Zusammenhang der Zurüstung menschlicher Arbeitskraft für den Verwertungsprozess des Kapitals spielt die protestantische Ethik vor allem als Legitimationsinstanz für Desexualisierung noch eine gewisse Rolle. Darüber hinaus wird unserer Auffassung nach ihre nicht-kapitalisierbare Seite aber immer unverzichtbarer. Wenn für Negt/Kluge Sozialisation ohne *„eine Art emanzipatives Minimum"*[74] scheitert, residuale Elemente nicht-kumulativer Prozesse selbst für die Aufrechterhaltung und das Funktionieren der kapitalistischen Gesellschaft notwendig sind, dann stellt sich die Frage, wer oder was denn dieses Minimum eigentlich garantiert. Ist es nur das Kapitalinteresse oder die Widerständigkeit innerer menschlicher Natur?[75] Wie und unter welchen Umständen lässt sich das mit und in diesen „Resten" latent vorhandene Labilisierungs- und Veränderungspotential über den kapitalnotwendigen Schwellenwert hinaus realisieren? Wir behaupten nun, dass zum einen der Kapitalprozess zu seiner Reproduktion nicht nur auf die „innere Natur" als nicht-kumulative „Naturbasis"[76] sondern auch auf bestimmte religiöse Elemente – zum Beispiel die nicht-tauschwertorientierten der protestantischen Ethik – als nicht-kumulative Kulturbasis angewiesen ist und zum anderen, dass beide Prozesse ohne ideologiekritisches Potential von Religion zur Selbsttranszendenz nicht in der Lage sind.

Der in der Sozialisation produzierte „Überhang" an Gebrauchswertorientierung, Wechselseitigkeit, Solidarität, Phantasie, libidinöser Objektbeziehung, Bedürfnisbefriedigung, mimetischem Verhalten und so weiter[77] verweist aber noch auf einen ganz anderen, bisher nicht erwähnten nicht-kumulativen Prozess in der kapitalistischen Gesellschaft, nämlich auf den der reproduktiven und erzieherischen Arbeit der Frau. Indem sie die Arbeitskraft einschließlich ihrer überschüssigen, aber dennoch benötigten Gebrauchswertorientierungen „produziert" und „reproduziert", ist sie die eigentliche nicht-kumulative „Naturbasis", der die kumulative Gesellschaft ihren Fortbestand verdankt. Als unbezahlte, gesellschaftlich verdrängte, als Helfen und Verstehen begriffene Dauertätigkeit ohne Zeit und Raum für eigene Reproduktion und Kompensation ist Hausarbeit in der kumulativen Gesellschaft zum Stigma eines ganzen Geschlechts geworden.[78]

Die Herausbildung und Befestigung dieser „Naturbasis" nun war und ist ohne die Stabilisierungsleistungen des Religionssystems nicht denkbar. Mit der Trennung von Arbeit und Freizeit sind das Religionssystem und die Frauen in gleicher Weise auf den Reproduktionsbereich verwiesen. Religion wird Frauensache[79], die Frau wird verkirchlicht, dies aber nicht deshalb, weil Frauen etwa von Natur aus religiöser sind als Männer, sondern weil die gesellschaftlich unbemerkt und blind konsumierte gebrauchswertorientierte Tätigkeit der Frauen zum Beispiel in den religiösen Elementen personaler Akzeptanz (Nächstenliebe, Dienst, Opferbereitschaft) ein überindividuelles Korrelat findet und damit überhaupt so etwas wie Bedeutung und Anerkennung erfährt. Durchsetzt ist dieses Verhältnis sicherlich von sublimen Tauschgedanken, von der Hoffnung auf göttlichen Lohn, was dann dazu führt, dass, wenn Frauen tatsächlich für Lohn, zum Beispiel im Bereich der Kirche (aber nicht nur hier), arbeiten, sie dabei behaftet und unzureichend bezahlt werden. Aber auch noch auf andere nicht-kumulative religiöse Elemente ist die Reproduktionsarbeit der Frau in der kapitalistischen Gesellschaft bezogen. So vor allem auf diejenigen Bereiche, die die eigene Arbeit unterbrechen, ohne neue zu schaffen (sofern ihr Zeit bleibt und sie nicht auch noch die Freizeitkraft des Mannes reproduzieren muss), die aus dem täglichen Anforderungssystem zumindest für Augenblicke befreien und ein Stück weit Eigenkompensation ermöglichen. Solche Bereiche sind Gottesdienst, Andacht, Meditation, also die korrelativen Elemente von Religion, oder einfach zweckfreie Geselligkeit. Hier wird ein Rest alter integrierter Kirchengemeinde bewahrt, ein Rest Entsprechung von nicht-kumulativer Sozialgestalt und darauf angewiesener nicht-kumulativer Religion. Und schließlich gibt es eine Verbindung zwischen den personal-integrativen Elementen von Religion (rites de passages) und der Stabilisierungsarbeit von Frauen an den kritischen Übergangsstellen der Wachstums- und Reifungsprozesse von Familienmitgliedern. Dass auch hier, unabhängig von religiös inhaltlichen Interpretationen die Begleitung und Entlastung durch Religion gesucht wird, zeigen unter anderem der Gottesdienstbesuch an Totensonntagen und eine beinahe unvermindert häufige Kasualpraxis. Es scheint so, als seien „Religion und Familie zutiefst miteinander verbunden" (Horkheimer) oder zumindest Religion und Frau in ihrer Rolle als Reproduktionsagenten. Beide stützen sich wechselseitig und bilden gemeinsam die Basis für den Reproduktionsprozess des Kapitals. Dies funktioniert aber nur solange, wie einerseits die Hausarbeit missachtet und andererseits die klare und durch „männliche" Religion sanktionierte Trennung der Geschlechtsrollenidentitäten aufrechterhalten wird.[80]

Die nicht-kumulativen Elemente des Religionssystems erfüllen darüber hinaus noch weitere Substitutionsfunktionen für den Zusammenhalt der kumulativen Gesellschaft. Dies gilt zum Beispiel für die Alten, Kranken, Nicht-Integrierten und so weiter, jedoch nicht schlechthin, sondern nur insofern sie gleichzeitig auch arm, das heißt, für Kapitalinteressen gänzlich uninteressant sind. Hier kommen neben den vorher schon erwähnten Elementen personaler Akzeptanz und der Korrelation vor allem die personal- und sozial-kompensatorischen Dimensionen zum Zuge. Die Vermittlung von Religion und Reproduktionsprozess des Kapitals verläuft auf diesem Felde über das politische System, welches vor allem die finanziellen Mittel bereitstellt: *„Der Staat zahlt Folgekosten des spätkapitalistischen Systems, braucht sich aber um organisatorische und personelle Fragen nicht zu kümmern, die Kirchen erweitern auf diese Weise ihren sozialen Besitzstand und profitieren von der verschärften Ausbeutung und von den steigenden Kosten für soziale Sicherung, die für die Stabilisierung des Systems aufgewendet werden müssen. Da die Kirchen auf Grund der finanziellen Eigenleistungen und zu Lasten von Ausstattung, Mitarbeitern und Qualität in den meisten Fällen zudem kostengünstiger arbeiten als die entsprechenden staatlichen und kommunalen Einrichtungen, findet hier ein wirklicher Interessenausgleich zwischen Staat und Kirche statt. Entsprechend sind hier die gegenseitigen Verpflichtungen besonders groß. Daher ist dieser Bereich der kirchlichen Arbeit politisch* *relativ unbedroht. Zusätzlich gewinnen die Kirchen durch den Hinweis auf ihre karitative Tätigkeit einen Legitimationsnachweis, der sich für andere Bereiche ihrer Tätigkeit ausnutzen läßt.* "[81] Überflüssig, hinzuzufügen, dass es vor allem wieder Frauen sind, die in diesen Bereichen arbeiten. Dass ein solcher, die „Opfergemeinschaft" der wertproduktiv Arbeitenden bedrohender „Rand" existiert, garantiert sicher den Fortbestand nicht-kumulativer Elemente des Religionssystems. Andererseits bietet, wenn überhaupt, dann das Vorhandensein derartiger Verhältnisse eine gewisse Gewähr dafür, dass mit diesem „Rand" nicht einfach kurzer Prozess gemacht wird.

Von zwei Seiten geraten die hier thematisierten nicht-kumulativen Elemente des Religionssystems in der kumulativen Gesellschaft unter Druck. Auf der einen Seite soll und muss ihre Substitutionsfunktion orientiert bleiben am gesamtgesellschaftlich gültigen Prinzip des vereinzelten Einzelnen und, da Geld im Spiel ist, an gewissen Effizienzkriterien, was bedeutet, dass Therapien und Sozialtechniken (kumulative Elemente) zu den religiösen Elementen hinzutreten und diese unter Umständen auf bloße Motivation reduzieren.[82] Zum anderen drängt die Erfahrung des Ausstiegs und Abbruchs, der Diskontinuität auf Eingedenken und Erinnerung der religiösen Tradition, die allemal über eine reine Verwaltung der „Opfer" hinausweist. Die nicht-kumulativen religiösen Elemente stabilisieren die Grenze der kumulativen Gesellschaft, könnten sie aber auch empfindlich stören, sobald sie zum „Kader" des „Randes" würden.

Neben der genannten externen gibt es noch eine zweite interne Schicht der kumulativen Gesellschaft, in der vorzugsweise nichtkumulative Elemente des Religionssystems angesiedelt sind und dort ebenfalls Substitutionsfunktion übernehmen. In Erweiterung des oben zum Thema Frau und Sozialisation Abgehandelten steht damit die Reproduktionsleistung von Religion überhaupt zur Debatte. An Mechanismen, auf die das Religionssystem hier bezogen ist, zählt Yorick Spiegel folgende auf: *„1. Das gegenwärtige Wirtschaftssystem führt zur Vernichtung selbständig wirtschaftender Existenzen und zu einer steigenden Abhängigkeit, ohne einen Ausgleich durch verstärkte Mitbestimmung zu gewähren. Die Proletarisierung ehemals selbständiger Mittelschichten bedroht die Identität derer, die ihr angehören; 2. Der Zwang zur Profitmaximierung und*

Rationalisierung führt zu immer höheren Leistungsanforderungen, die sich zunehmend vor allem auf psychische Fähigkeiten erstrecken, an die Stelle der körperlichen tritt die psychische Ausbeutung; 3. Je weniger der einzelne erkennbar an dem Produkt seiner Arbeit beteiligt ist, und je mehr er erkennt, daß der Gewinn der Arbeit nur einigen wenigen zukommt, neigt er dazu, sein Tun für sinnlos und seine Arbeit für unbefriedigend zu halten; 4. Mechanismen ,repressiver Entsublimierung' (R. Reiche) verhindern die Ausbildung eines kommunikationsfähigen Ich und erlauben dem Individuum nur eine narzisstische Selbstbestätigung durch die Erfüllung von Konsumwünschen; langfristige Bindungen werden damit erschwert; 5. Der Herrschaftsapparat im Spätkapitalismus muß angesichts der Labilität des gesamtgesellschaftlichen Systems und zur Sicherung effektiver Produktion eine Strategie der Konfliktvermeidung einschlagen. Werden Konflikte nicht offen ausgetragen, so kann das Individuum seine Aggressionen nicht nach außen abreagieren; ihm bleibt nur die Möglichkeit, sich destruktiv gegen sich selbst zu wenden; das Familiensystem, das einen Ausgleich zu den Anforderungen der Arbeitswelt hervorbringen soll, kann angesichts des steigenden sozialen Drucks diese Aufgabe immer weniger erfüllen; damit wird die Bestätigung persönlicher Identität, wie sie die Familie leisten kann, bedroht, zugleich nehmen die kindlichen Sozialisationsschäden zu. "[83]*

Für unseren Zusammenhang ist nun weniger die Stimmigkeit der einzelnen Argumente von Bedeutung – so ist das Empfinden der Sinnlosigkeit von Arbeit sicher keine Frage der „Neigung"; ebenfalls zu kritisieren wäre der zu Grunde liegende Ökonomismus[84] und so weiter – als vielmehr ihr gesamter Duktus. Auf Folgeprobleme des kumulativen Gesellschaftssystems vermag das tendenziell nicht-kumulative Reproduktionssystem der Familie nur unzureichend zu reagieren. Es entsteht ein Überhang an Kompensations- und Integrationsbedarf, der durch andere Prozess-Strukturen abgedeckt werden muss. Teilweise geschieht dies durch die kumulativen Bereiche der Medizin und Psychologie beziehungsweise durch entsprechende Angebote der Freizeit- und Kulturindustrie, teilweise aber auch durch die nicht-kumulativen Elemente von Religion. Ursprünglich bezogen auf „Einbruchstellen des Unbestimmbaren" (Luhmann) wie Krankheit, Unglück, Katastrophen und so weiter erweitert sich mit der Durchsetzung kapitalistischer Produktionsweise und ihrer Etablierung als „zweiter Natur" das Zuständigkeitsfeld von Religion. Auch Pseudo-Kontingenzen, Enttäuschungen und Frustrationen aus quasi-natürlichen Einschränkungen der Erlebnis- und Handlungskapazität müssen nun bewältigt und absorbiert werden. Trotz erheblicher Konkurrenz steht das Religionssystem in diesem Bereich nach wie vor in Geltung. Dies nicht deshalb, weil seine Angebote billiger oder besser wären, sondern weil hier nicht nur zweckrationale Reproduktion der Arbeitskraft erfolgt. Ähnlich wie die familiale Sozialisation liefert das Religionssystem das zur Aufrechterhaltung der kumulativen Gesellschaft notwendige Quantum an Gebrauchswertorientierung, Wechselseitigkeit und Akzeptanz. Beschränkt es sich darauf, hält es gleichzeitig Labilisierungspotential präsent. Lässt es sich jedoch ein auf die gesellschaftlichen Formen von Konkurrenz, Privatinteresse und Herrschaft, verliert es seine Substitutionsfunktion in beiderlei Gestalt. Das wird immer dann der Fall sein, wenn Seelsorge und Beratung, um es mit theologischen Begriffen zu benennen, zur Sozialtechnologie verkommen oder zur Bekehrung missbraucht werden. Für das erstere sind die etablierten kumulativen Systeme von Medizin und Psychologie weitaus besser geeignet, so dass es nur zu schlechten Verdoppelungen kommen würde, im zweiten Fall käme jeder Versuch einer Reduktion von Überkomplexität (Identitätsprobleme) und Kompensation von Leid und Frustration durch Subsumtion unter neue Anweisungsstrukturen (Dogmatik) der Strategie gleich, den Teufel mit Belzebub austreiben zu wollen.[85]

War es bisher relativ leicht möglich, die verschiedenen Ebenen des Religionssystems im Spannungsfeld kumulativer und nicht-kumulativer Prozesse zu verorten, so scheinen die magischen Elemente sich gegen einen solchen Zugriff zu sperren. Strittig ist, ob denn Magie überhaupt unter Religion subsumiert werden kann. Für Durkheim etwa fällt alles Magische, da es in der Regel nicht-öffentlichen Charakter hat, als Handeln nicht öffentlich sichtbar erscheint, aus dem Gegenstandsbereich von Religion heraus. Auch für Malinowski bilden Religion und Magie einen strengen Gegensatz: *„Denn Magie unterscheidet sich von Religion dadurch, daß letztere Werte schafft und Zwecke direkt erfüllt, während Magie aus Handlungen besteht, die einen praktischen Nutzwert haben und wirksam sind nur als Mittel zu einem Zweck."*[86]

Magie ist dennoch aber nicht einfach falsche Wissenschaft, sondern Ritualisierung von Hoffnung und Optimismus, welche den Anspruch des Menschen auf zweckrationale Beherrschung von Natur auch über dessen tatsächliches Vermögen hinaus aufrechterhält und artikuliert. In Richtung einer Trennung von Religion und Magie weist – wenn auch aus ganz anderen Motiven – vor allem das Selbstverständnis christlicher Religion, das sich in seiner protestantischen Variante zumal als von allen magischen Elementen gereinigt ansieht.[87]

Bei unserer weiteren Argumentation gehen wir nun weder von einer solchen Unterscheidung und den damit zusammenhängenden Dichotomien wie rational-mystisch, profan-sakral, natürlich-übernatürlich, Handeln und Glauben aus, noch von einer einfachen Identifizierung. Identifikation und Segregation sind vielmehr zu begreifen als Erscheinungsweisen unterschiedlicher Gesellschaftszustände. In nicht-kumulativen Gesellschaften ist eine klare Trennung von Magie, Religion und Gesellschaft unmöglich. Erst mit der Herausbildung der kumulativen Gesellschaft setzen hier Entmischungen ein, kommt es zu Transformationen, in deren Verlauf vor allem auch die magischen Elemente ein besonderes Schicksal erleiden: *„Das Mysteriöse, das Heilige und das Böse, das Magische, das Rituelle, das Mystische vor allem sind es, die mit Intensität gelebt worden sind. Sie sind in das wirkliche Leben der menschlichen Wesen eingegangen und wurden darin zu gefühlsgebundenen, leidenschaftlichen realen Kräften. Mit dem Auftreten und der Entwicklung der Vernunft haben sie sich in einem doppelten Sinn verändert ...: a) Erniedrigung – Der Ritus neigt dazu, Geste zu werden. Das Böse wird schandbar, gemein. Der Mythos wird Legende, Erzählung, Fabel, Anekdote usw. Schließlich fallen Wunderbares und Übernatürliches unvermeidlich in den Bereich des Ungewöhnlichen und Bizarren; b) innere Umwandlung und Verschiebung – Alles, was eine gefühlsmäßige Bindung darstellt, eine unmittelbare und ursprüngliche Beziehung des Menschen zur Welt, alles, was ernsthaft, tief, komisch war – verschiebt sich und tendiert dazu, früher oder später in den Bereich des Spiels oder der Kunst einzugehen, oder es wird ganz einfach zum ironischen und amüsanten Ausdruck.“*[88] Das Übernatürliche und Wunderbare werden zur anderen Seite des Vertrauten, Alltäglichen: *„Das Vertraute verwandelt sich plötzlich in etwas Neues,* *das aber nicht mehr beunruhigt, und uns nicht ‚aus der Fassung bringt'. Diese ambivalente Mischung aus Bekanntem und Unbekanntem, durch die Sinn und Gedanke neugierig gemacht werden, ohne daß es noch einen Gedanken oder eine feinsinnige Entdeckung von Unbekanntem gäbe, ohne daß hier wirklich Probleme und Rätsel, Schwierigkeit und Angst wären, charakterisiert den Augenblick des Bizarren."*[89] Der rationalen kumulativen Gesellschaft gilt das Wunderbare und Übernatürliche als prinzipiell durchschaut, dennoch bleibt sie ihm verhaftet. In der isolierten Form privaten Bewusstseins überwintern Schwäche, Ohnmacht und Irrationales, die sich weiterhin magischer Mittel zur Wirklichkeitsbeeinflussung bedienen. Diese Mittel sind nun aber nicht mehr „reale Kräfte" im wirklichen Leben der Menschen, sondern Surrogate, Verdoppelungen, beliebig zu manipulieren und grundsätzlich jederzeit wiederholbar. In ihrer abgespaltenen öffentlichen Form des Glücksspiels, „der Kunst, des Journalismus, der Mode, des Kabaretts, der Zurschaustellung" (Lefèbvre) werden sie kapitalisierbar. Das Jenseits gerät zum makabren Kitzel des Diesseits, die Einebnung der Differenz verwandelt Hoffnung und Schrecken zu Waren der Freizeit- und Kulturindustrie.[90]

Schließlich sind noch die fundierenden, legitimierenden und kontinuierenden Elemente des Religionssystems zu diskutieren. Als Interpretationen kontingenter gesellschaftlicher Selektivität verlieren sie mit der Herausbildung der kumulativen und sich in Teilsystemen ausdifferenzierenden Gesellschaft an Integrationskraft und Plausibilität. Alle Teilsysteme, von denen keines mehr das gesellschaftliche Ganze zu repräsentieren vermag, definieren die Systemgrenzen und deuten ihre Umwelt anders. Legitimiert, fundiert und auf Dauer gestellt werden muss nun das Religionssystem selbst. Dies geschieht durch geistliche Kommunikation partikularer Gruppen und Gemeinschaften, durch Organisation beziehungsweise durch Selbstthematisierung im Medium von Theologie. Dennoch bleibt das Religionssystem auf Gesamtgesellschaft bezogen. Unter Berücksichtigung des bisher Dargestellten liegt unserer Meinung nach aber diese Beziehung nicht, wie Luhmann annimmt, in ihrer Funktion der Kontingenzbewältigung, die sich durch die Kirche „als System geistlicher Kommunikation" erfüllt, sondern sie ist primär dadurch gegeben, dass Religion in allen ihren nicht-kumulativen Elementen die zur Aufrechterhaltung der kumulativen Gesellschaft notwendigen Basisorientierungen bereitstellt und sichert. Demgegenüber stabilisiert sich das Religionssystem selbst vorwiegend mit Hilfe seiner kumulativen Elemente, ohne allerdings dabei auf ein „emanzipatives Minimum" an nicht-kumulativen Prozess-Strukturen verzichten zu können.

Beide, das als Kirche ausdifferenzierte Religionssystem und die Gesellschaft, haben ein gleichgerichtetes Interesse an der Neutralisierung des Labilisierungs- und Veränderungspotentials der nicht-kumulativen religiösen Elemente. Diese Neutralisierung ist zum einen objektiv gegeben durch den „stummen Zwang der Verhältnisse", welche eine Orientierung an solchen Prozessen im Produktions- und Distributionsbereich nur bei „Strafe des ökonomischen Untergangs" erlauben. Wirklich zugelassen sind sie in der Waren tauschenden Gesellschaft nur im Reproduktionsbereich auf der Ebene der elementaren Interaktion. Zum anderen geschieht die Neutralisierung der nicht-kumulativen religiösen Prozess-Strukturen durch die Abstraktion des gerechten Tauschs und der Grundwerte. So ist zum Beispiel die *„Freiheit, die dieser Staat repräsentiert, ... eine Abstraktion, solange sie zugleich als Legitimation ihres Gegenteils fungiert: der freien Konkurrenz, ohne die sich die Individuen, die objektiv als Warenbesitzer bestimmt sind, nicht reproduzieren können. Das Staatsbürgerrecht der Freiheit verkehrt sich als Menschenrecht in die freie Selbstbehauptung von Monaden. Verwirklicht wäre Freiheit erst, wenn die Versöhnung von Allgemeinem und Besonderem, die im bürgerlichen Staat nur ‚himmlisches' Dasein hat, im Gesellschaftsprozess selbst real geworden wäre, ..."*[91]

Von diesen Prozessen sind schließlich die nicht-kumulativen Elemente des Religionssystems auch unmittelbar selbst betroffen. Nach dem Verlust der allgemeinen Gültigkeit von Offenbarungswissen, der in Theologie, Kunst, Wissenschaft und Politik gleichermaßen gültigen und anerkannten objektiven Wahrheit, nach dem Aufbrechen der Spannung zwischen Wissenschaft und dogmatischer Theologie, dem Auseinandertreten von Religion und Philosophie, versuchen zunächst Luther und später dann die großen rationalistischen Systeme der Philosophie den mit der Religion gesetzten Anspruch auf objektive Wahrheit zu erhalten. Diese Unternehmungen misslingen gänzlich. Schon Luthers Ausweg aus dem logischen

Dilemma von richtig und falsch durch Rückgriff auf ein Drittes, nämlich Gottes Wort und das irrationalistische Moment der Gnade und des Glaubens gibt den Versuch auf, theologisches und säkulares Wissen noch miteinander zu vermitteln.[92] Der Glaube wird zur reinen Privatangelegenheit, zur Funktion bloßer Innerlichkeit. Der Weltlauf gestaltet sich unabhängig davon nach eigenen, jedoch letztlich nicht einsehbaren Gesetzmäßigkeiten. Gott bleibt zwar der Schöpfer, aber seine Wege werden so wunderbar wie die der kapitalistischen Warenzirkulation. Im Protestantismus trennt sich die objektive Vernunft von Religion: „... *die Religion wurde solange eines klaren bestimmten Inhalts beraubt, formalisiert, angepaßt, spiritualisiert, in die innerste Innerlichkeit der Subjekte verlegt, bis sie sich mit jedem Handeln und mit jeder öffentlichen Praxis vertrug, ...* "[93]

Oder in unserer Terminologie: Das nicht-kumulative Labilisierungs- und Kritikpotential von Religion wird privatisiert und damit neutralisiert, allenfalls – sofern letzte Reste von Metaphysik nicht gänzlich getilgt sind – langt es noch zu abstrakter Negation. Als dergestalt entschärftes Kulturgut bildet Religion die Basis der erweiterten Reproduktion in der kapitalistischen Gesellschaft. Das gesellschaftlich notwendige Maß an Gebrauchswertorientierung reproduziert sich nicht gleichsam „auf natürliche Weise", sondern bedarf der kulturellen Stütze des Religionssystems. Ebenso bleibt durch denselben Prozeß der Bestand des gesellschaftlichen Teilsystems Religion garantiert: Durch gesellschaftliche Anerkennung und dadurch, dass mit der Reduktion des universalen Anspruchs der Tradition auf personale Aneignung und Verarbeitung sich das Religionssystem gegen Selbstkritik hinreichend immunisiert. Jede zu weit gehende interpersonale Vermittlung oder gar kollektive Aneignung zum Beispiel „der klaren Worte des Stifters" (Horkheimer) hätte für die kumulative Gesellschaft und damit auch für das religiöse Teilsystem bestandsbedrohende Folgen.

6. Konstitutionsbedingungen pfarramtlichen Handelns

Mit der Durchsetzung der kapitalistischen Produktionsweise wird die Trennung von Arbeits-, Wohn- und Freizeitbereich unwiderruflich. Das Religionssystem bleibt dem Prinzip lokaler Präsenz verhaftet und verliert die Verbindung zum Bereich der materiellen Produktion wie auch zu großen Teilen des sozialen Reproduktionsprozesses. Die Einheit von Arbeit und Muße, die Integration der verschiedenen Lebensbereiche ist nicht mehr fraglos gegeben, das Religionssystem kann sich auf sie nicht mehr unmittelbar beziehen. Die Synthese wird – bei vorgegebener Dominanz der Arbeit – zur jeweils neu zu bewältigenden Aufgabe und Leistung des vereinzelten Einzelnen. Darüber hinaus entwickeln sich disparate und widersprüchliche Anweisungs- und Kommandostrukturen in den Sphären der Produktion, Distribution und Reproduktion, der kulturellen Tradition, des politischen Systems, der „inneren Natur", zu denen das Religionssystem nun nicht mehr als integrierende, sondern als eine zusätzliche partikulare Anforderungsebene hinzutritt. Auch diese Elemente müssen durch das „Nadelöhr der Subjektivität". Angesichts einer solchen Situation wird die Lage kirchlich institutioneller Lebensformen und damit pfarramtliches Handeln prekär. Im Bereich des theologischen Wissens durch Sozialethik und auf der Handlungsebene durch übergemeindliche Strukturbildungen (Vereine, Werke und so weiter), also durch kumulative Momente mag die verlorene Einheit ein Stück weit wiedergewonnen werden, für die Ebene des Gemeindepfarramtes ist dies jedoch, zumal mit Hilfe der nicht-kumulativen institutionellen Lebensformen unmöglich. Gemeinde kann nicht hergestellt werden durch Gottesdienst und Andacht, personaler und sozialer Lebenszusammenhang nicht durch Amtshandlungen, die Vermittlung von Leben und Bewusstsein nicht durch einen kirchlichen Festkalender. Es entwickelt sich das bezeichnende Wort vom Gemeindeaufbau, und zur tragenden Figur dieses Geschehens wird die Person des Pfarrers. Er – selbst Schnittpunktexistenz verschiedener Zuschreibungssysteme, politisch-soziale und religiöse Monade – gerät zum großen Synthetiker, zum libidinös besetzten „missing link" aller Zerrissenheit und Widersprüchlichkeit. Dennoch ist der Eindruck totaler Zerrissenheit bis zu einem gewissen Grade nur Schein und darauf bauendes Rollenspiel nichts als theologisch verführte Eitelkeit und Arroganz. Im individuellen, einsam geführten und langweiligen Alltagsleben, dem Abfallprodukt der vergesellschafteten Gesellschaft, nisten Bedürfnispotentiale nicht-kumulativer Art, die nach wie vor der Stabilisierung, Bestätigung und Erfüllung durch kirchlich-institutionelle Lebensformen zugänglich sind. Klar sein muss sich der Pfarrer allerdings darüber, dass hier nicht der Religion „Bestes" nachgefragt wird, sondern bei individuell subjektiver Vorausdefinition ihre zum Kulturgut neutralisierten nicht-kumulativen Prozess-Strukturen. Brächte man deren wirkliche Inhalte ins Spiel, so könnte vielleicht sogar ein Stück Befreiung gelingen. So oder so, das religiöse Alltagsleben oder die so genannte Volkskirche wird jedem Pfarrer in der kumulativen Gesellschaft zum Problem, in verschärfter Form vor allem dann, wenn eine bestimmte Theologie der Akkumulation verbaler Zeichen und des Gehorsams aufs Wort und zwar nicht nur aufs heilige hinzutritt. Zugunsten des richtigen Bewusstseins wird dann jedes Leben akzidentiell, nicht nur das Alltagsleben.

Ein zweites Spannungsfeld pfarramtlichen Handelns ist durch das konstituiert, was wir oben unter dem Stichwort „Segregation" abgehandelt haben. An die Stelle der alten Ortsgemeinde treten, im Laufe der Zeit verkirchlichte, partikulare Wir-Gruppen, die in gegenseitiger Trennung und Abgrenzung vom Rest der „Welt" die so genannte Kerngemeinde bilden. Es handelt sich dabei vor allem um besondere Selektionen aus den Subsystemen der Kinder, der Jugendlichen, der Frauen und der Männer, die sich untereinander noch einmal hinsichtlich ihrer Frömmigkeit und ihrer Bezogenheit auf Gottesdienst und Bibelstunde unterscheiden. Diese Gruppen, die nur im Raum der Kirche als solche bestehen, sind das eigentliche soziale Fundament des Religionssystems in der kumulativen Gesellschaft. Ihren Zusammenhang und Zusammenhalt garantieren nicht gemeinsame Lebens- und Arbeitsvollzüge, sondern neben dem Gottesdienst ist es in erster Linie wieder die Person des Pfarrers, die als Einheit stiftendes Prinzip fungiert. Ein solcher Gemeindetyp ist weder selbst Anschluss-Stelle an das Alltagsleben, noch verfügt er über ein entsprechendes Netz ausdifferenzierter Vermittlungsinstanzen. Ob organisiert oder nicht, die Kontakte zwischen Gemeinde und Alltag bleiben zufällig. Erschwerend kommt hinzu, dass sich gerade in dem, was man Kerngemeinde nennt, kumulative und nicht-kumulative religiöse Elemente zu einem schier unentwirrbaren Knäuel verwoben haben und die nicht-kumulativen Prozesse fast ausschließlich in den Fesseln von Orthodoxie, verinnerlichter subjektiver Frömmigkeit und Bekehrungsdrang erscheinen. In diesem Spannungsfeld muss der Pfarrer, je nach Theologie und eigener Frömmigkeit, in unterschiedlicher Weise sich selbst zum Problem werden.

Von den hier angesprochenen Gruppen strikt zu unterscheiden sind alle wirklich kollektiven Identitätsbildungen, sei es, dass sie als Überreste der traditionalen Gesellschaft noch existieren, sei es, dass versucht wird, Identität in gemeinsamen Bildungs- und Willensbildungsprozessen kollektiv neu zu projektieren. Da solche Anstrengungen nicht-tauschwertorientierter Prinzipien bedürfen (Solidarität, Wechselseitigkeit, Objektbezug und so weiter), ist es nicht verwunderlich, wenn sich das Religionssystem von Fall zu Fall mit seinen nicht-kumulativen Elementen an derartigen Unternehmungen beteiligt (Bürgerinitiativen, Friedensbewegungen oder ähnliches). Insofern sie sich dabei aller bloß instrumentell technischen Praktiken (Verwaltung von Randgruppen) und jeglicher Bekehrungsabsichten (Bürgerinitiativen als Missionsfeld) enthält, kann Religion mit dazu beitragen, den Widersinn einseitig individueller Identitätsbildung ein Stück weit zu durchbrechen. Erweitert ein Pfarrer sein Arbeitsfeld um diesen Aspekt, verwandelt sich das ohnehin schon nicht sehr übersichtliche Problemgelände leicht zum Dschungel.

Außer den genannten gibt es einen dritten Bereich pfarramtlichen Handelns, welcher den Grad der Komplexität noch um einiges zu steigern vermag: die kumulativen Prozesse von Organisation, Verwaltung, Bürokratie und des theologischen Wissens. Luhmann sieht die gegenwärtige soziale Erscheinungsweise des Religionssystems als *„Annäherung an einen Systemtypus, der in der Organisationstheorie als ‚organisierte Anarchie' beschrieben wird. "*[94] Ob nun Kirche eher als Institution[95], als bürokratische Organisation[96] oder als organisiertes soziales System[97] aufzufassen ist und inwieweit sie als anarchisch, organisch, ganzheitlich oder innovativ beziehungsweise mit gegenteiligen Begriffen charakterisiert werden kann[98], soll hier nicht diskutiert werden. In jedem Falle ist die Kirche in der kumulativen Gesellschaft schon aus Bestandserhaltungsgründen auf ein bestimmtes Maß an Bürokratie, Organisation und Verwaltung angewiesen. Im Folgenden verwenden wir, ohne uns auf eine bestimmte Theorie festzulegen, den Begriff der Organisation. Dabei ist zunächst zwischen der Organisationsstruktur des gesamten Religionssystems und der seiner Segmente (Gemeinden) zu unterscheiden. Die organisierte Gesamtebene bildet eine weitgehend theologiefreie und von allen nicht-kumulativen religiösen Elementen gereinigte Sphäre. Interagiert wird über Vorschriften und kontrollierende formelle Regelungen; Kommunikation in der Vertikalen beschränkt sich, sofern sie überhaupt stattfindet, auf die Lieferung von „Image-Pflegemitteln"[99], die vor allem der Selbststabilisierung dienen. Den radikalen Gegentyp repräsentiert das auf der Gemeindeebene praktizierte Organisationsmodell. Dominant sind hier die Theologie und die nicht-kumulativen Elemente von Religion. Interaktion und Kommunikation sind meist identisch und auf die Person des Pfarrers zentriert. Unter diesen Bedingungen werden Organisation und Verwaltung zu akzidentiellen Störfeldern, deren Bearbeitung man, weil ihre Theologiefreiheit offensichtlich ist, am besten den so genannten Laien überlässt. Letztlich hängt in der Gemeinde alles am Theologiemonopol des Pfarrers. Von diesem Zentrum aus bestimmen sich die Partizipationschancen und Dispositionsspielräume der Mitarbeiter und Helfer, die Kooperationsmöglichkeiten und Interaktionsweisen in der Subkultur der Pfarramtskollegen, von hier aus wird festgelegt, inwieweit die nicht-kumulativen Elemente ausagiert werden können oder nicht. Gleichzeitig wird dadurch die Spannung zwischen theologischem Wissen und religiösem Leben in den Gemeinschaften und im Alltag auf Dauer gestellt. Das theologische Wissen macht aus allen, die es nicht besitzen, hilflose, abhängige, bedürftige Laien. Indem es sich als theoretisch abstraktes ständig selbst akkumuliert, akkumuliert und kondensiert es zugleich die Hilflosigkeit, Abhängigkeit und Bedürftigkeit der Nicht-Theologen, während es seinen kollektiv produktiven Gebrauch verhindert.[100] Umgekehrt wirken natürlich die Vorschriften und formellen Regelungen der Gesamtorganisation, das theologische Wissen des Pfarrers und das seiner Berufskollegen, das tatsächliche religiöse Leben, Bürokratie und Verwaltung sowie die besondere Dynamik der nicht – kumulativen Prozess-Strukturen auf die Dispositions- und Interaktionschancen pfarramtlichen Handelns zurück. Mit der Ausdifferenzierung der kumulativen Gesellschaft in Teilsysteme, in deren Verlauf auch Religion sich als Teilsystem herausbildet, können Selbstthematisierung und Umweltinterpretation nur noch systemrelativ erfolgen.[101] Das bedeutet für das Religionssystem, dass es im Medium von Theologie seine eigene Identität reflektiert und seine Umwelt in Bezug auf diese Identität interpretiert. Inwiefern es sich dabei um Komplexitätsreduktion durch Erkenntnis[102] handelt oder nicht, mag hier offen bleiben; wichtiger scheint uns die Frage, ob Theologie (als theologische Dogmatik) überhaupt zur Reduktion von Komplexität in handlungsrelevanter Form in der Lage ist. Zur Debatte steht die Trennung von Theorie und Praxis, die nicht dadurch aufzuheben ist, dass sie selbst zum Gegenstand wissenschaftstheoretischer Erörterungen wird, sondern ihre Synthese bleibt in der kumulativen Gesellschaft allemal immer wieder neu zu erbringende Leistung individueller Subjektivität. Dieses Problem ist sicher kein spezifisches für Theologen, aber eben eins, das auch von Theologen gelöst werden muss.

Einen vierten Problemkomplex bilden die mit der Entwicklung der kapitalistischen Gesellschaft verbundenen Veränderungen der Lebens- und Arbeitsbedingungen des Pfarrers. Besonders hervorzuheben ist hier einmal die Tatsache, dass die traditionale Einheit von Arbeits- und Wohnbereich entgegen ihrer allgemeinen Tendenz, sich aufzulösen, für das Pfarramt weitgehend erhalten bleibt. Daraus resultieren sowohl Möglichkeiten des Sich-Durchhaltens ständischer Orientierung und Verhaltensweisen, ein starker Öffentlichkeitscharakter der Pfarrersfamilie, aber auch die Chance verstärkter gegenstandsbezogener familialer Kommunikation. Andererseits, und das ist weitaus folgenreicher, wandeln sich die materiellen Subsistenzbedingungen des Pfarrers. Unter den Verhältnissen kapitalistischer Warenproduktion wird Arbeit abstrakt. Lebendige konkrete Berufsarbeit reduziert sich auf den Zweck der Realisierung von Tauschchancen zur Sicherung der eigenen Reproduktion, ohne jede unmittelbare Befriedigung: *„Instrumentalisierung und Gleichgültigkeit gegenüber den konkreten Berufsinhalten bedeuten nun aber, daß die Arbeitenden gerade das Interesse und die Ansprüche, ja sogar die psychischen Fähigkeiten zu befriedigender, sinnvoller, selbstbewußter Arbeit verlieren. Die Virtuosen der beruflichen Selbstinstrumentalisierung verlieren allmählich den Sinn für die Qualität ihrer eigenen Arbeit und werden schließlich unfähig, persönlich den Zusammenhang zu den objektiven Arbeitsaufgaben, den gesellschaftlichen Problemen herzustellen, die weiterhin durch konkret nützliche Arbeit bewältigt werden müssen."*[103] Einer Anpassung des Pfarrerberufs an derartige Entwicklungen stehen jedoch die nicht-kumulativen Prozess-Strukturen von Religion entgegen. Die Lösung dieses Konflikts findet das Religionssystem in der Verbeamtung des Pfarrers. Zwar verliert der Pfarrer dadurch vollständig den Kontakt zur unmittelbaren Produktion, er hört auf, im „Nebenberuf" bäuerlicher oder handwerklicher Kleinproduzent zu sein, gewinnt aber durch die Aufhebung des Zwangs zur Eigenproblemlösung weitgehende Freiheit zu einer nicht-instrumentellen, gebrauchswertorientierten Aufgabenerfüllung. Vorsichtiger formuliert: Mit der Verbeamtung des Pfarrers ist zumindest eine Bedingung der Möglichkeit nicht-tauschwertorientierter Tätigkeit gegeben, die natürlich real immer der Gefahr unterliegt, durch Bürokratie, Disziplinarordnungen, Ausbildungsstruktur und die Monopolstellung der Kirche als Arbeitgeber an ihrer Verwirklichung gehindert zu werden.

Damit kommen wir zu einem letzten Punkt. Das Religionssystem „Gemeinde" steht in scharfem Gegensatz zum Bereich gesellschaftlicher Produktion. Vor allem mit seinen nicht-kumulativen Elementen unterliegt es – ähnlich wie die Familie – dem Zwang der psychosozialen Kompensation und Regeneration aller Belastungen und Beschädigungen, die der „inneren Natur" des Menschen in den Sphären kapitalistischer Zirkulation und Produktion zugemutet und angetan werden. Was an Gegenseitigkeit, Unmittelbarkeit, Solidarität und so weiter sonst nicht erfahrbar ist, wird in der Kirchengemeinde umso intensiver gesucht. Anders jedoch als in der Familie, wo die sozialen Beziehungen auf Grund fehlender gemeinsamer Gegenständlichkeit tendenziell abstrakt sind und wo erst durch besondere Anstrengungen Ersatz geschaffen werden kann, bietet das Religionssystem – trotz der Trennung von gesellschaftlicher Produktion – hier weitaus größere Möglichkeiten intersubjektiv geteilter Gegenstandserfahrung.[104] Dabei besteht aber, ebenso wie in der Familie, die Gefahr, dass mit wachsendem Bedeutungsverlust dieser Gegenstände die interpersonellen Beziehungen selbst zum Kommunikationsgegenstand gemacht werden, was als zusätzlicher Ausdruck der verlorenen „Gattungsgegenständlichkeit" des Menschen gelten kann. Gegenstandsbezug und nicht-tauschwertorientierte Interaktion in einem existieren jedoch in der kumulativen Gesellschaft – wenn auch nur in Rudimenten und abgetrennt von unmittelbarer Produktion – am ehesten immer noch in der Familie und im Religionssystem. Insofern sind beide komplementär aufeinander bezogen. Dies gilt auch noch unter einem anderen Aspekt. Als kompensatorischen Gegenmilieus eignet beiden, der Familie und dem Religionssystem, die Tendenz der Konfliktvermeidung. In der Familie müssen zugunsten der Reproduktion der Ware Arbeitskraft die sozialen Beziehungen gewissermaßen distanzlos, das heißt, ohne wirkliche Chance des Sich-Einlassens auf interpersonelle Konflikte und Interessengegensätze konsumiert werden. Hier bietet das Religionssystem Rückzugsmöglichkeiten vor allem für die Frauen, die ja die Last der familialen Reproduktion in der Regel immer noch ausschließlich und allein zu tragen haben und denen innerhalb der Familie zur Eigenkompensation nur wenig Zeit und Raum bleibt. Dies funktioniert jedoch nur unter dem Schein der Konfliktlosigkeit des Religionssystems selbst und unter der Voraussetzung von Individualisierung und Privatisierung des in der Familie nicht bearbeitbaren Konflikt- und Problempotentials (Seelsorge, Beratung, Einzelfallhilfe). Eine solche Verschleierung und Verdrängung der ökonomischen Bestimmtheit sozialer Beziehungen und Konflikte ist notwendig, weil so die Erfüllung der Reproduktionsfunktion am effektivsten gewährleistet wird. Die Illusion des je unmittelbar eigenen Konflikts beziehungsweise konfliktloser Gegenwelten gehört zur Aufrechterhaltung der „anderen" Welt, die offenbar nur Konflikte kennt und in der der Einzelne sich nicht selbst besitzt. Werden nun diese Zwangsstrukturen im Religionssystem manifest, und gelingt es dem Pfarrer nicht, das Distanzierungs-, Kritik- und Labilisierungspotential der nicht-kumulativen religiösen Elemente zu aktivieren, wird seine Situation ähnlich prekär wie die der Hausfrau: Als Produzent von Interaktion und Erziehung arbeitet er im gesellschaftlich isolierten und wenig anerkannten Raum der Reproduktion, wo seine Leistungen weitgehend bewusstlos konsumiert werden, ohne Zeit und Gelegenheit für Rückzug und eigene Kompensation. Einzig die Identitätszuschreibungen fallen im Vergleich zur Hausfrau günstiger aus, weil der Pfarrer meistens ein Mann ist, über ein Spezialwissen verfügt, auf eine renommierte Berufstradition verweisen kann und zudem für seine Arbeit bezahlt wird.[105]

7. Spätkapitalistische Verschärfungen

In den vorausgegangenen Abschnitten haben wir das Religionssystem als Bündel kumulativer und nicht-kumulativer Prozess-Strukturen definiert. Wir haben dann zu zeigen versucht, wie sich dieses System mit der Herausbildung der kumulativen Gesellschaft in wesentlichen Dimensionen objektiv verändert, und haben angedeutet, welche Konsequenzen sich daraus für pfarramtliches Handeln ergeben. Diese „objektiven" Bedingungen, die jeder vorfindet, der in der gegenwärtigen Gesellschaft Pfarrer wird, mit denen er sich auseinandersetzen, an denen er sich abarbeiten muss, bedürfen nun, ehe wir uns der Frage zuwenden, wie und unter welchen Schwierigkeiten eine solche ontogenetische Vermittlung zu Stande kommt, in ihrer historischen Formbestimmtheit der weiteren Präzisierung. Wir haben daher unsere Ausführungen zunächst in der Weise zu konkretisieren, dass wir nach der spezifischen Ausprägung des Religionssystems in unserer gegenwärtigen spätkapitalistischen Gesellschaft fragen.[106] Dabei erheben wir nicht den Anspruch, eine umfassende Theorie spätkapitalistischer Ökonomie zu rekonstruieren, sondern beschränken uns auf einige wesentliche Erscheinungsweisen, von denen wir meinen, dass sie für das Religionssystem von Belang sind.

Ganz allgemein lässt sich das Charakteristikum unserer gegenwärtigen Gesellschaft dadurch bestimmen, dass sich in ihr die kumulativen Prozess-Strukturen gegenüber früheren kapitalistischen Verhältnissen immens verschärft und ausgeweitet haben. Die nicht-kumulativen Prozesse werden dabei solchermaßen unterdrückt und kanalisiert, dass Grenzbereiche erreicht werden und deren Widerstandspotential teilweise offen hervortritt. Auf der Ebene der Warenzirkulation kann dieser Sachverhalt verdeutlicht werden am Beispiel der Lösungen des Überproduktionsproblems, im Bereich der Produktion anhand der Entwicklung der Produktivkräfte und den Folgen für kooperative Handlungsformen, in der Sphäre der Reproduktion an der verschärften Trennung zwischen Arbeit und Freizeit und hinsichtlich des politischen Systems und der organisierten sozialen Systeme am Widerspruch von Bürokratie und Partizipation.

Die Frage der Überproduktion und ihre Regelung gehört zu den Dauerproblemen kapitalistischer Wirtschaftsweise. Der Kampf um neue Absatzmärkte verschärft sich daher ständig. Latent gehalten wird die Überproduktionskrise unter anderem durch internationale Ausweitung der Märkte (Imperialismus, Neokolonialismus, Internationalismus), durch Entwicklung und Ausbau der Verkehrssysteme, durch Rüstungsindustrie und durch periodische Vernichtungen gesellschaftlichen Reichtums,

sei es in totaler Form durch Krieg oder mit „friedlichen" Mitteln nur partiell und auf bestimmte Überschussprodukte bezogen wie etwa im Agrarbereich. Außerdem fungiert als Regulativ das Prinzip der fortschreitenden Monopolisierung und Konzentration, wobei durch internationale Absprachen und aufeinander abgestimmte Produktions- und Absatzstrategien sowohl die Kontrolle des Marktes als auch die der nationalen Finanzverwaltungen weitgehend unterlaufen oder umgangen werden. Und schließlich regelt sich das Überproduktionsproblem durch gezielte Stimulierung und Manipulation immer neuer Formen des Massenkonsums. In diesem Bereich sind die Folgewirkungen für die „innere Natur" des Menschen und damit für das Religionssystem besonders brisant und nachhaltig. Die gesamte menschliche Bedürfnisstruktur wird tendenziell zum verdinglichten Material und warenförmigen Mittel sich ständig akkumulierender „Gebrauchswertversprechen" (Werbung). Andererseits tritt dadurch jedoch der Charakter des Menschen als komplexes sinnliches Naturwesen – also ein Stück seines verschütteten Gattungswesens – wieder offen zu Tage. Dieser „Generalisierungseffekt" wird begleitet durch eine zunehmende Relativierung normativer Bedürfnisinterpretationen und Befriedigungsformen, da die unter Realisierungsdruck stehenden und miteinander konkurrierenden Einzelkapitale auf eine Stimulierung und Thematisierung je unterschiedlicher Bedürfnislagen aus sind und zudem Abnutzung und Verschleiß immer neue und andere „Gebrauchswertversprechen" notwendig machen. *„Die Verhaltensaufforderungen, die täglich vom Werbefernsehen ausgehen, sind, wenn man sie alle ernst nehmen würde, dementsprechend auf groteske Weise divergent und z. T. sogar inkompatibel. In rapider Folge wird da an Sicherheitsängste und Ungebundenheitsbedürfnisse, an alte Männlichkeitsideale und neue Bedürfnisse nach Gruppenidentität und Geschlechtsrollenabbau, an Ordnungsliebe und Disziplinlosigkeit, an die verschiedensten oralen, analen oder sonstigen Syndrome appelliert. Außer der allgemeinen Norm des Konsumierens gibt es kaum eine, die nicht durch ein Dutzend andere in Frage gestellt würde. Eine gesamtgesellschaftlich oder auch nur subkulturell verbindliche Bedürfnisinterpretation ist kaum noch auszumachen."* [107]
Die verschärfte Ausbeutung auch der nicht-kumulativen Prozess-Strukturen erweist sich unter spätkapitalistischen Verhältnissen als system-

notwendig. Gleichzeitig führt dies tendenziell zur subjektiven Freisetzung des in ihnen enthaltenen Labilisierungs- und Kritikpotentials,
dessen kollektive Aneignung und Umsetzung in der kumulativen Gesellschaft allerdings nicht möglich ist. „*Der Einbruch der über die
Warenform vermittelten Öffentlichkeit in die tiefer liegenden Bereiche
menschlicher Sinnlichkeit, die zunehmende ‚Entzauberung' bislang
geschützter Intimwelten, bewirkt einerseits eine intersubjektive Sensibilisierung, eine Freilegung und Entwicklung der menschlichen Fähigkeit zur differenzierteren, nicht an starre Normen gebundenen
wechselseitigen Bedürfniswahrnehmung in der Interaktion. Andererseits können diese neuen empathischen Fähigkeiten (‚neue Sensibilität') aufgrund der kapitalistisch mitproduzierten Zerstörung jedes
übergreifend-sinnvollen Normgefüges nicht zum Moment einer lang-
fristigen kollektiven Handlungsorientierung und Lebensperspektive
werden.*"[108]

Angesichts dieser Situation verschärft sich die in der kumulativen Gesellschaft ohnehin prekäre Lage des Religionssystems. Zum einen werden
im „Chaos" der Bedürfnisinterpretationen und der sich rasch wandeln-
den Befriedigungsmodi die nicht-kumulativen Elemente von Religion immer stärker zu nur einer möglichen, mit anderen konkurrierenden The-
matisierungs- und Bearbeitungsweise menschlicher Bedürfnisstruktur.
Außerdem trifft das Religionssystem in zunehmendem Maße auf individuell oder subkulturell eigenständige Vorabdefinitionen und Interpretationen auch bestimmter „religiöser" Bedürfnislagen, was ein Einbringen
traditionaler normativer Muster erschwert. Schließlich beteiligt sich das
Religionssystem in einer an Verdinglichung und Warenform gebundenen
Weise an den erwähnten Thematisierungs- und Generalisierungsprozes-
sen (Bedarfsweckung über Presse, Funk und Fernsehen; Kirchentage mit
Veranstaltungsformen wie „Markt der Möglichkeiten"[109]; Religion als Ware: Beschwichtigungsmasse in politischen Sonntagsreden, Stoff für Sei-
fenopern und Monumentalfilme, Köder zur Absatzförderung von T-Shirts
und so weiter; Forcierung der systemeigenen kumulativen Prozesse, sichtbar vor allem in der rasch wechselnden Mode von Genitiv-Theologien, der
Pfarrer selbst als „lebendige Verpackung" der Ware Religion.[110] Geht das
Religionssystem in der bezeichneten Art über den „Markt", unterliegen

56

seine Gebrauchswertversprechen wie die aller übrigen Anbieter der Gefahr der Abnutzung und des Durchschautwerdens. Die in der Zirkulationssphäre grundsätzlich geltenden Orientierungsprinzipien der „freundlich-listigen Empathie" und der „misstrauischen Perspektivenantizipation" steuern auch die Aneignung von Religion.[111]

Gleichzeitig jedoch bieten die skizzierten Verhältnisse dem Religionssystem ausreichende Chancen ungefährdeter Reproduktion: Da die Bewältigung der in der spätkapitalistischen Gesellschaft erzeugten Überkomplexität des Orientierungsproblems Sache des vereinzelten Einzelnen ist, bilden religiöse Prozess-Strukturen immer auch eine Möglichkeit der Reduktion, verbunden unter Umständen sogar mit partieller Integration in Form „gemeinschaftlicher" Handlungsorientierung und Lebensperspektive. Dies kann regressiv geschehen, insofern von den nicht-kumulativen religiösen Elementen lediglich in abstrakter Weise Gebrauch gemacht wird, oder kritisch, wenn es gelingt, ihre produktive Substanz nicht nur in das Verhalten Einzelner, sondern gleichermaßen in die Verhältnisse einzubringen.

Ebenso wie in der Zirkulationssphäre ist das Religionssystem auf objektiv vorgängige Strukturen auch im Bereich der unmittelbaren Produktion verwiesen. Obwohl sich die Trennung von Religion und Produktion in der spätkapitalistischen Gesellschaft weiter verschärft, ist das Religionssystem von den Folgewirkungen, zumal von solchen, die aus der rapiden Entwicklung der Produktivkräfte resultieren, in bestimmter Weise betroffen. Dies soll am Beispiel der sich verändernden Kooperationsformen näher verdeutlicht werden.

Einen wesentlichen Einschnitt für die intersubjektiven Erfahrungen am Arbeitsplatz stellt die Einführung der Fließbandproduktion dar. *„Hier scheint die Marx'sche These von der völligen Veräußerlichung der Kooperation, ihrer Verobjektivierung in der Eigenbewegung der kapitalistischen Maschinerie in voller Schärfe zuzutreffen. Von einer verbleibenden subjektiven, sinnlich konkreten Kooperationserfahrung auf Seiten der ‚einfachen' Lohnarbeiter ... kann hier kaum noch die Rede sein. Das Sich-Einfühlen in den anderen ist für den konkreten Arbeitsvollzug normalerweise überhaupt nicht mehr erforderlich. "*[112] Die Fließbandarbeit und die dabei gemachten Erfahrungen sind nun aber keineswegs typisch für die spätkapitalistische Produktionsweise.[113] Weit eher kann dies gelten für die zunehmende Automation und Arbeitsteilung, wobei sich jedoch hinsichtlich der damit verbundenen Kooperationsformen kein einheitlicher Trend ausmachen lässt: *„Die Rekonstitution von intensiven Kooperationserfahrungen gilt nur für eine relativ kleine privilegierte Expertengruppe. Für einen großen Teil der in automatischen Fertigungsprozessen Tätigen verschärft sich dagegen der unqualifizierte und kommunikativ isolierte Charakter der Arbeit.* "[114] Zusätzlich erschwert werden solidarische Erfahrungen am Arbeitsplatz *„... durch das Anwachsen von Lohnarbeitergruppen außerhalb des unmittelbaren Produktionsprozesses, im Zirkulations-, Dienstleistungs- und Verwaltungsbereich und das Wachstum der Gruppe der Angestellten in allen diesen Bereichen ... Die rollenhafte Identifizierung mit der Berufstätigkeit und das Sich-Absetzen von den in der Betriebshierarchie niedriger stehenden Funktionsträgern innerhalb des kapitalistischen Produktionsprozesses kennzeichnet ... den Habitus und das zwischenmenschliche Verhalten beträchtlicher Gruppen innerhalb der Lohnarbeiterschaft ... Die über Rollendistanz vermittelten und herrschaftsstabilisierenden Empathieformen, in denen der Einzelne seine persönliche Identität angstvoll gegen den anderen festhält, dürften dementsprechend im spätkapitalistischen Produktionsprozess auf Kosten der unmittelbar-gegenstandsbezogenen Empathie im Vordringen begriffen sein.* "[115]

Daran haben auch die Humanisierungsdebatte der letzten Jahre und die von ihr ausgehenden so genannten „neuen Formen der Arbeitsgestaltung" (Aufgabenwechsel, Aufgabenvergrößerung, Aufgabenbereicherung, teilautonome Gruppen und so weiter) nur wenig geändert. Der Unterschied zu „tayloristischen" Arbeitsbedingungen scheint im Hinblick auf mögliche Kooperationserfahrungen allein darin zu liegen, dass unter „humanisierten" Verhältnissen nicht mehr nur einzelne, sondern ganze Gruppen ihre Identitäten jeweils gegeneinander abschotten.[116] *„Das Verhältnis zu den Kollegen ist der Bereich, in dem die Identifikation mit dem Arbeitsplatz überhaupt noch stattfinden kann. Die Identifikationsbedürfnisse der Individuen werden in dem arbeitsorganisatorischen Angebot der teilautonomen Gruppe aufgegriffen und im Sinne der Produktion organisiert. Gleichzeitig wird die Herausbildung einer Gruppenidentität gefördert, der sich der einzelne zuordnen kann ... Das Bedürfnis der*

Individuen, sich voneinander zu unterscheiden und gleichzeitig an einer Gruppenidentität teilzuhaben, die die eigene Besonderheit positiv sanktioniert, wird umgemünzt in eine produktionsfördernde Konkurrenz der Arbeitsgruppen untereinander. Zugleich verwandeln sich unter dem Verwertungszwang die emotionalen Identifikationsbeziehungen der Individuen in Kontrollbeziehungen. Konnte der einzelne sich bisher vom Soll des Produzierens als einem äußeren Zwang distanzieren, dem er kostbare Kommunikationsminuten abtrotzte, so erscheint jetzt das Produzieren als ein Ziel der Gruppenaktivität. Eine Distanzierung davon bedeutet, sich von der Gruppe zu distanzieren. Spezifischen Widerstandsformen, der Leistungszurückhaltung und der Verweigerung der selbständigen Kooperation, wird damit der Boden entzogen. Man schadet nicht mehr nur dem Betrieb und sich selbst, indem man Verdienstausfälle in Kauf nimmt; die individuelle Leistungszurückhaltung schädigt alle Mitglieder der Gruppe, jeden einzelnen Kollegen, von dem man weiß, daß er auf die Gruppenprämie angewiesen ist."[117] Subjektiv-intentionale Kooperation ist zwar auch unter spätkapitalistischen Verhältnissen immer noch möglich, doch wird sie unter dem Druck der kumulativen Prozess-Strukturen objektiviert und zum Zwecke der Produktivitätssteigerung instrumentalisiert. Hinzu kommt, dass in dem Maße, wie die ökonomisch-politischen Voraussetzungen für eine subjektive Verbesserung der Arbeitsbedingungen (Fluktuation, Ausfallzeiten, Vollbeschäftigung) in Wegfall geraten, allen Humanisierungsbestrebungen ohnehin die Basis entzogen scheint: *„Bei einem Überangebot an Arbeitskräften, wie es gegenwärtig der Fall ist, muß mit einem Rückgriff der Unternehmen auf bewährte Formen der Rationalisierung gerechnet werden, die keine Investitionen erfordern. Dies hat umso mehr Aussicht auf Erfolg, als die Sorge um den Arbeitsplatz bei den Menschen die Bereitschaft erzeugt, jegliche Arbeitsbedingungen hinzunehmen, sofern die Arbeit nur den Lebensunterhalt sichert.*"[118]

Besonders stark ausgeprägt sind Rollendistanz, gegenseitiges Misstrauen und Isolation unter den Kopfarbeitern. Ohne eindeutig identifizierbaren Gegenstand und eingebunden in hierarchische Strukturen wird hier jede Kooperation zu einem erst und immer wieder neu zu lösenden Interpretationsproblem.[119]

Diese Entwicklung spätkapitalistischer Kooperationsformen, die nur unvollständig und in Andeutungen skizziert wurde, bleibt nicht ohne Folgen für das Religionssystem. Zwar ist zur Aufrechterhaltung kapitalistischer Produktionsweise ein Minimum an gegenstandsbezogener subjektiv-intentionaler Kooperation notwenig, so dass deren völlige Ausrottung schon aus ökonomischen Gründen unwahrscheinlich erscheint, jedoch bedarf dieses Minimum mehr denn je zusätzlicher Stabilisierung. Dabei spielen die nicht-kumulativen Prozessstrukturen von Religion eine wichtige Rolle. Gegen den Augenschein und den „stummen Zwang der Verhältnisse" halten sie theoretisch und praktisch Kooperation als Erfahrung von Wechselseitigkeit, Nähe und Solidarität präsent. Das Religionssystem profitiert von real noch vorhandenen Resten nicht-tauschwertorientierter Kooperation und ist gleichzeitig ein Garant ihrer Dauer. Religion kann als schlechtes Gewissen der Gesellschaft fungieren, wie abstrakt, wie partikular und wie wenig gegenstandsbezogen diese Aufgabe auch immer erfüllt wird, wenn sie nur bezogen bleibt auf Inhalt und Struktur ihrer nicht-kumulativen Elemente. Zielt Religion darüber hinaus auf eine allgemeine und konkrete Aufhebung des ökonomischen Zwangs zu Rollendistanz und misstrauischer Perspektivenantizipation, wird sie zum kritischen Gewissen der Gesellschaft.

Dafür, dass so etwas geschehen könnte, gibt es allerdings gegenwärtig nur wenig Anzeichen.[120] Im Gegenteil, es ist sogar zu befürchten, dass sich unter spätkapitalistischen Verhältnissen die Möglichkeitsbedingungen für Religion, als Agent nicht nur „veräußerlichter" Kooperationsformen zu fungieren, – bei zunehmendem Druck der kumulativen Prozesse – auch innerhalb ihrer selbst ständig verschlechtern. Mit dem Ausbau von kirchlicher Bürokratie und Hierarchie, der Ausdifferenzierung verschiedener Beschäftigungsgruppen, der Gegenstandsverdünnung durch eine immer abstrakter werdende Theologie und angesichts eines fortschreitend komplexer und diffuser sich entwickelnden pfarramtlichen Handlungsfeldes erlangen tauschwertorientierte Beziehungsstrukturen wie Konkurrenz, Misstrauen, Isolation auch im Religionssystem, vor allem in den übergemeindlich organisatorischen Bereichen, wachsende Bedeutung. Im Gefolge der aufgezeigten Prozesse unterliegen die konsumptiven Sozialbeziehungen der Menschen ebenfalls einem massiven Wandel. Unter spätkapitalistischen Verhältnissen verschärft sich die Trennung von Arbeit und Freizeit und nimmt die für kapitalistische Produktionsweise ohnehin typische Zerrissenheit der Lebensbereiche zu. Zusammen mit gleichzeitig wachsen- dem Leistungsdruck und steigenden Konkurrenzanforderungen entsteht ein Syndrom von Belastungen und Konflikten. Das bewirkt, dass sich der Zwangscharakter individueller Kompensation und Integration verstärkt. Die verlorene „Gattungsgegenständlichkeit" restituiert sich im Spätkapitalismus durch zunehmende Somatisierung psycho-sozialer Probleme[121], durch die Errichtung privater „Ersatzgegenstandswelten" (Auto, Haus, Wohnungseinrichtung, Haustiere, Pflanzen, Kinder und so weiter), durch eine Weiter- und Neuentwicklung isolierter beziehungsweise rezeptiv-kollektiver Konsumptionsweisen (Fußball, Trimmbewegung, Jogging, Disco, Drogen und so weiter) und durch außerfamiliale unmittelbare Gemeinschaftserlebnisse (Vereine, Clubs und so weiter). Zentrales Bezugssystem nicht-tauschwertorientierter, sinnlich gegenständlicher Erfahrung bleibt jedoch die Familie. Als patriarchalische aus der traditionalen Gesellschaft übernommen, bildet sie auch weiterhin die „Naturbasis" kapitalistischer Reproduktion, wobei sich unter dem Druck der kumulativen Prozesse deren Struktur und Funktion verändern: *„Der Kapitalismus hat die vorkapitalistisch-patriarchalische Familie ... zunächst als naturwüchsiges Moment in sein Gesellschaftssystem übernommen, sie dann auf die Kleinfamilie als bloße Konsumptionseinheit hin abgeschliffen ... und ihr spezifische stabilisierende Funktionen gegeben. Neben der Herstellung autoritätshöriger Untertanen sind diese Funktionen vor allem folgende: Die eine Funktion ist die Herstellung und Bewahrung eines kompensatorischen Gegenmilieus für die Erwachsenen angesichts der Belastungen im kapitalistischen Erwerbsleben. Die andere Funktion ist die Bildung eines emotionalen Schonraums oder ‚Brutkastens', in dem jenes Minimum von selbstverständlicher Geborgenheit und ‚Wärme' hergestellt wird, welches die Kinder nachweislich brauchen, um handlungs- und arbeitsfähige Individuen zu werden, die als ‚Ersatzmänner' (und -frauen)[122] in den Reproduktionsprozeß des Kapitals eingegliedert werden können. "[123]* Hervorgerufen durch die Auflösung der alten Mittelschichten und bedingt durch die Tatsache, dass im Spätkapitalismus beinahe jedermann als Lohnarbeiter tätig ist, wird die

Lage des Familiensystems prekär: *„ Unter den Bedingungen der Produktionsmittellosigkeit treten die Hohlheit patriarchalischer Machtansprüche und die Unsinnigkeit der daraus resultierenden Rollentrennungen und Formen des Triebverzichts mit zunehmender Deutlichkeit hervor. Daraus folgt eine Gefährdung der emotionalen Stabilität der traditionell in dieses System eingebundenen und in ihm sozialisierten Individuen, ... "*[124]

Im Spätkapitalismus forciert sich die Freisetzung zwischenmenschlicher Sinnlichkeit, da sich hier Tauschwertchancen eröffnen. Ebenso werden die im Verein mit den genannten Destabilisierungs- und Desorientierungsprozessen auftretenden Ängste warenförmig vernutzt. Einerseits erscheinen damit menschliche Bedürfnisstruktur und die Normen ihrer Befriedigung als das, was sie sind, nämlich sozial bedingt und historisch wandelbar. Andererseits verhindern jedoch spätkapitalistische Vereinzelung und Isolation, dass die Subjekte gemeinsam und solidarisch ihre sozialen Beziehungen in einer Weise produzieren, die längerfristige Geborgenheit garantiert. *„Die normative Desorientierung der Individuen, die mit der kapitalistischen Zerstörung aller übergreifenden normativen Sinngebilde verbunden ist, und die Isolation der Intimbeziehungen gegenüber anderen, gegenstandsvermittelt-solidarischen Formen menschlicher Praxis sorgen dafür, daß die zwischenmenschliche Sensibilisierung auf der Stufe eines perspektivelosen Problembewußtseins verharrt, sich gewissermaßen im Kreis dreht und beständig unter restaurativen Ängsten oder Resignation verschüttet zu werden droht. "*[125]

Die Situation ist einigermaßen paradox. Spätkapitalistische Ausbeutung nicht-kumulativer Prozess-Strukturen des Familiensystems führt zu deren Befreiung aus bornierten Orientierungs- und Verhaltenszwängen, als befreite können diese aber nicht ausagiert und produktiv umgesetzt werden, weil dadurch ihre Reproduktionsfunktion für den Verwertungsprozess des Kapitals problematisch würde. Die Herstellung stabiler Sozialbeziehungen wird potentiell ständig neu zu bewältigende Aufgabe der einzelnen Subjekte, sie kann aber real gar nicht erfüllt werden, da unmittelbarer Reproduktions- und Kompensationszwang dies verhindern.[126] Nicht einmal mehr das notwendige „emanzipative Minimum" nichttauschwertbestimmter Erfahrungen scheint gegenwärtig durch das familiale System gesichert. *„Die Tendenz ist nicht zuletzt dem Bedeutungs-*

verlust der Mutterrolle im Gefolge der Zerstörung der patriarchalischen Familienstruktur geschuldet ... Die Funktion der Mutterrolle war es unter anderem gewesen, für die zwischenmenschlichen Beziehungen in der Konsumptionssphäre das Maß an diffus-selbstverständlicher Empathie hervorzubringen und zu erhalten, das die Lohnabhängigen für die Reproduktion ihrer täglich verschlissenen Arbeitskraft und die Kinder für den Erwerb ihrer Grundqualifikationen als Menschen und Arbeiter brauchen ... Die traditionelle Mutter war gewissermaßen der hauptamtliche Heizer, die den in die zwischenmenschliche Öde der kapitalistischen Ökonomie eingelassenen Brutkasten Familie auf jener Minimaltemperatur zu halten hatte, die für die Erhaltung menschlichen Lebens nach wie vor notwendig ist."[127] Das bedeutet jedoch keineswegs, dass diese Rolle nur von Frauen auszufüllen ist, wenngleich allgemeine und dauerhafte funktionale Äquivalente zur Zeit auch nicht in Sicht sind (Staat, Medien, Rollentausch und so weiter).[128]

Welche Konsequenzen ergeben sich nun aus den aufgezeigten spätkapitalistischen Tendenzen im Reproduktionsbereich für das Religionssystem? Zum einen scheint der Funktionsverlust von Religion hinsichtlich der Bereitstellung verbindlicher Orientierungs- und Verhaltensmuster endgültig. Gleichzeitig bieten aber die im Gefolge des allgemeinen Orientierungsverlustes auftretenden restaurativen und resignativen Ängste nach wie vor Anknüpfungspunkte für Religion. Hier ist allerdings mit der Entwicklung und Ausbreitung neuer Konsumptionsweisen die Konkurrenz größer geworden. Zudem ist das Religionssystem, will es dabei mithalten, in immer stärkerem Maße gezwungen, selbst zu Markte zu gehen und sich als Ware anzubieten.

Zweitens lässt sich feststellen, dass das Religionssystem sowohl von der Verhinderung einer produktiv-kollektiven Selbstgestaltung der Sozialbeziehungen profitiert als auch von der erst im Spätkapitalismus frei gewordenen Möglichkeit zwischenmenschlicher Sensibilisierung. Die Doppelfunktion der nicht-kumulativen Elemente von Religion – Kompensation und partielle Integration versus Kritik und Labilisierung – hat nach wie vor ihre soziale Basis.

Keinesfalls problemlos dürfte weiterhin, zumal für die protestantische Erscheinungsform des Religionssystems, die Tatsache sein, dass unter spätkapitalistischen Bedingungen das Bedürfnis nach unmittelbarer, nicht sprachlich vermittelter, dennoch aber gegenstandsbezogener Erfahrung von Wechselseitigkeit, Nähe und Gemeinsamkeit stark zugenommen hat. Eine auf Wortverkündigung und Abstraktion kaprizierte Religion muss hier notwendig in Schwierigkeiten geraten. Und schließlich lässt sich vermuten, dass die krisenhafte Entwicklung des familialen Systems nicht ohne Auswirkungen auf das Religionssystem bleiben wird. Religion war und ist in ihren nicht-kumulativen Prozess-Strukturen auf die Familie als wichtigste Instanz ihrer eigenen Reproduktion verwiesen.[129] Am Schicksal der Familie im Spätkapitalismus hängt daher bis zu einem gewissen Grade auch das Schicksal von Religion.

Wir wollen unsere kurze und keineswegs unter dem Anspruch von Systematik und Vollständigkeit stehende Rekonstruktion einiger Strukturmerkmale spätkapitalistischer Gesellschaftsentwicklung mit nur wenigen Bemerkungen zum Problemkomplex Bürokratie und Partizipation beschließen.

Dadurch, dass im Spätkapitalismus die Kontroll- und Regulationsfunktion des Marktes weitgehend aufgehoben erscheint, wird der Staat, da er an gesamtgesellschaftlicher Stabilität interessiert ist, zu einer wichtigen Steuergröße von Produktion und Distribution. Die kumulativen Prozess-Strukturen von Bürokratie, Verwaltung und Recht nehmen im Zuge dieser Tendenz immer umfangreichere Formen an. *„Die ursprünglich von der Kirche entwickelte, dann vom Staat übernommene Gesellschaftsform der Bürokratie überträgt sich zunehmend auf alle gesellschaftlichen Großorganisationen und kann als Folgerung aus der Selbstaufhebung der freien Konkurrenz angesehen werden. Die administrative Regulierung oder die Aufhebung marktvermittelter Beziehungen bildet den Motor fortschreitender Bürokratisierung. Im politischen Bereich tritt die Bürokratisierung mehr und mehr in Gegensatz zum Prinzip der Selbstverwaltung. Das Anwachsen der staatlichen Bürokratie hat eine ständig größer werdende Abhängigkeit des Parlamentes zur Folge und führt zur Lähmung der parlamentarischen Führungs- und Kontrolltätigkeit. Es kommt zu einer schleichenden Entmachtung der demokratisch gewählten Gremien, die vorab das registrieren und dem Gesetzeskraft verleihen, was zwischen staatlicher Bürokratie und gesellschaftlichen Groß-*

organisationen ausgehandelt wurde. "[130] Staatliche und wirtschaftliche Führungsgruppen sind dabei trotz aller Widersprüche und Interessensgegensätze eng aufeinander bezogen. Die Komplexität politischer Sachverhalte wird reduziert durch bürokratische und rechtliche Verfahren, an denen der Einzelne in keiner Weise mehr wirklich beteiligt ist. Entschädigung für mangelnde Partizipationschancen liefern staatliche Sozialleistungen und gewisse Freiheitsrechte und Wahlmöglichkeiten im Reproduktionsbereich. Zu gängigen politischen Verhaltensmustern werden Resignation und Gleichgültigkeit, die unter Krisenbedingungen jederzeit in offene Regression umschlagen können.

Im Gegenzug kommt es jedoch gleichzeitig zur Suche nach neuen Formen gegenstandsvermittelter politischer Praxis und zur Forderung nach mehr Mitbestimmung, Mitbeteiligung und Mitwirkung in möglichst allen organisierten sozialen Systemen. *„Von dieser Entwicklung sind die Kirchen nicht ausgeschlossen; entsprechend artikuliert sich auch in ihnen die Forderung nach Demokratisierung. Oberflächlich gesehen, scheinen sich hier zunächst wesentliche Unterschiede zwischen der katholischen und der evangelischen Kirche aufzutun. Da in der katholischen Kirche demokratisch gewählte Vertretungsorgane weitgehend fehlen, sieht sie sich in besonderer Weise dem Vorwurf ausgesetzt, hierarchisch organisiert zu sein, und tut sich schwer, durch Etablierung von Pfarrgemeinderäten und Synoden diese Vorwürfe zu entkräften. Dagegen hat die evangelische Kirche ein System der Vertretung, das trotz mancher Abweichungen dem politischen System der parlamentarischen Demokratie nahe kommt. Die Schwierigkeiten, die damit gegeben sind, sind jedoch nicht viel geringer als in der katholischen Kirche, weil das derzeitige synodale System ... nicht in der Lage ist, die Macht der bürokratischen Exekutive ausreichend zu kontrollieren und weil zudem durch seine Auswahlkriterien zweifelhaft wird, ob es wirklich die Interessen der Basis vertritt.* "[131]

Aus dem bisher Gesagten ergibt sich, dass sich die Konstitutionsbedingungen pfarramtlichen Handelns unter spätkapitalistischen Verhältnissen krisenhaft verschärfen. Angesichts der in sich widersprüchlichen und einander widerstreitenden Verhaltensimperative des Produktions- und Distributionsbereichs, denen der Einzelne bei Strafe des eigenen ökonomischen Untergangs zu folgen hat und deren Synthese immer nur fragmentarisch und vorläufig gelingen kann, sehen sich die Subjekte bei ihrer Suche nach „authentischer" Identität in immer stärkerem Maße auf die Sphäre der Reproduktion und Konsumption verwiesen. Hier wird dann zumeist in abstrakter Weise über unmittelbare Sozialkontakte beziehungsweise Ersatzgegenstandswelten kompensiert. Es entsteht ein ungeheurer Erwartungsdruck hinsichtlich der nicht-kumulativen Prozess-Strukturen, welcher notwendig eine Überlastung dieses Bereichs zur Folge hat. Uneingeschränkt kann das auch für das Religionssystem gelten, wobei die für spätkapitalistische Verhältnisse typischen Reproduktionsformen der Privatisierung und Personalisierung dazu führen, dass es vor allem die Person des Pfarrers ist, die unter zunehmenden Erwartungsdruck gerät.[132]

Der Pfarrer, selbst nur marginal an Verhaltensimperative der Marktökonomie gebunden, scheint als Repräsentant und Vermittler nicht-kumulativer religiöser Orientierungs- und Entlastungskonzepte geradezu prädestiniert zur idealen Reproduktionsinstanz (neben der Hausfrau) im Spätkapitalismus. Mangelnder Produktionsbezug (des Pfarrers wie des größten Teils seiner „Klienten"[133]) und weitgehend fehlende gemeinsam geteilte religiöse Gegenstandserfahrung (des Pfarrers und seiner Klienten beziehungsweise der Klienten untereinander) bergen jedoch die Gefahr, dass pfarramtliches Handeln leicht zum reinen Sozialkontakt, zu purer Dauerinteraktion mit der Maxime „Verstehen, Beraten, Helfen" gerät, wodurch zwar die physisch-psychischen Ressourcen des Pfarrers bis an ihre Grenzen ausgebeutet werden, die angestrebte und erwartete Konstitution „authentischer" Identität auf Seiten der Klienten aber gerade verfehlt wird. Doch selbst dann, wenn es gelingt, dies zu vermeiden und die nicht-kumulativen Elemente konkret gegenständlich ins Spiel zu bringen, bleibt pfarramtliches Handeln dilemmatisch. Jeder Pfarrer erfährt, dass Religion gegenwärtig nur einen partikularen Befriedigungsmodus menschlicher Bedürfnisse unter vielen darstellt und dass, um diesen konkurrenzfähig zu halten, Interpretations- und Vermittlungsanstrengungen notwendig sind, die ein Einzelner kaum zu leisten imstande ist. Zudem führt jeder produktiv-inhaltliche Gebrauch von Religion zwangsläufig in die von Warenform, Konkurrenz und Verdinglichung bestimmte Öffentlichkeit, die jedes kritische Potential sogleich auf Tauschwertzwecke zu reduzieren oder, wo nicht möglich, es zumindest zu neutralisieren versucht. In gleicher Weise hemmend wirkt hier eine Theologie, die den Anspruch von Religion auf bestimmte Negation längst aufgegeben hat.[134]

Übereinstimmend mit der abstrakten Privatheit des Reproduktionsbereichs leistet also Religion unter spätkapitalistischen Bedingungen über die Person des Pfarrers im Regelfalle Kompensation und Integration in Form religiös-inhaltsleerer Interaktion beziehungsweise abstrakter Negation. Jedes „Mehr" ist persönliche Zusatzanstrengung des Pfarrers und muss gegen theologische, religiöse und gesellschaftlich-politische Widerstände erkämpft und durchgesetzt werden. Erschwerend kommt hinzu, dass wegen des Fehlens eines eindeutig identifizierbaren gemeinsamen Gegenstandes und der strukturell vorgegebenen Isolation in der kirchlichen Hierarchie Kooperation unter den Pfarrern nicht vorgängig gegeben ist, sondern ein immer wieder neu zu lösendes Interpretationsproblem darstellt. Das skizzierte Belastungssyndrom wird vergrößert durch die nach Quantität und Reichweite expandierenden kumulativen Prozess-Strukturen von Bürokratie und Verwaltung.

Unter der Voraussetzung, dass das oben zur spätkapitalistischen Familie ausgeführte Allgemeine auch für die Pfarrersfamilie im Besonderen gilt und wenn man dabei unterstellt, dass sich mit der generellen Aufweichung patriarchalischer Rollenidentitäten auch für Pfarrfrauen Chancen eigener Individuierung und Emanzipation eröffnen, wird schließlich die Reproduktion des Pfarrers zum Problem. Fundamentale Konstitutionsbedingung pfarramtlichen Handelns war und ist die ungeheure unentgeltlich geleistete Reproduktionsarbeit der Pfarrfrau, und zwar sowohl innerhalb wie außerhalb des Pfarrhauses. Wo diese „Naturbasis" nicht mehr wie selbstverständlich und widerstandslos ausgebeutet werden kann, gerät pfarramtliches Handeln – als Daueraktivität in Sachen Gott und Welt und permanente Interaktion mit jedermann – vollends in die Krise.

Anmerkungen

1. Arnold Gehlen, Religion und Umweltstabilisierung, in: O. Schatz (Hg.), Hat die Religion Zukunft?, Graz et al. 1971
2. Niklas Luhmann, Funktion der Religion, Frankfurt am Main 1977
3. Vgl. Hartmut Przybylski, Das Problem der Religion in der Kritischen Theorie, in: W.-D. Marsch, Plädoyers in Sachen Religion, Gütersloh 1973, 173-191
4. Max Horkheimer, Die Sehnsucht nach dem ganz Anderen, Hamburg 1970
5. Ernst Bloch, Atheismus im Christentum, Frankfurt am Main 1968, 164f. (Gesamtausgabe Bd. 14)
6. Elend hier verstanden als gesellschaftlich produzierte Verweigerung von „Leben". Die Abschaffung von Leiden hingegen ist Gebrauchswertversprechen der Pharmaindustrie, nicht aber von Religion.
7. Zu weiteren sozialwissenschaftlichen bzw. sozialphilosophischen Zugangswegen vgl. Willi Oelmüller / Ruth Oelmüller-Dölle / Jürgen Ebach / Hartmut Przybylski, Diskurs: Religion, Paderborn et al. 1982
8. Vgl. Wolfram Fischer / Wolfgang Marhold, Religionssoziologie als Wissenssoziologie, Stuttgart et al. 1978
9. Ingo Mörth, Die gesellschaftliche Wirklichkeit von Religion, Stuttgart et al. 1978
10. ebd., 127
11. Vgl. Trutz Rendtorff, Die soziale Struktur der Gemeinde, Hamburg 1958; Joachim Matthes, Religion und Gesellschaft, Hamburg 1967; Ders., Kirche und Gesellschaft, Hamburg 1968; Jakobus Wössner (Hg.), Religion im Umbruch, Stuttgart 1972
12. Jürgen Habermas, Können komplexe Gesellschaften eine vernünftige Identität ausbilden? in: Ders. / Dieter Henrich, Zwei Reden, Frankfurt am Main 1974, 56
13. MEW 3, 423
14. Henri Lefèbvre, Critique de la vie quotidienne II, Paris 1961, 329. Die in der deutschen Ausgabe von 1975 (Reihe Hanser) gegebene Übersetzung von „les cadres" mit „Umrahmungen" (Bd. 3, 164) halten wir nicht für glücklich. Zur Bedeutung und Verwendung des Begriffs „Kader" siehe unsere weiteren Ausführungen.
15. Die Begriffe alteuropäisch und traditional werden sicher ebenso wie die nachfolgenden Bestimmungen der historischen Komplexität

vorkapitalistischer Gesellschaften nicht gerecht. Hier geht es jedoch nur um die Benennung einiger, für das Religionssystem bedeutsamer Lebens- und Handlungsbedingungen, die sich dann im Zuge der Herausbildung kapitalistischer Produktionsweise entscheidend verändern. Zu den sehr voraussetzungsreichen und vielschichtig-komplizierten Entwicklungsprozessen der Basis und des Überbaus, denen sich die moderne Gesellschaft verdankt vgl. u.a.: Benjamin Nelson, Der Ursprung der Moderne, Frankfurt am Main 1977

16.   Vgl. Otto Brunner, Das „Ganze Haus" und die alteuropäische „Ökonomik", in: Ders., Neue Wege der Verfassungs- und Sozialgeschichte, Göttingen 1968, 103-127. Siehe auch Michael Nitterauer / Reinhard Sieder, Vom Patriarchat zur Partnerschaft. Zum Strukturwandel der Familie, München 1977

17.   Will sagen: Die ökonomischen Einheiten tauschen an ihren Rändern und nicht bzw. weniger im Binnenraum.

18.   Alfred Krovoza, Produktion und Sozialisation, Köln / Frankfurt am Main 1976, 60

19.   Zitiert nach Krovoza, ebd., 75

20.   Trutz Rendtorff, a.a.O., 41

21.   Trutz Rendtorff, ebd.: „Gehalt und Wirklichkeit dieser institutionellen Lebensformen werden nicht von der Ortsgemeinde hervorgebracht, sie stehen aber auch nicht in einer objektiven, in sich selbst ruhenden ungeschichtlichen Eigenständigkeit der Kirchengemeinde und ihrer sozialen Vielfalt gegenüber."

22.   Daneben finden sich allerdings in der christlichen Philosophie schon sehr früh – etwa bei Augustinus Ansätze eines linearen Zeitverständnisses, die jedoch ohne Einfluss auf die wirklichen Lebensverhältnisse bleiben. Zu den Veränderungen, die dann im Mittelalter eintreten vgl. Jacques Le Goff, Zeit der Kirche und Zeit des Händlers im Mittelalter, in: Marc Bloch et al., Schrift und Materie der Geschichte. Vorschläge zur systematischen Aneignung historischer Prozesse, Frankfurt am Main 1977, 393-414

23.   Vgl. Gerhard Wurzbacher / Karl Martin Bolte / Rosemarie Klaus-Roeder und Trutz Rendtorff, Der Pfarrer in der modernen Gesellschaft, Hamburg 1960

24.   G. Holtz, Artikel „Pfarrer I. Geschichtlich", in: Die Religion in Geschichte und Gegenwart. Handwörterbuch für Theologie und Religionswissenschaft, [3]1961, Sp. 274-280

25.   ebd.

26.   ebd.

27. Rendtorff (1958), a.a.O., 40
28. Ulrich Beck / Michael Brater, Berufliche Arbeitsteilung und soziale Ungleichheit, Frankfurt am Main 1978, 81
29. Karl Marx, Das Kapitel Bd. 1; MEW 23, Berlin 1969, 168
30. Karl Marx, Grundrisse der Kritik der Politischen Ökonomie, Frankfurt o. J., 942 f.
31. Gilles Deleuze und Félix Guattari, Anti-Ödipus, Frankfurt am Main 1974, 289
32. Krovoza, a.a.O., 60
33. Peter Brückner, Zur Sozialpsychologie des Kapitalismus, Frankfurt am Main 1972, 26
34. Krovoza, a.a.O., 64
35. ebd., 65
36. Vgl. Klaus Ottomeyer, Anthropologieproblem und marxistische Handlungstheorie, Gießen 1976; Ders., Soziales Verhalten und Ökonomie im Kapitalismus,[2] Gießen 1976; Ders., Ökonomische Zwänge und menschliche Beziehungen, Reinbek 1977
37. Krovoza, a.a.O., 56f.
38. ebd., 69f.
39. ebd., 81
40. ebd., 84
41. Oskar Negt / Alexander Kluge, Öffentlichkeit und Erfahrung, Frankfurt am Main 1972, 107
42. Krovoza, a.a.O., 155
43. ebd., 162
44. ebd., 87
45. So der Pietismus mit seinen Gemeinschaftsbildungen der wiedergeborenen Einzelnen (Konventikel), verschiedene andere Erweckungsbewegungen, karitative Gruppen und eine Vielzahl nach dem Prinzip der so genannten „natürlichen Stände" organisierter christlicher Vereine. Vgl. dazu: Martin Greschat, Die Erweckungsbewegung. Versuch einer Übersicht anhand neuerer Veröffentlichungen, in: Jahrbuch für Westfälische Kirchengeschichte 66 (1973), 97-148; Hans-Walter Krumwiede, Die Unionswirkung der freien evangelischen Vereine und Werke als soziales Phänomen des 19. Jahrhunderts, in: Um Evangelische Einheit, hg. von Karl Herbert, Herborn 1967, 147-184; Thomas Nipperdey, Verein als soziale Struktur in Deutschland im späten 18. und im frühen 19. Jahrhundert, in: Geschichtswissenschaft und Vereinswesen im 19. Jahrhundert, Göttingen 1972, 1-44

46. Henri Lefèbvre, Das Alltagsleben in der modernen Welt, Frankfurt am Main 1972, 89f.
47. Henri Lefèbvre (1961), zitiert nach der Übersetzung bei Krovoza, a.a.O., 78f.
48. Vgl. Krovoza, a.a.O., Kapitel 5: Dimensionen der Internalisierung der Normen abstrakter Arbeit und das Schicksal der Sinnlichkeit
49. Henri Lefèbvre, Kritik des Alltagslebens Bd. 1, München 1974, 215
50. ebd., 227
51. ebd., 228
52. ebd.
53. Kritische Rationalität im Sinne fortschreitender aufgeklärter Aufklärung.
54. Im Gegensatz zu religiösem Wissen und religiöser Erfahrung. Beide können sich erweitern oder vertiefen, sie akkumulieren aber nicht.
55. Anders als wir untersucht Bourdieu den Zusammenhang der Struktur ökonomischer und symbolischer Beziehungen für das „religiöse Feld" mit Hilfe marktwirtschaftlicher Terminologie. So führt für ihn die gesellschaftliche Arbeitsteilung zu einer „Monopolisierung" der „religiösen Produktion" durch „Spezialisten" und zur „Enteignung" der Laien vom „religiösen Kapital". Das religiöse Kapital, verstanden als die „akkumulierte religiöse Arbeit" an der Ausbildung von Systemen religiöser Vorstellungen und Praktiken, wird „verwaltet" und auf Dauer gestellt durch die kirchliche „Bürokratie". Ihr Hauptanliegen gilt dabei dem Erhalt des „symbolischen Marktes", über den sich „religiöses Angebot" und „religiöse Nachfrage" regeln und der die Reproduktion der „religiösen Produzenten" und der „religiösen Konsumenten" sichert. Quer dazu steht der Widerstand der vom religiösen Kapital „enteigneten" Laien, was sich in ihrem Festhalten an magischen Vorstellungen und Verhaltensweisen zeigt. In einer Art „ursprünglichen Akkumulation" von religiösem Kapital entwirft der Prophet als „selbständiger Heilsunternehmer" eine alternative systematisch-symbolische Ordnung, welche die etablierte stört oder in Frage stellt. Siehe dazu: Pierre Bourdieu, Genèse et structure du champ religieux, in: Revue francaise de Sociologie 12 (1971), 295-334. Abgesehen von einigen Widersprüchlichkeiten (so wird nicht klar, ob der Prophet Anfangskapital besitzt oder nicht) und abgesehen von der Tatsache, dass Bourdieu seinen marktwirtschaftlichen Sprachgebrauch nicht explizit einführt und bestimmte Begriffsbildungen (wie z. B. den des „religiösen Kapitals") nicht hinreichend erläutert, lässt sich gegen

diesen Ansatz grundsätzlich folgendes einwenden: Einerseits geht Bourdieu von der Autonomie der symbolischen Felder, also auch der des religiösen Feldes aus, da diese eine Logik entwickeln, „... *die nicht die der ökonomischen Verhältnisse ist.* " (Pierre Bourdieu, Zur Soziologie der symbolischen Formen, Frankfurt am Main 1970, 74) Andererseits untersucht er, inwiefern die ökonomischen Strukturen die symbolischen Felder, hier das religiöse Feld, bestimmen. Nicht thematisiert wird hingegen der Einfluss des religiösen Feldes auf die ökonomischen Verhältnisse, also die besonderen Rückwirkungen kapitalisierter Religion auf das ökonomische Feld (Ausnahme: Religion prägt hierarchisches Denken). Weitgehend unberücksichtigt bleiben die nichtkapitalisierbaren Elemente des religiösen Feldes, die keineswegs dessen Autonomie ausmachen, sondern, in spezifischer Weise auf die ökonomischen Verhältnisse bezogen sind. Außerdem fehlt jeder Hinweis auf den Grund der Nachfrage religiöser Konsumenten. Nur mit dem Argument der bedarfsweckenden Anstrengungen religiöser Spezialisten lässt sich dies wohl kaum erklären. Und schließlich wird nicht zwischen den Inhalten religiöser Vorstellungen bzw. dem Vollzug religiöser Praktiken – sie sind prinzipiell nicht akkumulierbar – und der kumulativen Prozess-Struktur des systematischen Wissens und der Verfügungsgewalt über diese Vorstellungen und Praktiken unterschieden. Kein noch so perfekt funktionierender bürokratischer Apparat von noch so vielen Religionsspezialisten vermag durch noch so angestrengte religiöse Arbeit das eigentlich christlich religiöse Kapital (Gnade, Glaube, Hoffnung, Rechtfertigung, Liebe) zu akkumulieren. Dessen Wachstum und Reifung unterliegt nicht den Gesetzen der Akkumulation.

56. Vgl. Yorick Spiegel, Kirche als bürokratische Organisation, München 1969
57. Vgl. Waldemar Wilken, Ein Betrieb namens Kirche, München 1973
58. Das pastorale Grundmodell der persönlich individuellen Bedürfnisorientierung widerspricht zutiefst der kumulativen Prozess-Struktur von Bürokratie, Recht und Verwaltung.
59. Mitmenschlichkeit, Nächstenliebe, Solidarität mit den Schwachen usw.
60. Vgl. die Auseinandersetzungen um das so genannte Anti-Rassismus-Programm des Weltkirchenrates. *„Zwar wollen die Hessen-Synodalen die Kirchensteuergelder ihrer Schafe nur zu ,ausschließlich humanitären Zwecken' ausgegeben wissen, doch weiß inzwischen jeder Konfirmand, daß die schwarzen Brüder in Christo ihre*

Stammesfehden nicht mit Bibelsprüchen austragen und weiße Siedler, Missionare, Ordensschwestern usw. nicht mit Knallbonbons ermordet werden. – Bedeutet nicht dieser, gegen harten Widerstand vieler Kirchenoberen autoritär durchgepaukte Beschluß, bewaffnete Busch-Banden Schwarzafrikas mit ‚weißem' Geld gegen Weiße zu mobilisieren, eine gewollte Solidarisierung der bisher gewaltlosen Evangelischen Kirche mit den Propheten der Gewalt?" (der Arbeitgeber Nr. 22/22-1970, 924) Vgl. auch: Christel Meyers-Herwartz, Die Rezeption des Anti-Rassismus-Programms in der EKD, Stuttgart et al. 1979

61. Max Horkheimer, Theismus und Atheismus, in: Zur Kritik der instrumentellen Vernunft, Frankfurt am Main 1967, 217

62. Zur Problematik dieses neuzeitlichen Prozesses wissenschaftlicher Rationalisierung siehe: Jürgen Habermas, Theorie und Praxis, Frankfurt am Main 1971, 359ff. Dass in der theologischen Ausbildung der Zusammenhang der Vermittlung von technischen Fertigkeiten und lebenspraktischen Fähigkeiten nicht völlig zerreißt, davon wird später noch genauer die Rede sein.

63. Max Weber, Die protestantische Ethik und der Geist des Kapitalismus, Tübingen [5]1963. Dazu: Max Weber, Die protestantische Ethik II. Kritiken und Antikritiken, hg. von Johannes Winckelmann, Gütersloh 1978 und Constans Seyfarth, Walter N. Sprondel (Hg.), Seminar: Religion und gesellschaftliche Entwicklung. Studien zur Protestantismus-Kapitalismus-These Max Webers, Frankfurt am Main 1973

64. Max Horkheimer, Vernunft und Selbsterhaltung, Frankfurt am Main 1970, 90

65. ebd., 91

66. Zur Reduktion der christlichen Brüderlichkeitsethik auf „monologische Gesinnungsethik mit unbrüderlichen Konsequenzen" im asketischen Protestantismus siehe die Auseinandersetzung von Jürgen Habermas mit Max Weber in: Jürgen Habermas, Theorie des kommunikativen Handelns, Bd. 1, Frankfurt am Main 1981, 299ff.

67. Vgl. Herbert Marcuse, Ideen zu einer kritischen Theorie der Gesellschaft, Frankfurt am Main 1969. Besonders Kapitel I. Luther und Calvin, 59-81

68. Max Horkheimer, Montaigne und die Funktion der Skepsis, Frankfurt am Main / Hamburg 1971, 115

69. Vgl. Christoph Türcke, Zum ideologiekritischen Potential der Theologie, Köln 1979

70. So zum Beispiel der Versuch der Wiedertäufer, universalistische Brüderlichkeit in sozialrevolutionäre Lebenspraxis umzusetzen. Vgl. Richard van Dülmen, Reformation als Revolution, München 1977

71. Jürgen Ebach, Der Blick des Engels. Für eine „Benjaminische" Lektüre der hebräischen Bibel, in: Norbert N. Bolz / Richard Faber, Walter Benjamin. Profane Erleuchtung und rettende Kritik, Würzburg 1982, 84

72. Jürgen Habermas, Zwischen Philosophie und Wissenschaft: Marxismus als Kritik, in: Ders., Theorie und Praxis, Frankfurt am Main 1971, 238

73. Krovoza, a.a.O., 85ff.

74. Oskar Negt / Alexander Kluge, a.a.O., 50

75. Krovoza, a.a.O., 109

76. So die Hauptargumentationsrichtung bei Krovoza. Mit unserer folgenden, darüber hinausgehenden Auffassung unterstellen wir nicht, dass prinzipiengeleitete Moral nur in religiöser Einkleidung möglich ist. Vielmehr geht es hier um die begrifflich identifizierendem Denken nicht zugängliche Idee der Versöhnung, die für den Erinnerungsbestand auch der kapitalistischen Gesellschaft unaufgebbar ist. Unabhängig davon bleibt allerdings das Problem der Aneignung. (Eingedenken, Mimesis, Klage usw.) Siehe dazu: Jürgen Habermas, Theorie des kommunikativen Handelns, Bd. 1, 500ff.

77. Ausmaß und Intensität differieren natürlich je nach Schichtzugehörigkeit

78. Vgl. Gisela Bock / Barbara Duden, Arbeit aus Liebe – Liebe als Arbeit: Zur Entstehung der Hausarbeit im Kapitalismus, in: Frauen und Wissenschaft, Berlin 1977; Silvia Koutos / Karin Walser, ... weil nur zählt, was Geld einbringt. Probleme der Hausfrauenarbeit, Gelnhausen et al. 1979

79. „Im allgemeinen ist nun zu sagen, daß Mitwirkung der Frauen in kirchlichen Körperschaften dem Kirchenleben selbst sehr zugute kommen würde, da die Teilnahmslosigkeit der Männer eine recht große ist ... Doch wäre ... eine einfache Preisgebung des Stimmrechts an die Frauen ... in ihrer Wirkung meines Erachtens eine sehr bedenkliche Entmännlichung der Kirche." So äußert sich Ernst Troeltsch in einer Umfrage des Deutschen Verbandes für Frauen-Stimmrecht. Zitiert nach Martha Zietz (Hg.(in)), Wie urteilen Theologen über das kirchliche Stimmrecht der Frauen?, Hamburg 1905. Die Klage über die mangelnde kirchliche Aktivität der Männer im ausgehenden 19. und beginnenden 20. Jahrhundert ist

allgemein. Man vergleiche nur die zahlreichen Proponenden zu den Provinzialsynoden, in denen dazu aufgefordert wird, sich Gedanken zu machen, wie die Männer wieder stärker an das kirchliche Leben herangeführt werden können. Zahlenmäßig dominant in den Gemeinden werden die Frauen, ohne allerdings in den leitenden Gremien und Körperschaften der Kirche angemessen repräsentiert zu sein.

80. Das in beiden Prozessen gespeicherte Labilisierungs- und Innovationspotential freisetzen zu helfen, wäre eine wichtige Aufgabe feministischer Theologie. Vgl. Mary Daly, Jenseits von Gottvater Sohn und Co. Aufbruch zu einer Philosophie der Frauenbefreiung, München 1980

81. Yorick Spiegel (Hg.), Kirche und Klassenbindung, Frankfurt am Main 1974, 26. Die Ausführungen Spiegels beziehen sich zwar ausdrücklich auf die spätkapitalistische Gesellschaft, gelten aber ihrer Grundtendenz nach auch schon im Kapitalismus. Der von Spiegel behaupteten Qualitätsminderung der geleisteten Arbeit ist nur bedingt zuzustimmen. Man denke z.B. an die hervorragende Qualität zahlreicher christlicher Krankenhäuser.

82. Die Sinnhaftigkeit und Wirksamkeit psychotherapeutischer Verfahren soll hier nicht bestritten werden. Problematisch erscheint uns jedoch die gegenwärtig zu beobachtende Tendenz einer schlechten Verdoppelung im Raum der Kirche.

83. Yorick Spiegel, a.a.O., 21

84. Außerdem fehlt jede Differenzierung hinsichtlich der unterschiedlichen Anwendungsbereiche gesellschaftlicher Arbeit. Pauschalierungen der vorliegenden Art lassen sich z.B. durch die Anwendung der Marxschen Unterscheidung zwischen formeller und reeller Subsumtion von Arbeit unter das Kapital vermeiden.

85. *„Die Überkomplexität des Identitätsproblems in den gegenwärtigen kapitalistischen Gesellschaften provoziert regressive Lösungen. Es entwickelt sich eine Fülle von subkulturellen, sektenartigen, religiösen und politischen Bewegungen, die mit dem Versprechen auftreten, die wachsenden Identitätsprobleme zu lösen. Ihr Überzeugungsmechanismus basiert gewöhnlich auf einer einseitigen Konzentration auf ein reales Identitätsproblem z.B. die Schocks der Geburt und frühen Kindheit in Janovs ,Primärtherapie', die Störungen der Körperidentität in der bioenergetischen Bewegung, die Probleme sexueller Identität in anderen Bewegungen etc. Dieses Problem wird dann isoliert und zur Totalität der gegenwärtigen Identitätsprobleme ,aufgeblasen'. Nach der hier*

vertretenen Auffassung sollten Sozialwissenschaftler, Erzieher und Therapeuten nicht versuchen, solche vereinfachenden Lösungen auf dem Markt der versprochenen Identitäten anzubieten. Stattdessen muß die Komplexität der Identitätsprobleme mit ihren Ursachen in der ökonomischen und gesellschaftlichen Struktur analysiert und im Auge behalten werden. " (Klaus Ottomeyer, Gesellschaftstheorien in der Sozialisationsforschung, in: Klaus Hurrelmann / Dieter Ulich (Hg.), Handbuch der Sozialisationsforschung, Weinheim und Basel 1980, 191)

86.   Zitiert nach Hans G. Kippenberg und Brigitte Luchesi (Hg.), Magie: Die sozialwissenschaftliche Kontroverse über das Verstehen fremden Denkens, Frankfurt am Main 1978, 23f. Übersetzung des Malinowski-Zitats von Kippenberg. Siehe auch Günter Dux, Die Logik der Weltbilder, Frankfurt am Main 1982, 160ff.

87.   Zur Unterscheidung der dialektischen Theologie zwischen Christentum und Religion (Magie) vgl. Wolf-Dieter Marsch, Die theologisch und kirchlich verdrängte Religion, in: Ders., Plädoyers in Sachen Religion, Gütersloh 1973

88.   Henri Lefèbvre, Kritik des Alltagslebens, München 1974, Bd. 1, 125
89.   ebd., 126
90.   *„Christus, der fleischgewordene Geist, ist der vergottete Magier. Die menschliche Selbstreflexion im Absoluten, die Vermenschlichung Gottes durch Christus ist das proton pseudos ... Der Fortschritt über das Judentum ist mit der Behauptung erkauft, der Mensch Jesus sei Gott gewesen. Gerade das reflektierte Moment des Christentums, die Vergeistigung der Magie ist Schuld am Unheil. Es wird eben das als geistiges Wesens ausgegeben, was vor dem Geist als natürlichen Wesens sich erweist. Genau in der Entfaltung des Widerspruchs gegen solche Prätention von Endlichem besteht der Geist. So muß das schlechte Gewissen den Propheten als Symbol empfehlen, die magische Praxis als Wandlung.* " (Max Horkheimer / Theodor W. Adorno, Dialektik der Aufklärung, Frankfurt am Main 1969, 186) Was sich an Magischem diesem Zugriff nicht fügt, wird ausgeschieden und überdauert im Alltagsleben als Ausdruck der und Protest gegen die nicht (noch nicht) wirklich vernünftige gesellschaftliche Praxis.

91.   Christoph Türcke, a.a.O., 27
92.   Im Blick auf mittelalterliche Alltagserfahrung gilt diese Aussage sicher nicht uneingeschränkt. Hier spiegelt sich im theologischen Moment der Gnade sehr wohl Vertrautes: Tod oder Gnade dem

Delinquenten nach Laune des Herrn – nicht nach dem Gesetz. Siehe dazu Lucien Fevèbvre, Sensibilität und Geschichte. Zugänge zum Gefühlsleben früherer Epochen, in: Marc Bloch et al., Schrift und Materie der Geschichte, Frankfurt am Main 1977, 313-334, bes. 319ff.

93. Max Horkheimer, Zum Problem der Wahrheit, in: Kritische Theorie, Frankfurt am Main 1968, Bd. 1, 271

94. Niklas Luhmann, a.a.O., 63

95. Wolf-Dieter Marsch, Institution im Übergang, Göttingen 1970 (Im Anschluss an Gehlen)

96. Yorick Spiegel, Kirche als bürokratische Organisation, München 1969 (Im Anschluss an Max Weber)

97. Niklas Luhmann, a.a.O.

98. Verena Müller und Gerd Schienstock, Der Innovationsprozess in westeuropäischen Industrieländern, Bd. 1 Sozialwissenschaftliche Innovationstheorien, Berlin / München 1978

99. Vgl. Guy Willi Rammenzweig, Kirche zwischen Bürokratie und Demokratie, Stuttgart et al. 1975

100. Beispiele für gelungenen kollektiv produktiven Gebrauch sind die Kommunikationsformen, in denen die Bibel entstand: „Theologie bilden" und zugleich dadurch politisches Widerstandspotential zwar nicht unbedingt erzeugen, aber doch in Sprache bringen; ähnlich der frühe Pietismus (vgl. Martin Scharfe, Die Religion des Volkes, Gütersloh 1980); heute in Lateinamerika das Evangelium der Bauern von Solentiname.

101. Niklas Luhmann, a.a.O., 67

102. ebd.

103. Ulrich Beck / Michael Brater, a.a.O., 149

104. Z.B. vorgegebene Rituale, die von erst herzustellender gemeinsamer Gegenstandsdefinition entlasten.

105. Auch Hausfrauen verfügen über ein Spezialwissen, das gesellschaftlich jedoch nur wenig anerkannt ist und als „banal", „einfach", „unwissenschaftlich" usw. gilt. Ebenso erfreuen sie sich einer längeren Berufstradition, die jedoch erst in Ansätzen präsent ist. Das Nicht-Zur-Kenntnisnehmen eines wichtigen Teils der Geschichte von Frauen gehört zu den Techniken ihrer Unterdrückung.

106. Wir folgen im Wesentlichen der Darstellung von Klaus Ottomeyer, wie er sie in „Anthropologieproblem und marxistische Handlungstheorie", Gießen 1976, vorgetragen hat.

107. Klaus Ottomeyer, a.a.O., 228

108. ebd. 230
109. Allerdings ist der „Markt der Möglichkeiten" dem Anspruch nach
      – Markt, wie er möglich sein kann – auch gebrauchswertorientiert,
      indem er Elemente des vorkapitalistischen Marktes – Stadtzentrum
      / Kommunikation / integrative statt konkurrierende Vielfalt usw.
      – zu realisieren versucht.
110. Spezialtheologien mit universalistischem Anspruch: Theologie der
      Hoffnung, Theologie der Frage, Theologie der Revolution, Theo-
      logie des Spiels usw.
111. Dies gilt für die Bundesrepublik nur in eingeschränktem Maße, da
      hier das christliche Religionssystem unter den Anbietern von Re-
      ligion (noch) eine konkurrenzlose Monopolstellung hat.
112. Klaus Ottomeyer, a.a.O., 234f.
113. Die Fließbandarbeit hat sich, aus Gründen, die hier nicht zu erörtern
      sind, nur in wenigen Bereichen industrieller Produktion etablieren
      können. So arbeiten im August 1972 „nur" 5 % aller Arbeiter am
      Fließband (Männer: 3 % / Frauen: 13 %). Nach: Jahrbuch der öffent-
      lichen Meinung 1968 bis 1973, hg. vom Institut für Demoskopie
      Allensbach, Allensbach / Bonn 1974, 380
114. Klaus Ottomeyer, a.a.O., 236
115. ebd., 237
116. Zu günstigeren Erfahrungen mit Gruppenarbeit im Betrieb vgl.
      Klaus Hoppmann / Berthold Stötzel, Demokratie am Arbeitsplatz,
      Frankfurt am Main / New York 1981, 56-73
117. Ute Volmerg, Identität und Arbeitserfahrung, Frankfurt am Main
      1978, 148
118. ebd., 151
119. Vgl. Wolf Wagner, Der Bluff . Die Institution Universität in ihrer
      Wirkung auf die Arbeitsweise und das Bewußtsein ihrer Mitglieder,
      in: Probleme des Klassenkampfes, Heft 7, Mai 1973
120. Versuche von Basis-Gemeinden und die gegenwärtige Friedens-
      bewegung wären hier zu nennen, wenn man nicht immer nur auf
      Lateinamerika verweisen will. Vgl. Johann Baptist Metz, Jen-
      seits bürgerlicher Religion. Reden über die Zukunft des Christen-
      tums, München / Mainz 1981; Ders., „Wenn die Betreuten sich
      ändern ..." Von der befreienden Kraft einer Basiskirche, in: Publik
      Forum Nr. 13 (1980), 19-21
121. Vgl. Ute Volmerg, a.a.O.: Alexander Mitscherlich, Krankheit als
      Konflikt, Studien zur psychosomatischen Medizin, Bd. 1, Frank-
      furt am Main 1966; Horst Eberhard Richter, Lernziel Solidarität.
      Hamburg 1974

122. Einschub vom Autor.
123. Klaus Ottomeyer, a.a.O., 246 f.
124. ebd., 247
125. ebd., 251
126. Beziehungsprobleme werden verdrängt, da niemand genügend
      Zeit und Kraft hat, bzw. die entsprechenden Kompetenzen fehlen
      (sie werden ja auch im Produktions- und Distributionsbereich nur
      noch in rudimentärer Form benötigt), die verschiedenen Ebenen der
      Interaktionsspirale zu erklimmen. Zur Interaktionsspirale („Me-
      taspirale") siehe Ronald D. Laing, et. al., Interpersonelle Wahr-
      nehmung, Frankfurt am Main 1969, und Ronald D. Laing,
      Phänomenologie der Erfahrung, Frankfurt am Main 1979. Kritisch
      dazu: Klaus Ottomeyer, Soziales Verhalten und Ökonomie im Ka-
      pitalismus, Gießen ²1976, 94ff.
127. Klaus Ottomeyer, Anthropologieproblem ..., 253f.
128. Die Versuche, deswegen die Frau wieder zum „hauptamtlichen Hei-
      zer" zu machen und die Strukturkrise der Familie auf ihre Kosten zu
      lösen, sind gegenwärtig nicht zu übersehen.
129. Ganz deutlich sichtbar wird dies z.B. an der weder biblisch noch
      theologiegeschichtlich eindeutig begründbaren Schärfe, mit der
      die Kirchenbürokratie Abweichungen vom Prinzip der Kindertau-
      fe (vor allem bei Pfarrern) ahndet.
130. Yorick Spiegel, Kirche und Klassenbindung, Frankfurt am Main
      1974, 11
131. ebd., 39 f.
132. Zu dem Ergebnis, dass in der Person des Pfarrers ein „Schlüssel-
      problem" der gegenwärtigen Kirche liegt, kommt auch die empiri-
      sche Untersuchung „Wie stabil ist die Kirche?", ohne dass aller-
      dings der Bedingungszusammenhang genauer thematisiert wird:
      *„Es zeigt sich hier eine hochbedeutsame Differenz zwischen dem
      Kirchenbegriff des Systems Kirche und dem Kirchenverständnis
      seiner Mitglieder. Während der Kirchenbegriff die Vollzüge be-
      tont – Verkündigung, Sakramentsspendung, Gemeindeverwal-
      tung – betonen die Mitglieder die Person, die in diesen Vollzügen
      handelt ... Im Bild von der Bürgschaft scheint die Bedeutung des
      Pfarrers für die Mitglieder ... am ehesten begriffen werden zu
      können. Es beschreibt die Identität und die Differenz zwischen
      Pfarrer und System. Es verweist auch auf die offenkundigen Ge-
      fahrenmomente. Ist nicht der Pfarrer mit der Bürgschaft für das
      System Kirche, darin doch auch für die Wahrheit und die Kraft der
      Überlieferung, der dieses System dient, und also für den Sinn von*

*Kirchenmitgliedschaft auf die Dauer überlastet? Was geschieht,
wenn die personale Haftung der Pfarrer für das System Kirche in
seiner Bedeutung für die Mitglieder quantitativ und qualitativ
nicht mehr ausreicht?"* (Helmut Hild (Hg.), Wie stabil ist die Kirche?, Gelnhausen / Berlin 1974, 278)

133. Noch-nicht-Produktive (Kinder, Jugendliche), Nicht-Produktive
(Hausfrauen – nicht im Sinne der Missachtung von Hausarbeit gemeint, nur führt es zu erheblichen Problemen, wenn man den Pro-
duktionsbegriff zu weit fasst), und Nicht-mehr-Produktive (Rent-
ner) stellen den Hauptteil der mehr oder weniger aktiven Kirchen-
mitglieder. Es handelt sich also genau um die Gruppen, die es in der
vorkapitalistischen Gesellschaft, in der man / frau von der Kindheit
bis zum Tode arbeitet, nicht gibt.

134. Dagegen Christoph Türcke, Zum ideologiekritischen Potential der
Theologie, Köln 1979, 128f.: *„Denjenigen, denen das, was ist, auch
als vernünftig gilt, ist der unverkürzte Begriff der wahren Menschheit, wie er sich im Gedanken der Neuschöpfung erstmals bekun-
dete, Ärgernis, weil die vorfindliche Menschheit ihm nicht entspricht, und Torheit, weil die Herstellung dieser Entsprechung
menschlicher Verfügung entzogen ist. Doch das als Torheit De-
nunzierte ist Ohnmacht, nicht Irrationalität: Das menschliche
Denken erhebt – unableitbar – den Anspruch auf Widerspruchs-
freiheit ..., und dieser Anspruch kann sein Fundament an nichts
Geringerem haben als am Begriff der von allem Widerspruch erlö-
sten, versöhnten Menschheit, den er stets schon voraussetzen muß.
Für diesen Begriff, der gegen die Sinn- und Zwecklosigkeit des
herrschenden Weltzustands Einspruch erhebt und ihn seiner Widersprüchlichkeit überführt, steht keine höhere Instanz ein. Es ist
ein Moment von unableitbarer Offenbarung, das ihn gegen den
Unheilszusammenhang konstituiert, den er durchbricht. Die Theologie hat auf diesem Offenbarungsmoment zu bestehen. Nicht nur
verdankt sie sich ihm, sie hat auch einzig an ihm ihre ideologie-
kritische Substanz. Verklärt sie es zur positiven Offenbarung göttlich verbürgten Heils, so flieht sie in die Illusion. Streicht sie es
aber ganz, so raubt sie allem Einspruch gegen die Ungöttlichkeit
des vorfindlichen Weltzustandes sein Fundament. "*

Eberhard Löschcke

Aspekte der marxistischen Religionstheorie vor dem Hintergrund lateinamerikanischer Befreiungsprozesse*

Einleitung

Religion hat in der zweiten Hälfte der 20. Jahrhunderts in vielen revolutionären Prozessen in Lateinamerika eine wichtige Rolle gespielt. Die Eingliederung von Christinnen und Christen in Befreiungsbewegungen, das Aufbrechen einer befreienden Religiosität und ihre Ausarbeitung in der Theologie der Befreiung haben zum Teil nicht unerheblichen Einfluss auf Verlauf und Resultat dieser Prozesse gehabt. Dies wiederum hat Wahrnehmung und Verhalten der marxistisch inspirierten revolutionären Organisationen in Bezug auf Religion und von ihr geprägten Menschen in Befreiungsprozessen verändert.

Die Anfänge dieser neuen christlichen Befreiungspraxis zeigten sich bereits in den 50er-Jahren in der argentinischen Gruppe „Priester für die Dritte Welt". Einen ersten Höhepunkt bildete die – vorwiegend von Intellektuellen geprägte – Bewegung der „Christen für den Sozialismus" Anfang der 70er-Jahre in Chile, ein Experiment, das durch den Militärputsch im September 1973 abrupt beendet wurde. In Brasilien drückte sich aufgrund der politisch-gesellschaftlichen Bedingungen das Streben nach einer gesellschaft-

* Aus: Eberhard Löschcke, Auf dem Weg zur Religion des Lebens. Christen im Befreiungskampf Nicaraguas und die marxistische Religionstheorie, Bochum 1988

lichen Veränderung und Umwälzung mehr als in politischen in christlichen Gruppen und Bewegungen aus. Ab Ende der 70er-Jahre zog vor allem die zentralamerikanische Region, neben Nicaragua auch El Salvador und Guatemala, die Aufmerksamkeit auf sich, denn hier erreichte das christliche Engagement in den Befreiungskämpfen eine neue Stufe, weil es von den verarmten Bevölkerungsmehrheiten getragen wurde. Auch beim Aufstand der Zapatisten in Mexiko Mitte der 90er-Jahre kam diese neue Praxis zum Tragen.

In der Tradition marxistisch geprägter revolutionärer Organisationen hatte sich die kubanische revolutionäre Bewegung, die 1959 siegte, als konsequent atheistisch verstanden und zu christlichen Kräften ein allenfalls taktisches Verhältnis entwickelt. Im Blick auf die Praxis der Christen für den Sozialismus in Chile sprachen Fidel Castro und andere dann von der „strategischen Allianz" zwischen revolutionären Marxisten und revolutionären Christen. Für Nicaragua wurde diese Verhältnisbestimmung als unzureichend zurückgewiesen, weil die Christinnen und Christen einfach integraler Bestandteil der revolutionären Volksbewegung waren. Die Sandinistische Befreiungsfront erkannte 1980 an, dass die Christinnen und Christen, sofern sie sich den historischen Herausforderungen stellten, „von ihrem eigenen Glauben zum revolutionären Engagement gedrängt" wurden. Hier wurde zum ersten Mal von einer revolutionären Partei die These aufgestellt, dass Menschen nicht – wie nach der traditionellen marxistischen Religionsauffassung – trotz, sondern vielmehr wegen ihrer religiösen Weltsicht an einem Befreiungsprozess teilnehmen.

Den theoretischen Konsequenzen dieser Erfahrungen und Erkenntnisse für die marxistische Religionstheorie wird im folgenden Aufsatz nachgegangen. Auch wenn wir heute stärker als in den 80er-Jahren die auch taktischen Motive in der Haltung der FSLN zur Religion erkennen und die Schwächen der Kirche der Armen in Nicaragua deutlicher wahrnehmen, bleiben doch der Kern dieser Erfahrungen und damit die theoretischen Herausforderungen weiterhin gültig. Solche religionstheoretischen Erwägungen sind keineswegs von bloß innertheoretischem, sondern auch von praktisch-politischem Interesse. Denn das adäquate Verständnis der sozioreligiösen Verhältnisse ist auch unter veränderten gesellschaftlichen Bedingungen eine der Voraussetzungen für eine adäquate Strategie gesellschaftlicher Veränderung. Und nur wenn die Herausforderungen, die aus der Praxis erwachsen, in ihrer theoretischen Tiefe aufgeworfen werden, werden sie für die Praxis produktive Kraft entfalten.

Die folgenden Erwägungen zur marxistischen Religionstheorie beginnen damit, aus den Religionsanalysen von Marx und Engels die grundlegenden Bestimmungen der historisch-materialistischen Religionsauffassung herauszuarbeiten (1.). Davon ausgehend werden die verschiedenen gesellschaftlichen, sowohl ideologischen wie sozialpsychologischen Funktionen von Religion beschrieben (2.). Schließlich werden aus dem erneuten Rückgriff auf Marx und Engels Gedanken zu Wurzeln und Charakter der religiösen Weltaneignung entwickelt, die die differenzierten gesellschaftlichen Funktionen zu erklären vermögen (3.).[1]

1. Zur historisch-materialistischen Religionsauffassung von Marx und Engels

Die Texte, auf denen die folgende Untersuchung der Religionsauffassung von Marx und Engels beruht, sind vorrangig die reifen Werke, insbesondere Marx' Schriften zur Kritik der politischen Ökonomie und Engels' historische Arbeiten zum Urchristentum und zum Bauernkrieg. Nach Engels sind die „Thesen über Feuerbach" von Anfang 1845 „das erste Dokument, worin der geniale Keim der neuen Weltanschauung niedergelegt ist" (MEW 21,264).[2] Wenig später haben Marx und Engels in der „Deutschen Ideologie" erstmals die historisch-materialistische Geschichtsauffassung

83

ausgearbeitet. Die üblicherweise zur Rekonstruktion der Marxschen Religionsauffassung herangezogenen Schriften stammen jedoch aus der Zeit vor diesem Umbruch, so die „Einleitung zur Kritik der Hegelschen Rechtsphilosophie" von Ende 1843/Januar 1844, einer Zeit, von der Engels später sagte: „Wir waren alle momentan Feuerbachianer." (272), die „ökonomisch-philosophischen Manuskripte", mit einem abstrakt-humanistischen Entfremdungsbegriff im Zentrum, von 1844. Methodisch bedeutet dies, dass die Aussagen der Frühschriften nicht einfach als Bestandteil der materialistischen Religionsauffassung betrachtet werden können, sondern dass ihre Gültigkeit von den Werken ab 1845 her zu bestimmen ist.[3] Die „einzig materialistische und daher wissenschaftliche Methode" aller Religionstheorie ist, so Marx, „aus den jedesmaligen wirklichen Lebensverhältnissen ihre verhimmelten Formen zu entwickeln" (MEW 23,393A). Die marxistische Religionstheorie „erklärt" also die religiösen Ausdrucksformen wie alle „Ideenformationen aus der materiellen Praxis" (MEW 3,38), genauer als Produkt der „ihre materielle Produktion und ihren materiellen Verkehr entwickelnden Menschen" (27). Die wichtigsten Bestimmungskategorien der „jedesmaligen wirklichen Lebensverhältnisse" dieser Menschen sind demnach die der Produktionsweise und, in Klassengesellschaften, die des gesellschaftlichen Kräfteverhältnisses.

Die dialektische Sichtweise, mit der vor allem Engels die unterschiedlichen Funktionen von Religion im Kontext des gesellschaftlichen Kräfteverhältnisses verschiedener historischer Formationen analysiert,[4] bildet den Leitfaden für den in 2. folgenden hegemonietheoretischen Ansatz, durch den die Religionstheorie um die zentrale Achse Herrschaft-Befreiung strukturiert wird. Die in den Marxschen Schriften zur Kritik der politischen Ökonomie enthaltene Fetischismusanalyse, in der die Analyse der Religion in der kapitalistischen Produktionsweise wurzelt, liefert die Grundlage für den religionsphilosophischen Ansatz in 3., der theoretisch die Alternative begründet, dass Religion abstrakte gesellschaftliche Verhältnisse zum Gegenstand der Verehrung machen oder die Bejahung des wirklichen Lebens zum Ausdruck bringen kann.

Dabei werden im Folgenden auch über die beiden die nächsten Abschnitte vorbereitenden Schwerpunkte hinaus die übrigen religionstheoretischen Überlegungen von Marx und Engels in ihren reifen Werken dargestellt, um diesen Ansatz als eine wirkliche theoretische Alternative zu den von den Frühschriften ausgehenden Konzeptionen verständlich zu machen.

1.1 Religion und Produktionsweise

Die „wirklichen Lebensverhältnisse", auf deren Analyse Marx sein Hauptaugenmerk gerichtet hat, sind die des Kapitalismus. In seiner Untersuchung deckt er die Verselbständigung der gesellschaftlichen Verhältnisse gegenüber den Menschen als realen Schein, das heißt den Fetischcharakter der Ware, des Geldes und des Kapitals auf. Diese „Versubjektivierung der Sachen", „Versachlichung der Subjekte" ist für Marx ein „religiöse(s) Quidproquo" (MEW 26.3,484). Er „interpretiert also die scheinbare Subjektivität der Objekte als den wahren Inhalt der religiösen Bilder".[5] Daher bildet die Fetischismustheorie[6] die Brücke von der Kritik der politischen Ökonomie zur Analyse der Religion in der kapitalistischen Produktionsweise.

Ausgangspunkt[7] der Marxschen Analyse ist die Ware.[8] Als Gebrauchswert ist „nichts Mysteriöses an ihr" (MEW 23,85), da sein Entstehen aus konkret-nützlicher Arbeit „sinnenklar" (85) ist. Ihren rätselhaften Charakter erhalten die Arbeitsprodukte erst als Ware, durch ihre gesellschaftliche Form, durch die ihr Wert als der in ihnen geronnenen gesellschaftlich notwendigen Arbeitszeit ihnen scheinbar „dinglich zukommt" (97).

> „Das Geheimnisvolle der Warenform besteht also einfach darin, daß sie den Menschen die gesellschaftlichen Charaktere ihrer eignen Arbeit als gegenständliche Charaktere der Arbeitsprodukte selbst, als gesellschaftliche Natureigenschaften dieser Dinge zurückspiegelt, daher auch das gesellschaftliche Verhältnis der Produzenten zur Gesamtarbeit als ein außer ihnen existierendes Verhältnis von Gegenständen." (86)

Den Produzenten erscheinen daher, auch wenn sie den Austausch selbst vollziehen, da die Waren „Dinge und daher widerstandslos gegen den

Menschen sind" (99), „die gesellschaftlichen Beziehungen ihrer Privatarbeiten ... als sachliche Verhältnisse der Personen und gesellschaftliche Verhältnisse der Sachen" (87). Im Austausch setzen die Privatarbeiter ihre verschiedenen konkret-nützlichen Arbeiten als abstrakt-menschliche Arbeit gleich. „Sie wissen das nicht, aber sie tun es." (88) Aber auch wenn dieses Geheimnis entdeckt wird, „verscheucht (dies) keineswegs den gegenständlichen Schein der gesellschaftlichen Charaktere der Arbeit" (88), das Arbeitsprodukt bleibt als Ware „eine gesellschaftliche Hieroglyphe" (88). Aber die unbegriffene sachliche Form der gesellschaftlichen Verhältnisse prägt den Menschen nicht nur falsche Vorstellungen auf, sie beherrscht sie auch real. Da die Gebrauchsgegenstände nicht gesamtgesellschaftlich geplant hergestellt werden, sondern „Produkte voneinander unabhängig betriebner Privatarbeiten sind" (87), können sie sich nicht vorab, sondern erst im Austausch „als Glieder der Gesamtarbeit, des naturwüchsigen Systems der gesellschaftlichen Teilung der Arbeit bewähren" (87). Erst im Austausch ermitteln sich, „unabhängig vom Willen, Vorwissen und Tun der Austauschenden" (89), die Wertgrößen der Waren. Für einzelne Warenbesitzer kann der Austausch daher zu Bedingungen erfolgen, die ihre individuelle Reproduktion nicht mehr gewährleisten. Der Marktmechanismus entscheidet über Leben und Tod der Produzenten.

„Ihre eigne gesellschaftliche Bewegung besitzt für sie die Form einer Bewegung von Sachen, unter deren Kontrolle sie stehen, statt sie zu kontrollieren." (89)

Die Waren verwandeln sich so in die Subjekte des gesellschaftlichen Prozesses, während die Produzenten nurmehr als „Repräsentanten von Ware" (100) gelten. Diese Herrschaft der Sachen über die Menschen nennt Marx „den Fetischismus, der den Arbeitsprodukten anklebt, sobald sie als Waren produziert werden" (87).

In diesem Zusammenhang gibt Marx einen ersten religionstheoretischen Hinweis durch die Erläuterung dieses Sachverhalts mittels eines entsprechenden Beispiels aus dem religiösen Bereich.

„Um daher eine Analogie zu finden, müssen wir in die Nebelregion der religiösen Welt flüchten. Hier scheinen die Produkte des menschlichen Kopfes mit eignem Leben begabte, untereinander und mit den Menschen in Verhältnis stehende selbständige Gestalten. So in der Warenwelt die Produkte der menschlichen Hand." (86)

Spielt Marx also bei der Analyse der vielgestaltigen Warenwelt auf den Polytheismus an, so bringt er das allgemeine Inbeziehungsetzen der Privatarbeiten als abstrakt-menschliche Arbeit in der voll entwickelten Warengesellschaft, die sich erst im Kapitalismus entfaltet und dann von einem einenden Prinzip, dem Kapital, durchdrungen wird, mit dem Monotheismus in Verbindung.

„Für eine Gesellschaft von Warenproduzenten, deren allgemein gesellschaftliches Produktionsverhältnis darin besteht, sich zu ihren Produkten als Waren, also als Werten, zu verhalten und in dieser sachlichen Form ihre Privatarbeiten aufeinander zu beziehen als gleiche menschliche Arbeit, ist das Christentum mit seinem Kultus des abstrakten Menschen, namentlich in seiner bürgerlichen Entwicklung, dem Protestantismus, Deismus usw., die entsprechendste Religionsform."(93)[9]

Damit ist ein weiterer Schritt in der Religionstheorie getan. Hatte die in den religiösen Nebelregionen gefundene Analogie zunächst beispielhaft-erläuternden Charakter, so folgt nun die Behauptung eines strukturellen Zusammenhangs zwischen Kapitalismus und der protestantischen Religionsform. Mehr noch. Marx bringt diese Aussage im Anschluss an den Nachweis, dass der „Mystizismus der Warenwelt" in anderen Produktionsweisen „verschwindet" (90), weil dort die gesellschaftliche Beziehung der Menschen zu ihren Arbeitsprodukten „nicht verkleidet" (92), sondern „durchsichtig einfach" (93) ist. Indem Marx dem unmittelbar anschließend die Aussage vom „Kultus des abstrakten Menschen" gegenübergestellt, macht er deutlich, dass er „das Christentum ..., namentlich in seiner bürgerlichen Entwicklung, dem Protestantismus, Deismus usw." als bewusstseinsmäßigen Ausdruck des Fetischismus der vollentwickelten Warengesellschaft im Kapitalismus versteht. Von diesem Zusammenhang her wird dann auch klar, dass die in der Kritik der politischen Ökonomie verwendeten Analogien zu religiösen Phänomenen nicht bloß illustrative Beispiele verdoppelter Zustände sind, sondern dass man sie umkehren kann und sie so zu religionstheoretischen Aussagen werden.[10] Mit der Ware verhält es sich nicht nur analog wie mit religiösen Produkten des menschlichen Kopfes, sondern sie ist in sich selbst „voll metaphysischer Spitzfindigkeit und theologischer Mucken", „ein sinnlich übersinnliches Ding" (85). Die gesellschaftliche Bewegung der Waren, die für den einzelnen Warenbesitzer unvorhersehbar ist und ihm daher als Launen der Waren erscheint, spiegelt sich als Verkehr der Götter untereinander, die in ihren Launen über Leben und Tod der Menschen entscheiden. In der Warengesellschaft ist Religion demnach

„eine Form gesellschaftlichen Bewußtseins, das einer Situation entspricht, in der der Mensch die Entscheidung über sein Leben oder Tod an einen Warenmechanismus delegiert hat, für dessen Ergebnisse er sich – obwohl dieser Mechanismus sein Werk ist – nicht mehr verantwortlich weiß".[11]

Aus der impliziten Logik des Austausches entsteht das Geld als allgemeines Äquivalent der Waren, in das alles verwandelbar ist. Da „alles gegen Geld veräußerlich" und „alles durch Geld aneigenbar" ist (MEW 42,729), gibt es vor dem Geld „keine absoluten Werte" (728). „Die ,heiligen' und ,religiösen Dinge' ... existieren nicht vor dem Gelde, wie vor Gott alle gleich sind." (729)[12] Dieser Analogie Geld – Gott fügt Marx sofort den Hinweis auf den strukturellen Zusammenhang von Monotheismus und Geldwirtschaft an.

„Schön wie die römische Kirche im Mittelalter selbst Hauptpropagandist des Geldes." (729)

Die Vertreterin des religiösen allgemeinen Äquivalents[13] befördert die Durchsetzung des ökonomischen und damit – dialektischer Umschlag

– die Negation alles „Höhere(n), Heilige(n) etc." (729) durch das Geld. Als allgemeines Äquivalent ist das Geld zum einen Zirkulationsmittel. Aber dieses Mittel entsteht nicht bewusst, sondern in einem gesellschaftlichen Vollzug, in dem die Menschen „schon gehandelt (haben), bevor sie gedacht haben" (MEW 23,101). Es ist ein Ding, in dem das gesellschaftliche Verhältnis der Menschen in einer „von ihrer Kontrolle und ihrem bewussten individuellen Tun unabhängigen, sachlichen Gestalt" (108) erscheint. Das Geld ist daher „das höchste Symbol (des) Verzichts des Menschen, sich für das Ergebnis seiner Handlungen verantwortlich zu fühlen".[14] Hatte Marx am Beginn seiner ökonomischen Studien das Geld als „Mittler" mit Christus verglichen (MEW EB 1,446), so setzt er in den Schriften zur Kritik der politischen Ökonomie das Geld als „Geldfetisch" (MEW 23,108) mit der Negation des Christus, dem Antichrist, dem apokalyptischen Tier aus dem Abgrund in Beziehung.

> „,Die haben eine Meinung und werden ihre Kraft und Macht geben dem Tier, daß niemand kaufen oder verkaufen kann, er habe denn das Malzeichen, nämlich den Namen des Tiers oder die Zahl seines Namens.' (Apokalypse.)" (101)[15]

Als allgemeines Äquivalent steht das Geld zum anderen den Waren als „der materielle Repräsentant des stofflichen Reichtums" (MEW 13,103) gegenüber, es erscheint „als Jenseits, als Ding, Sache, Ware, neben und außerhalb der wirklichen Elemente des gesellschaftlichen Reichtums" (MEW 25,588). Dieses jenseitige Dasein „stellt die himmlische Existenz der Waren dar" (MEW 42,148), das Geld ist „die unvergängliche" und „allgegenwärtige Ware" (158), der „allgemeine Reichtum als Individuum", daher „Gott der Waren" (MEW 13,103). Das Geld hat nicht nur wie die Waren theologische Mucken, es ist Individuum mit göttlichen Eigenschaften, Gott. Diesen Gott, der entsteht, wenn das Geld „aus Mittel Zweck" (Grundrisse, 890), „aus dem Knecht ... der Herr" (MEW 13,103) wird, bezeichnet Marx im gleichen Atemzug, indem er Boisguillebert zitiert, als „Idol", dem man „mehr... Menschen geopfert hat und noch opfert, als jemals das blinde Altertum seinen falschen Göttern geopfert hat" (103A).[16] Dieser Doppelcharakter der religiösen Bezüge – Gott/Götze, Christus/

Antichrist – hat seine Ursache in den zwei Perspektiven der im Austausch vollzogenen Verwandlung der Ware in Geld. Von der Seite der Sache, der Ware, her handelt es sich um eine „Transsubstantiation" (MEW 23,117f.), Verwandlung in Gott, von der Seite der Person, des Warenbesitzers, her um einen „Salto mortale der Ware" (120), ein Vorgang mit in der Tat gegebenenfalls tödlichem Ausgang, denn „(m)isslingt er, so ist zwar nicht die Ware geprellt, wohl aber der Warenbesitzer" (120). Als „universeller materieller Repräsentant des Reichtums" (MEW 42,145) ist das Geld „nicht nur *ein* Gegenstand der Bereicherungssucht, es ist *der* Gegenstand derselben" (MEW 13,110).[17] Während „die Vorratbildung des besondern Reichtums ... besondre Seiten der Individualität" entwickelt (110), ist die Anhäufung von Gold und Silber „eine ganz inhaltlose Tätigkeit" (111) und Geldbesitz „Besitz des Individualitätslosen" (MEW 42,148). So begründet Marx von einer zweiten Seite desselben Sachverhalts her die Angemessenheit des „Kultus des abstrakten Menschen".

„Qualitativ oder seiner Form nach ist das Geld schrankenlos ... Aber zugleich ist jede wirkliche Geldsumme quantitativ beschränkt" (MEW 23, 147). Die Schatzbildung, als Streben nach dem universellen Reichtum, hat daher „keine immanente Grenze, kein Maß in sich, sondern ist ein endloser Prozess, der in seinem jedesmaligen Resultat ein Motiv seines Anfangs findet" (MEW 13,110). Es entsteht die Jagd nach dem „Goldfetisch" (MEW 23,147), der „Geldkultus" (MEW 42,158). Dabei ist, so zieht Marx wieder die Verbindung zum religiösen Ausdruck des (Geld-)Fetischismus, „Gold und Silber als unmittelbare Inkarnation der gesellschaftlichen Arbeit, daher als Dasein des abstrakten Reichtums" zu betrachten, eine „katholische Tatsache" (MEW 13,134). Die sich entwickelnde kapitalistische Produktionsweise, in der zunächst „das Goldsein der Münze in Goldschein" verwandelt wird (MEW 23,139) und später die Münze in Papiergeld, findet einen neuen religiösen Ausdruck.

„Das Monetarsystem ist wesentlich katholisch, das Kreditsystem protestantisch. ... Als Papier hat das Gelddasein der Waren ein nur gesellschaftliches Dasein. Es ist der *Glaube*, der selig macht." (MEW 25,606)[18]

Dem katholischen Schatzbildner folgt der „klassische Kapitalist" aus den „historischen Anfängen der kapitalistischen Produktionsweise" (MEW 23,620), der seinen Reichtum durch individuelle Askese und Arbeitsamkeit aufhäuft und daher „von Religion wesentlich Protestant und noch mehr Puritaner" ist (MEW 13,108).[19] Statt des „Evangelium(s) des Weltgenusses" der Feudalaristokratie (MEW 3,202) gilt für ihn das „Evangelium der Entsagung" (MEW 23,147), so dass sich seine Goldgier als Streben nach dem unendlichen Wert, als „Nachjagen nach dem ewigen Schatz" (MEW 42,158)[20] in ein „Werk der Frömmigkeit, ad maiorem Dei gloriam"[21] verwandeln kann. „Daher der Zusammenhang des englischen Puritanismus oder auch des holländischen Protestantismus mit dem Geldmachen."(158)

Über die Vertiefung des schon im Kontext des Warenfetischismus entwickelten strukturellen Zusammenhangs zwischen kapitalistischer Produktionsweise und bestimmten religiösen Ausdrucksformen hinaus weist Marx in der Analyse des Geldfetischismus also darauf hin, dass diese Religionsformen die Verallgemeinerung der Geldwirtschaft nicht nur ausdrücken, sondern auch aktiv fördern. Weiterhin identifiziert er die Fetische mit ihrer Macht über Leben und Tod inhaltlich mit Menschen verschlingenden Götzen und mit dem Antichrist. Indem er zugleich den Zusammenhang zum Christentum herausarbeitet, stellt er fest, dass das Christentum im Kapitalismus „Christus so behandelt wie der Kapitalismus Geld", mit einem „dem Menschen fremden, abstrakten, entfremdenden Charakter", als „Fetisch"[22]: der Antichrist in Gestalt des Christus.[23]

In der Analyse des Kapitals als dem bestimmenden Produktionsverhältnis der kapitalistischen Produktionsweise treibt Marx auch die Religionsanalyse weiter voran. Zunächst liefert er eine materialistische Fundierung der Feuerbachschen Religionskritik, indem er deren grundlegende Bestimmungen auf das Verhältnis von Kapital und Arbeit zurückführt. Hatte Feuerbach, wie Marx feststellt, die Religion als eine „Form und Daseinsweise der Entfremdung des menschlichen Wesens" (MEW EB 1,569) erkannt, so erklärt Marx dies daraus, dass der „Verwirklichungsprozess der Arbeit zugleich ihr Entwirklichungsprozess" ist (Grundrisse, 957).[24]

Im Kapital treten die objektiven Arbeitsbedingungen, das heißt Produktions- und Lebensmittel, dem lebendigen Arbeitsvermögen „als fremde, äußerliche und es unter gewissen, von ihm selbst unabhängigen Bedingungen konsumierende, verwendende Mächte" gegenüber (MEW 42,364). Diese „Fremdheit der objektiven Arbeitsbedingungen gegen das lebendige Arbeitsvermögen (geht) ... bis zu dem Punkt fort..., daß diese Bedingungen der Person des Arbeiters in der Person des Kapitalisten – als Personifikationen mit eigenem Willen und Interesse gegenübertreten" (365). Dabei macht die Verwandlung von Mehrwert, der „nichts als eine bestimmte Summe vergegenständlichter lebendiger Arbeit" ist (364), in Kapital deutlich, dass die objektiven Arbeitsbedingungen im entwickelten Kapitalismus – „wie sie immer historisch entstehen mögen" (364) – „eigenes Produkt und Resultat" (364) der Arbeit sind. Das heißt, das lebendige Arbeitsvermögen selbst setzt die vergegenständlichte Arbeit, das Kapital, „als sein eignes Produkt, ... sowohl als seine eigne Objektivierung wie die Objektivierung seiner als einer von ihm selbst unabhängigen und es vielmehr beherrschenden, durch seine eigne Tat beherrschenden Macht" (366). Dadurch erscheint die „absolute Scheidung, Trennung ... der sachlichen Arbeitsbedingungen vom lebendigen Arbeitsvermögen ... ebenfalls als Produkt der Arbeit selbst" (365). Da das lebendige Arbeitsvermögen sich seine Reproduktionsbedingungen, das heißt Lebensmittel, nur aneignen kann, indem es das vermehrte Kapital erneut verwertet, „tritt (es) nicht nur nicht reicher, sondern es tritt ärmer aus dem Prozess heraus, als es hineintrat" (366). Durch den beständigen Verwertungsprozess setzt die lebendige Arbeit das Kapital „als unvergängliche(n) Reichtum" (369), während sie zugleich, indem sie ihre objektiven Verwirklichungsbedingungen „als fremde Realität von sich abstößt" (367), „sich selbst als substanzloses, bloß bedürftiges Arbeitsvermögen gegenüber dieser ihr entfremdeten, nicht ihr, sondern andern gehörigen Realität setzt" (367).

Setzt man für den „im Kapitalisten personifizierten Wert" (365), die objektiven Arbeitsbedingungen, Gott und für das lebendige Arbeitsvermögen den Menschen, so erscheinen sofort die von Feuerbach verwendeten religionskritischen Grundkategorien. In der Religion setzt der Mensch, so Feuerbach, „sich Gott als ein ihm entgegengesetztes Wesen gegenüber"[25]. „Das göttliche Wesen ist nichts andres als das menschliche Wesen oder besser: das Wesen des Menschen, gereinigt, befreit von den Schranken des individuellen Menschen, verobjektiviert, d.h. angeschaut und verehrt als ein andres, von ihm unterschiednes, eignes Wesen", und zwar als ein „in ein Subjekt verwandelte(s) Wese(n)"[26]. Da „die göttlichen Prädikate Bestimmungen des menschlichen Wesens sind, (ist) auch das Subjekt derselben menschlichen Wesens", folglich auch „der Gegenstand und Inhalt der christlichen Religion ein durchaus menschlicher"[27]. „Der Mensch – dies ist das Geheimnis der Religion – vergegenständlicht sich sein Wesen und macht dann wieder sich zum Objekt dieses vergegenständlichten ... Wesens; er denkt sich, ist sich Objekt, aber als Objekt eines Objekts, eines andern Wesens."[28] Daher ist die Religion „die Entzweiung des Menschen mit sich"[29]. Gott als „das offenbare Innere, das ausgesprochene Selbst des Menschen" ist „das allmächtige, unbeschränkte Wesen", weil die Wesenskräfte des Menschen „die ihn beseelenden, bestimmenden, beherrschenden Mächte" sind.[30] Da der Mensch in Gott das „Positive" seiner selbst anschaut, kann seine Anschauung des Menschen „nur eine negative" sein, das heißt: „Um Gott zu bereichern, muss der Mensch arm werden, damit Gott alles sei, der Mensch nichts sein."[31]

Indem Marx also in einem einzigen sechsseitigen Abschnitt systematisch die Kategorien aufgreift, die Feuerbach zur Religionsanalyse benutzte, – weniger konzentriert verwendet tauchen diese Kategorien in allen Texten zur Kritik der politischen Ökonomie auf –, muss dieser Abschnitt über seine ökonomische Analyse hinaus auch als materialistische Fortführung der Feuerbachschen Religionskritik gelesen werden. Im „unveröffentlichten" sechsten Kapitel des „Kapitals" bestätigt Marx den hier aus den Analysekategorien aufgewiesenen Zusammenhang ausdrücklich:

„Es ist dies ganz *dasselbe* Verhältnis in der materiellen Produktion, im wirklichen gesellschaftlichen Lebensprozess – denn dies ist der

Produktionsprozess –, welches sich auf dem ideologischen Gebiet in der *Religion* darstellt, die Verkehrung des Subjekts in das Objekt und umgekehrt."[32]

Marx weist also nach, dass „das abstrakte Individuum, das er (Feuerbach, E.L.) analysiert, einer bestimmten Gesellschaftsform angehört" (MEW 3,7), und zeigt zugleich von einer dritten Seite her, dass wegen der „vollständigen Gleichgültigkeit, Äußerlichkeit und Entfremdung", in die das Kapitalverhältnis den Arbeiter gegenüber den Verwirklichungsbedingungen seiner Arbeit versetzt (MEW 25,95), der „Kultus des abstrakten Menschen" angemessene Religionsform für die kapitalistische Produktionsweise ist. Marx findet aber nicht nur „den irdischen Kern" (MEW 23,393A) des „Kultus des abstrakten Menschen" und seiner Analyse durch Feuerbach, sondern er erklärt auch umgekehrt die „Verdopplung der Welt in eine religiöse und eine weltliche" aus der „Selbstzerrissenheit und Sichselbstwidersprechen dieser weltlichen Grundlage" (MEW 3,6). Denn die antagonistischen kapitalistischen Verhältnisse bringen Mystifikationen hervor, die zum einen dem Verhältnis von Kapital und Arbeit, zum anderen dem Kapital selbst anhaften.

Zum einen: Da die Lebensmittel beziehungsweise das zu ihrem Erwerb notwendige Geld dem Arbeiter als Kapital gegenüberstehen, er zum Überleben also zum Verkauf seiner Arbeitskraft gezwungen ist, „gehört der Arbeiter dem Kapital, bevor er sich dem Kapitalisten verkauft" (MEW 23,603). Über Kauf oder Nichtkauf seiner Arbeitskraft entscheiden aber ihm fremde, nämlich Kapitalverwertungsinteressen. Produktions- und Lebensmittel in Form des Kapitals erscheinen daher „als mit eigenem Willen und eigener Seele begabte Fetische"[33], die den Arbeiter beherrschen. Die notwendige Bindung des Arbeiters an das Kapital bringt Marx wieder in Zusammenhang mit einer religiösen Bindung, das Kapitalverhältnis in Analogie zum Gottesverhältnis.

„Wie dem auserwählten Volk auf der Stirn geschrieben stand, daß es das Eigentum Jehovas, so drückt die Teilung der Arbeit dem Manufakturarbeiter einen Stempel auf, der ihn zum Eigentum des Kapitals brandmarkt." (382)

Während tatsächlich die Kapitalverwertung sich vollzieht, indem der „toten Gegenständlichkeit lebendige Arbeitskraft einverleibt" wird (209), erscheint das Kapital als Quelle des Lebens des Arbeiters, indem es seine Arbeitskraft kauft und ihm so ermöglicht, sich „als arbeitendes Individuum in seinem normalen Lebenszustand zu erhalten" (185). Damit scheinen Arbeitslosigkeit und damit Verelendung und Tod, während sie tatsächlich der immanenten Tendenz des Kapitals entspringen, mit einer „geringere(n) Masse Arbeit... eine größere Masse Maschinerie und Rohstoffe in Bewegung zu setzen" (657), im Mangel an Kapital als der Lebensquelle zu liegen. Aber auch bei gelungenem Verkauf der Arbeitskraft wird der kapitalistische Produktionsprozeß zur „Martyrologie der Produzenten" (528).

> „Durch seine Verwandlung in einen Automaten tritt das Arbeitsmittel während des Arbeitsprozesses selbst dem Arbeiter als Kapital gegenüber, als tote Arbeit, welche die lebendige Arbeitskraft beherrscht und aussaugt." (446)

Die kapitalistische Produktion „produziert die vorzeitige Erschöpfung und Abtötung der Arbeitskraft selbst" (281), durch den Kauf der Arbeitskraft also ebenso wie durch ihren Nichtkauf den vorzeitigen Tod des Arbeiters. Sie erscheint als Realität des in der Religion als widergöttlich Vorgestellten. In der kapitalistischen Produktionsweise wird der Arbeitsprozeß zu einer „Hölle" (296), die die „grausamsten Höllenphantasien" Dantes übertrifft (261), und das „seine Lebensseele aus der Arbeit saugende Kapital" (MEW 42,561) ist ein „beseeltes Ungeheuer" (MEW 23,209) mit „dämonische(r) Kraft" (402).

Zum anderen: In der Kapitalzirkulation erscheint der Wert als „das Subjekt eines Prozesses, worin er ... seine Größe selbst verändert", als „sich selbst bewegende Substanz" (MEW 23,169).

> „Er hat die okkulte Qualität erhalten, Wert zu setzen, weil er Wert ist. Er wirft lebendige Junge oder legt wenigstens goldne Eier." (169)

Im zinstragenden Kapital, in dessen Form der die Verwertung vermittelnde Produktions- und Zirkulationsprozeß verschwindet, „erreicht das Kapitalverhältnis seine äußerlichste und fetischartigste Form" (MEW 25,404).

> „Das Kapital erscheint als mysteriöse und selbstschöpferische Quelle des Zinses, seiner eignen Vermehrung. ... Es wird ganz so Eigenschaft des Geldes, Wert zu schaffen, Zins abzuwerfen, wie die eines Birnbaums, Birnen zu tragen." (405)

Erschienen „die gesellschaftlichen Verhältnisse, denen die stofflichen Elemente des Reichtums bei der Produktion als Träger dienen", bei den Waren fetischisiert als „Eigenschaft dieser Dinge" und beim Geld als „Ding" (835), so beim Kapital als „Verhältnis eines Dings ... zu sich selbst" (405). „Hier ist die Fetischgestalt des Kapitals und die Vorstellung vom Kapitalfetisch fertig." (405) Die religiöse Spiegelung des sich selbst verwertenden Werts als Verhältnis eines Dings zu sich selbst findet Marx in der Trinität.

> „Er unterscheidet sich als ursprünglicher Wert von sich selbst als Mehrwert, als Gott Vater von sich selbst als Gott Sohn, – und beide sind vom selben Alter und bilden in der Tat nur eine Person, denn nur durch den Mehrwert von 10 Pfd.St. werden die vorgeschossenen 100 Pfd.St. Kapital, und sobald sie dies geworden, sobald der Sohn und durch den Sohn der Vater erzeugt, verschwindet ihr Unterschied wieder und sind beide Eins, 110 Pfd.St." (MEW 23,169f.)

Unter den Bedingungen der kapitalistischen Produktionsweise erscheinen auch die beiden anderen Einkommensquellen in verkehrter, mystifizierter Form. Die Erde als Quelle der Grundrente, das heißt ein Gebrauchswert, der Wert hat, ohne Produkt von Arbeit zu sein, ist „fetischartig genug" (MEW 26.3,446). Und Arbeit als Quelle von Arbeitslohn, das heißt die „Verwandlung von Wert und Preis der Arbeitskraft in die Form des Arbeitslohns oder in Wert und Preis der Arbeit selbst", eine

Form, „die das wirkliche Verhältnis unsichtbar macht und gerade sein Gegenteil zeigt" (MEW 23,562), ist „ebenso irrationell wie ein gelber Logarithmus" (MEW 25,826). Die Fetischisierung der drei Einkommensquellen in der kapitalistischen Produktionsweise bringt Marx als „ökonomische Dreieinigkeit" (822) erneut mit der Trinität in Verbindung.

Ganz „so wie ein Scholastiker in Gott-Vater, Gott-Sohn und Gott-Heiligen Geist" sich „erst vollständig zu Hause" fühlt, „so der Vulgärökonom in der Erde-Rente, dem Kapital-Zins, der Arbeit-Arbeitslohn" (MEW 26.3,493).
„Im Kapital – Profit, oder noch besser Kapital – Zins, Boden – Grundrente, Arbeit – Arbeitslohn, in dieser ökonomischen Trinität ... ist die Mystifikation der kapitalistischen Produktionsweise, die Verdinglichung der gesellschaftlichen Verhältnisse ... vollendet" (MEW 25,838).

Das Kapital weist noch eine zweite „Qualität der Scholastiker" (408) auf, seine „eingeborn(e) Eigenschaft als ewig währender und wachsender Wert" (407). Durch diese ihm „eingeborne geheime Qualität" scheint ihm nicht nur der gegenwärtige, sondern „alle(r) Reichtum der Welt für alle Zeiten" (412) zu gehören, „jenseits der scheinbar durch seine eigne Größe gesteckten Grenzen" (MEW 23,631). Der Maßlosigkeit der Bewegung des Kapitals (167) auf dieses Jenseits hin entspricht die Notwendigkeit zur „Verewigung des Arbeiters" (597). Um „sich dem Reichtum schlechthin durch Größenausdehnung anzunähern" (166), zahlt das Kapital auch „die Lebensmittel der Ersatzmänner ..., d.h. der Kinder der Arbeiter, so daß sich diese Race eigentümlicher Warenbesitzer auf dem Warenmarkt verewigt" (186). Scheint das Kapital also Quelle des ewigen Lebens zu sein, so gewährleistet es diese Verewigung doch nur, soweit es sie für seine Verwertung benötigt und weil ihm zuzukommen scheint, auf ewig alle Kräfte der Arbeit und ihre Produktivkraftsteigerungen sich „einzusaugen", zu „verspeis(en)" (271). Marx verbindet diesen Sachverhalt erneut mit einer religiösen Anspielung.

„Nach seinen eingebornen Gesetzen gehört ihm alle Surplus-
arbeit, die das Menschengeschlecht je liefern kann. Moloch."
(MEW 25,410)

Der in der Analyse des Kapitalfetischs erneut zu Tage tretende Doppelcharakter der religiösen Bezüge – Jehova/Dämon, Trinität/Moloch –
hat seine Ursache in den zwei Klassenperspektiven, unter denen das Kapital betrachtet wird. Dem Kapitalisten bringt das Kapital eine „Schöpfung aus Nichts" (MEW 23,231), dem Arbeiter den vorzeitigen Tod,
auch wenn es zugleich „die große Lebensquelle ... – bis hin zum Ewigen
Leben"[34] zu sein scheint: Moloch in Gestalt des trinitarischen Gottes. Die
vom Kapitalverhältnis erzeugten Mystifikationen sind so „grell", dass
sie die religiösen Bilder zugleich erzeugen und in gewissem Maß gesellschaftlich überflüssig machen. Für den modernisierten Kapitalisten
tritt die „Religion des Alltagslebens" (MEW 25,838) in den Vordergrund,
die „ein sehr mystisches Wesen" (835), den sich selbst verwertenden Wert
zum wundertätigen Subjekt hat. Mit dem Wechsel des Gottes verändern
sich auch die Todsünden:

„Und mit dem Entstehen der Staatsverschuldung tritt an die Stelle
der Sünde gegen den Heiligen Geist, für die keine Verzeihung ist,
der Treubruch an der Staatsschuld." (MEW 23,782)

Außerdem herrscht in der Zirkulationssphäre, in der sich Kauf und Verkauf der Arbeitskraft abspielen, „ein wahres Eden der angebornen Menschenrechte", herrschen „Freiheit, Gleichheit, Eigentum und Bentham"
(189)[35]. Auch die Arbeitskraft wird prinzipiell zu ihrem Wert verkauft, Eigentümer des Kapitals und Eigentümer der Arbeitskraft erscheinen daher, indem sie Äquivalente tauschen, als gleich, auch wenn dies „bloßer
Schein" ist (MEW 42,371). Die Aneignung fremder Arbeit durch das Kapital, das heißt die kapitalistische Form der Ausbeutung, wird durch den
Schein der Gleichheit legitimiert, bedarf daher im Prinzip keiner religiösen Legitimation: Ist der Lohnarbeiter ans Kapital mit einer „goldnen Kette" geschmiedet (MEW 23,646), so macht deren Schein „die imaginären
Blumen an der Kette", wie Marx die religiöse Legitimation von Ausbeu-

tung und Unterdrückung beschreibt (MEW 1,379), überflüssig. Auch wenn also die kapitalistische Produktionsweise durch ihre Mystifikationen eine religiöse Verdopplung ihrer selbst erzeugt, so ist in ihr die Religion doch nicht die bestimmende ideologische Form. Die mit den Inhalten des Kapitals gefüllten religiösen Bilder können die Kapitalherrschaft festigen, bilden aber nicht ihre grundlegende gesellschaftliche Legitimation.

Zusammengefasst zeigt Marx in der Analyse des Fetischismus der Ware, des Geldes und des Kapitals also erstens, dass die der kapitalistischen Produktionsweise innewohnenden Mystifikationen die Wurzeln der religiösen Spiegelungen im Kapitalismus bilden, zweitens, dass das Christentum und insbesondere der Protestantismus „spezielle Religion des Kapitals" ist (MEW 26.3,442), drittens, dass dieses Christentum, indem es das Kapitalverhältnis zum Inhalt hat, auch dessen „antagonistische und menschenmörderische Seite" (MEW 23,486) in sich einschließt, und viertens, dass es in der entwickelten kapitalistischen Produktionsweise keine dominante ideologische Rolle spielt. In den Texten zur Kritik der politischen Ökonomie liefert Marx en passant wesentliche Elemente einer marxistischen Religionstheorie, die über die materialistische Grundlegung der Feuerbachschen Religionsanalyse hinaus, mit der „die Kritik der Religion im wesentlichen beendigt" erschien (MEW 1,378), diese inhaltlich entschieden weiterführt.[36]

Die Hinweise von Marx und Engels auf Religion in anderen Produktionsweisen werden im Folgenden nur kurz und in Hinblick auf zusätzliche religionstheoretische Analyseprinzipien skizziert.

In der Urgesellschaft gilt noch nicht die Determinierung des religiösen Bewusstseins durch die ökonomische Struktur. Die „Naturreligion ... ist bedingt durch die Gesellschaftsform *und umgekehrt*" (MEW 3,31),[37] das heißt, „die falschen Vorstellungen von der Natur" sind „stellenweise ... Bedingung und selbst Ursache" der niedrigen ökonomischen Entwicklung (MEW 37,492), und es wäre daher „pedantisch, wollte man für all diesen urzuständlichen Blödsinn ökonomische Ursachen suchen" (492). Die Wurzeln der Religion liegen in dieser „sehr frühen Zeit" in der „allgemeine(n) Beschränktheit" (MEW 21,274). Allgemeine Beschränktheit produziert auch in den vorkapitalistischen Klassengesellschaften, das heißt „den altasiatischen, antiken usw. Produktionsweisen" Religion:

„Jene alten gesellschaftlichen Produktionsorganismen sind außerordentlich viel einfacher und durchsichtiger als der bürgerliche, aber sie beruhen entweder auf der Unreife des individuellen Menschen, der sich von der Nabelschnur des natürlichen Gattungszusammenhangs mit andren noch nicht losgerissen hat, oder auf unmittelbaren Herrschafts- und Knechtschaftsverhältnissen. Sie sind bedingt durch eine niedrige Entwicklungsstufe der Produktivkräfte der Arbeit und entsprechend befangenen Verhältnissen der Menschen innerhalb ihres materiellen Lebenserzeugungsprozesses, daher zueinander und zur Natur. Diese wirkliche Befangenheit spiegelt sich ideell wider in den alten Natur- und Volksreligionen." (MEW 23,93f.)

Damit sind drei verschiedene Wurzeln von Religion benannt: ein beschränktes Naturverhältnis, persönliche Abhängigkeitsverhältnisse (bei durchsichtiger Produktionsorganisation) und undurchsichtige Produktionsverhältnisse. Diese letzte Quelle entsteht erst in der kapitalistischen Produktionsweise.

„In frühern Gesellschaftsformen tritt diese ökonomische Mystifikation nur ein hauptsächlich in Bezug auf das Geld und das zinstragende Kapital. Sie ist der Natur der Sache nach ausgeschlossen, erstens, wo die Produktion für den Gebrauchswert, für den unmittelbaren Selbstbedarf vorliegt; zweitens, wo wie in der antiken Zeit und im Mittelalter, Sklaverei oder Leibeigenschaft die breite Basis der gesellschaftlichen Produktion bildet: die Herrschaft der Produktionsbedingungen über die Produzenten ist hier versteckt durch die Herrschafts- und Knechtschaftsverhältnisse, die als unmittelbare Triebfedern des Produktionsprozesses erscheinen und sichtbar sind." (MEW 25,839)

Die Befangenheit gegenüber der Natur hingegen vermindert sich mit der Entwicklung der Produktivkräfte, so dass Maduro die entsprechenden religionstheoretischen Aussagen von Marx und Engels so zusammenfasst:

„Der Entwicklungsgrad der Produktivkräfte in einer bestimmten Gemeinschaft steht im umgekehrten Verhältnis zum Grad der Religiosität der Mitglieder dieser Gemeinschaft, ebenso zur Fähigkeit solcher Religiosität, das materielle Verhalten dieser Menschen zu beeinflussen."[38]

Im Laufe der menschlichen Entwicklung kommen also nicht einfach immer neue Quellen der Religion hinzu,[39] sondern sie lösen einander ab. Verselbständigt der Mensch in der Religion „sein Verhältnis zu seiner eignen Natur, zu der äußeren Natur und zu den andren Menschen" (MEW 26.3,486), so verschiebt sich im Wandel der Produktionsweisen die Hauptquelle der Religion innerhalb dieser drei Verhältnisse vom Naturverhältnis zum gesellschaftlichen, und darin wieder von „persönliche(r)" zu „sachlicher Abhängigkeit" (MEW 42,91).[40] Auch der gesellschaftliche Stellenwert der Religion variiert in den verschiedenen Gesellschaftsformationen.

„Dem ‚Gemeinwesen', wie es im antiken Staat, dem Feudalwesen, der absoluten Monarchie erscheint, diesem Band entsprechen namentlich die (katholischen) religiösen Vorstellungen." Anders in der Klassenherrschaft der Bourgeois, die sich „(im) Gesetz ... einen allgemeinen Ausdruck geben müssen". (MEW 3,539)

In der asiatischen Produktionsweise repräsentiert Gott als „gedachte(s) Stammeswese(n)" die Einheit der Gemeinschaft (MEW 42,385)[41], in der Antike spielte nicht die Religion, sondern „die Politik ... die Hauptrolle" (MEW 23,96A) und im Mittelalter der Katholizismus, da „der damaligen Form der Exploitation" mittels unmittelbarer, sichtbarer Herrschafts- und Knechtschaftsverhältnisse „die religiöse ... Verbrämung der Exploitation unter der Feudalität" entsprach (MEW 3,395). In der kapitalistischen Produktionsweise führt die „(p)ersönliche Unabhängigkeit, auf sachlicher Abhängigkeit gegründet" (MEW 42,91), dazu, dass Religion als gesellschaftlicher Legitimationsmechanismus wieder zurücktritt und „die Form einer rein individuellen Angelegenheit" (MEW 1,356) annimmt.

Durch alle wechselnden Wurzeln und gesellschaftlichen Funktionen hindurch dreht sich die Analyse und Kritik der Religion durch Marx und Engels um zwei miteinander zusammenhängende, aber analytisch zu unterscheidende Dimensionen, eine kognitive und eine praktische.[42] Religion spiegelt erstens jeweils unbegriffene Verhältnisse wider, ist daher „ein verkehrtes Weltbewusstsein" (MEW 1,378), und zweitens spiegelt sie jeweils den Menschen beherrschende, ihn knechtende Verhältnisse, von der Natur als einer „durchaus fremde(n), allmächtige(n) und unangreifbare(n) Macht" (MEW 3,31) bis zum Kapital als „fremde(r) und beherrschende(r) Macht" (MEW 42,722), wider, ist daher „Ausdruck des wirklichen Elendes" (MEW 1,378). In der Religion, ob sie nun aus „natürlicher", persönlicher oder sachlicher Abhängigkeit hervorgeht, schreiben die Menschen „das undurchsichtige und nicht beherrschte Wesen ihrer wirklichen Lebensgrundlagen" fest.[43] Dies ist jedoch nicht notwendig negativ.

> „Historisch betrachtet erscheint (die ökonomische) Verkehrung als der notwendige Durchgangspunkt, ... ganz wie der Mensch seine Geisteskräfte zunächst sich als unabhängige Mächte gegenüber religiös gestalten muss."[44]

Marx legt hier „mit großer theoretischer Kühnheit"[45] den Gedanken nahe, dass Religion teilweise eine positive Rolle in der Entwicklung der menschlichen Erkenntnis gespielt hat.[46] Ist Religion Ausdruck der Befangenheit, Abhängigkeit und Ohnmacht gegenüber bestimmten Natur- und Gesellschaftsverhältnissen, so wird sie mit dem Verschwinden dieser Verhältnisse in der sozialistischen Produktionsweise ebenfalls verschwinden.

> „Der religiöse Widerschein der wirklichen Welt kann überhaupt nur verschwinden, sobald die Verhältnisse des praktischen Werkeltagslebens den Menschen tagtäglich durchsichtig vernünftige Beziehungen zueinander und zur Natur darstellen. Die Gestalt des gesellschaftlichen Lebensprozesses, d.h. des materiellen Produktionsprozesses, streift nur ihren mystischen Nebelschleier ab, so-

bald sie als Produkt frei vergesellschafteter Menschen unter deren bewusster planmäßiger Kontrolle steht." (MEW 23,94)

Dies ist bei Marx und Engels „jedoch keine Vision einer zukünftigen Gesellschaft ..., sondern ein politisches Programm"[47] zur Veränderung der Gesellschaft. „Die Kritik des Himmels verwandelt sich damit in die Kritik der Erde, die Kritik der Religion in die Kritik des Rechts, die Kritik der Theologie in die Kritik der Politik." (MEW 1,379) Die Negation der Fetische und der fetischisierten Religion führt nicht zur Restauration einer „wahren" Religion – „die Negation des Antichrist (ist) nicht Christus ... wie es das religiöse Bewusstsein annimmt",[48] sondern zur Bejahung des Menschen, der seine gesellschaftlichen Beziehungen frei, bewusst kontrolliert und planmäßig gestaltet und keiner „Illusionen bedarf" (379). Marx und Engels legen also eine hinsichtlich der Wurzeln, der Erkenntnisfunktion und der ideologischen Rolle nach Gesellschaftsformationen differenzierende Religionsauffassung mit praktischer Abzweckung vor. Sie erfüllen damit auch in Bezug auf die Religion das methodische Prinzip, das Marx im Blick auf die Analyse der Produktion formulierte.

„Wenn also von Produktion die Rede ist, ist immer die Rede von Produktion auf einer bestimmten gesellschaftlichen Entwicklungsstufe – von der Produktion gesellschaftlicher Individuen." (MEW 13,616)

Dass in Klassengesellschaften die Religion gesellschaftlicher Individuen immer die Religion bestimmter Klassen ist, ist Gegenstand des nächsten Abschnitts.

1.2 Religion und gesellschaftliches Kräfteverhältnis

Seit dem Beginn der Ausarbeitung der materialistischen Geschichtsauffassung in der „Deutschen Ideologie" betrachten Marx und Engels Religion als eine unter vielen Ideologien. „Moral, Religion, Metaphysik und sonstige Ideologien" (MEW 3,26), „Ideologen ...(:) Juristen, Politiker (Staatsleute überhaupt), Moralisten, Religiöse" (539) sind typische Formulierungen. Religion zählt zu den Vorstellungen, in denen sich Klassen ihrer Lage, Interessen und Ziele bewusst werden und die ihr Handeln orientieren und stimulieren. Die allgemeinen Aussagen über die Ideologie sind daher entsprechend auf die Religion zu beziehen.[49]

Die religiösen Vorstellungen sind in Klassengesellschaften immer die „Gedanken und Illusionen" (47) einer Klasse und variieren mit der Position der verschiedenen Klassen im gesellschaftlichen Kräfteverhältnis. Marx und Engels unterscheiden dabei Form, Inhalt und Funktion von Religion im Wesentlichen nach vier Positionen: der einer herrschenden, der einer vollständig unterdrückten, der einer aufsteigenden und der einer noch unreifen revolutionären Klasse.[50]

Die herrschenden religiösen Gedanken sind die „Gedanken der herrschenden Klasse", die als religiöse „Gedanken gefassten herrschenden materiellen Verhältnisse" (46). Sie tragen zur Ausübung und Aufrechterhaltung von Klassenherrschaft bei, indem sie die bestehende Ordnung legitimieren und rechtfertigen, wie etwa im Mittelalter, wo die Kirche die „allgemeinst(e) Zusammenfassung und Sanktion der bestehenden Feudalherrschaft" war (MEW 7,343). Nach der französischen Revolution wird das Christentum ein „bloßes Regierungsmittel, womit die untern Klassen in Schranken gehalten werden", „wobei es keinen Unterschied macht, ob die Herren an ihre respektiven Religionen selbst glauben oder auch nicht" (MEW 21,305). Für eine vollständig unterdrückte Klasse, für die es einen „Weg zur Emanzipation ... absolut nicht" gibt (MEW 22,463) und die darum „an der materiellen Erlösung verzweifelnd" lebt (MEW 19,303), ist die Religion, die „geistige Erlösung" ein „Ersatz" (303). Die Schaffung eines solchen religiösen Ersatzes im Urchristentum steht im Gegensatz zur „schlaffe(n) Ergebung in das Unvermeidliche" (303), ist aber, weil angesichts „der Unmöglichkeit, sich zu befreien" (302)[51], die soziale Umgestaltung nur für das Jenseits konzipiert werden konnte (MEW 22,449f.), eine illusorische „Protestation gegen das wirkliche Elend" (MEW 1,378), ein „Trost im Bewusstsein, der ... vor der gänzlichen Verzweiflung bewahrte" (MEW 19,303), also ein schmerzstillendes „Opium des Volks" (MEW 1,378).[52]

Doch auch als solches ist die „Religion der Sklaven, Verbannten, Verstoßenen, Verfolgten, Unterdrückten" (MEW 20,580) für die Herrschenden nicht ungefährlich. Die Gleichheit aller Menschen, im Christentum negativ als die der Sünder vor Gott und positiv als die der Kinder Gottes, „war für den antiken Kopf ... verbrecherisch, und ihr erster Anfang wurde im Christentum konsequent verfolgt" (579f.). Wie in der Antike die religiöse Form die einzige Möglichkeit war, das materielle Erlösungsbedürfnis „der untersten Volksschichten" als „einem revolutionären Element" (MEW 22,463) aufzubewahren, so pflanzte sich im Mittelalter „in Zeiten der Unterdrückung die revolutionäre Tradition" in Form des Rausches, nämlich der „Schwärmerei mystizisierender Sekten" fort (MEW 7,345f.).

Eine aufsteigende, das heißt „nach der Herrschaft strebende Klasse" (MEW 3,34) muss, soweit sie religiöse Vorstellungen entwickelt, ihnen „die Form der Allgemeinheit" geben, weil sie, um zu siegen, genötigt ist, „ihr Interesse als das gemeinschaftliche Interesse aller Mitglieder der Gesellschaft darzustellen" (47). Die Religion einer revolutionierenden Klasse artikuliert also auch das „gemeinschaftlich(e) Interesse aller übrigen nichtherrschenden Klassen" „gegenüber der einzigen, herrschenden Klasse" (48). So musste Luthers Opposition anfangs „die Gesamtmasse der bisherigen Ketzerei gegenüber der katholischen Rechtgläubigkeit vertreten" und konnte „keine einzige weitergehende Richtung" ausschließen (MEW 7,347). Ebenso erfolgte unter der Fahne des Calvinismus, der „die echte religiöse Verkleidung der Interessen des damaligen Bürgertums" in England bildete (MEW 21,305), auch „die Einmischung (der) Mittelbauern[53] und des plebejischen Elements der Städte" (MEW 22,301).

Eine aufständische Klasse, die aber noch „weit entfernt (ist), vollständig entwickelt und fähig zur Unterjochung und Umbildung der ganzen Gesellschaft zu sein" (MEW 7,401), wird, weil sie „am wenigsten festen Boden in den ... Verhältnissen" findet, Vorstellungen mit „vorzugsweise phantastische(m) Gepräge" entwickeln (339), wofür religiöse Schwärmereien „einen bequemen Anknüpfungspunkt" bieten (346). Sie besitzt eine „revolutionäre religiöse Anschauungsweise" (353), die „wenigstens in der Phantasie" (346) auf einen weit zukünftigen Gesellschaftszustand vorgreift. Die Unmöglichkeit, die eigenen Vorstellungen zu realisieren, führt aber nicht nur zu religiösen Phantasiebildern, sondern lässt da, wo der Versuch der Verwirklichung unternommen wird, „die weite Kluft zwischen" den religiösen „Theorien und der unmittelbar vorliegenden Wirklichkeit" aufbrechen (402). Die Konsequenz ist ein „revolutionärer Fanatismus", das „religiöse ... Delirium" (402).

Über diese vier Fälle hinaus findet sich bei Engels mit der Erwähnung der „Ketzerei der Waldenser" als einem „nach Form und Inhalt reaktionären Versuch der Absperrung gegen die geschichtliche Bewegung" durch die „patriarchalischen Alpenhirten" (344) noch ein Hinweis auf die Religion absteigender Klassen.

In dieser Vielfalt kann, wie Engels am Beispiel des Christentums zeigt, ein und dieselbe Religion Veränderungen im Klasseninteresse, das sie ausdrückt, unterliegen, sei es, dass eine neue Klasse sie als Ideologie aufgreift, sei es, dass sich die Position einer Klasse mit religiöser Ideologie im gesellschaftlichen Kräfteverhältnis verändert. Entsprechend ändert sich dann die konkrete Ausdrucksform und die gesellschaftliche Funktion dieser Religion.

Das Christentum war, als es „von der wirklichen Weltmacht mit Beschlag belegt und exploitiert wurde" (MEW 3,172), „himmelweit verschieden" (MEW 22,459) vom Christentum der Sklaven und Unterdrückten. Auch die Münzersche Predigt knüpfte an das Urchristentum an, aber anders als für die in ausweglose Lage Befindlichen war für Münzer der „Himmel ... nichts Jenseitiges", sondern „in diesem Leben zu suchen" (MEW 7,353). Die Religion diente daher nicht als Ersatz für die materielle Lösung, sondern führte zur Aktion, versetzte das Volk in „revolutionäre Aufregung" (352). Nicht die Position als ausgebeutete und unterdrückte Klasse hatte sich geändert, wohl aber die Möglichkeit, den Protest real gesellschaftlich zu äußern, und damit änderte sich auch die Funktion der religiösen Ideologie. Durch die Bibelübersetzung gab Luther nicht nur dem aufsteigenden Bürgertum, sondern auch „der plebejischen Bewegung ein mächtiges Werkzeug in die Hand" für den Kampf gegen Fürsten, Adel und Pfaffen (350f.), und Münzer konnte „die früheren gewaltsamen Predigten Luthers" fortsetzen (352). Das heißt, durch die Tatsache, dass die Religion der aufsteigenden Klasse zunächst auch das gemeinschaftliche Interesse aller übrigen nicht herrschenden Klassen artikuliert, trägt sie wider Willen und später von ihr bekämpft zur Ausbildung der weitergehenden revolutionären religiösen Vorstellungen bei. Auch mit der Konstitution einer aufsteigenden Klasse als herrschender ändert sich die gesellschaftliche Funktion ihrer Religion.

> Der englische Bourgeois „war selbst religiös; seine Religion hatte ihm die Fahne geliefert, worunter er König und Lords bekämpft hatte; nicht lange, so hatte er auch die Mittel entdeckt, die diese Religion ihm bot, um die Gemüter seiner natürlichen Untergebenen zu bearbeiten und sie gehorsam zu machen den Befehlen der Brotherrn, die Gottes unerforschlicher Ratschluss ihnen vorgesetzt." (MEW 22,302)

Umgekehrt kann allerdings auch eine von den Herrschenden zur Niederhaltung der Volksmassen eingesetzte Religion, die die Unzufriedenheit der Unterdrückten in religiöse Kanäle leiten soll, zum revolutionären Element werden.

> Der englische Bourgeois nahm „schließlich ... sogar den gefährlichen Beistand der Heilsarmee an, die die Propagandamittel des Urchristentums neu belebt, die an die Armen sich wendet als an die Auserwählten, die den Kapitalismus in ihrer religiösen Weise bekämpft und so ein Element urchristlichen Klassenkampfs züchtet, das eines Tages den wohlhabenden Leuten, die heute das bare Geld dafür beischaffen, sehr fatal werden kann." (306f.)

Dasselbe religiöse Element kann also nicht nur unterschiedliche, sondern sogar gegensätzliche gesellschaftliche Funktionen ausüben. Diese Wirkungen entfaltet Religion nicht isoliert, aus ihrem „aparten Geist" (MEW 3,26), sondern die „Existenz revolutionärer" religiöser „Gedanken in einer bestimmten Epoche setzt bereits die Existenz einer revolutionären Klasse voraus" (47), ebenso wie die Existenz herrschaftslegitimierender beziehungsweise vertröstender Religion die Existenz herrschender und unterdrückter Klassen voraussetzt.[54] Die religiösen Vorstellungen können demnach die Interessen von Klassen verschiedener Position und Dynamik innerhalb des gesellschaftlichen Kräfteverhältnisses zum Ausdruck bringen und variieren ihrem jeweiligen Klassencharakter entsprechend nach Inhalt, Form und gesellschaftlicher Funktion.

Die soeben dargestellten Übergänge aus einer religiösen Ausdrucksform in eine andere machen nicht nur den bestimmenden Einfluss der Klasseninteressen auf diese Veränderungen deutlich, sondern zugleich auch, dass die neuen religiösen Vorstellungen nicht beliebig, sondern an die Anknüpfung an die vorhandene religiöse Tradition gebunden sind.

„Wir sehn also: Die Religion, einmal gebildet, enthält stets einen überlieferten Stoff, wie denn auf allen ideologischen Gebieten die Tradition eine große konservative Macht ist. Aber die Veränderungen, die mit diesem Stoff vorgehen, entspringen aus den Klassenverhältnissen, also aus den ökonomischen Verhältnissen der Menschen, die diese Veränderungen vornehmen." (MEW 21,305)

Das Verhältnis einer Klasse zu den religiösen Ideen hat daher „einen synchronen, strukturellen Aspekt", den der materiellen Klasseninteressen, und „einen diachronen, historischen Aspekt", den des religiösen Erbes eines Volkes.[55] Genauer entwickeln sich innerhalb des von den gesellschaftlichen Verhältnissen gesteckten Rahmens die religiösen Gedanken relativ eigenständig, zum einen aufgrund der religiösen Tradition, die „eine große hemmende Kraft" (MEW 22,310), aber auch die Überlieferung revolutionärer Impulse (MEW 7,345f.; 20,579f.) sein kann[56], zum anderen aufgrund ihrer eigenen inneren Logik, denn zur Religion gehört notwendig wie zu jeder Ideologie die „Beschäftigung mit Gedanken als mit selbständigen, sich unabhängig entwickelnden, nur ihren eignen Gesetzen unterworfenen Wesenheiten" (MEW 21,303). Daher üben „religiöse Anschauungen und deren Weiterentwicklung zu Dogmensystemen ... ihre Einwirkung auf den Verlauf der geschichtlichen Kämpfe aus und bestimmen in vielen Fällen vorwiegend deren Form" (MEW 37,463).

Einen solchen rückwirkenden Einfluss auf das gesellschaftliche Kräfteverhältnis hat die religiöse Ideologie als einer der die Klassen bewegenden Faktoren.

Die „materielle Not der unterdrückten Bauern nicht minder als die kursierenden revolutionären, religiösen und politischen Doktrinen" hatten im Bauernkrieg verschiedene Gebiete „für einen allgemeinen Aufstand vorbereitet" (MEW 7,400).

Und in bestimmten Situationen ist die religiöse Ideologie sogar notwendig für die Konstitution der Klassen als handlungsfähigen Subjekten. In der Reformation galt dies für die Herausbildung der drei den drei wesentlichen Klassen entsprechenden Lager: des reaktionären, des bürgerlich-reformierenden und des revolutionären Lagers:

> „Diese Gruppierung bildet sich erst heraus mit der allgemeinen Verbreitung revolutionärer religiös-politischer Ideen in der Reformation." (342)

Aber selbst in dieser Funktion sind die religiösen Vorstellungen nicht einfach unmittelbarer Reflex der jeweiligen Klassenlage und -interessen, sondern sie folgen einer gewissen Eigendynamik, die wiederum auf das politische Handeln Einfluss nimmt.

Als Münzers „Ideen immer schärfer ausgebildet, immer kühner wurden" (352), entstand eine „weite Kluft zwischen seinen Theorien und der unmittelbar vorliegenden Wirklichkeit" (402). Trotzdem blieb er, als er in Mühlhausen an die Regierung kam, „an seine bisherigen Predigten von der christlichen Gleichheit und der evangelischen Gütergemeinschaft gebunden" (402), das heißt, „an seine bisherigen Doktrinen und Forderungen, die wieder nicht aus der momentanen Stellung der Klassen gegeneinander und aus dem momentanen, mehr oder weniger zufälligen Stand der Produktions- und Verkehrsverhältnisse hervorgehen" (401). Daher musste er „wenigstens den Versuch ihrer Durchführung machen" (402), auch wenn „sein ganzes Jahrhundert ... nicht reif" dafür war (401).

Die dialektische Beziehung zwischen Religion und gesellschaftlichem Kräfteverhältnis, wobei letzteres der bestimmende Faktor ist und in diesem Rahmen Religion eine aktive Rolle spielt, wird besonders an der Rolle Luthers deutlich.

Im Anfang des 16. Jahrhunderts war das gesellschaftliche Kräfteverhältnis durch „eine höchst verworrene Masse mit den verschiedenartigsten, sich nach allen Richtungen durchkreuzenden Bedürfnissen" (340) gekennzeichnet. „Luthers Kriegserklärung gegen die katholische Hierarchie" (377) vertrat „die Gesamtmasse der bisherigen Ketzerei" (347) und gab damit allen antifeudalen Gruppen „einen zunächst gemeinsamen allgemeinen Ausdruck", der die „Allianz aller Oppositionselemente" ermöglichte (372).

Nun musste die Bewegung „sehr bald die Keime des Zwiespalts entwickeln, die in ihr lagen" (372), die „Parteien sonderten sich" (348). „Luther musste zwischen ihnen wählen" (348), und mit seiner Wahl zugunsten der bürgerlich-adlig-fürstlichen Seite veränderte er seine religiösen Ideen. „Luther predigte jetzt die friedliche Entwicklung und den passiven Widerstand" (348). Innerhalb dieses Lagers wiederum „musste die bürgerliche Reform, je schärfer sie sich von den plebejischen und bäurischen Elementen schied, immer mehr unter die Kontrolle der reformierten Fürsten geraten" (349). Luther trug zu dieser scharfen Scheidung bei, indem er das „Fürstentum von Gottes Gnaden, ... selbst die Leibeigenschaft ... mit der Bibel sanktionier(te)" (351); „nicht nur die populäre Bewegung, auch die bürgerliche war damit an die Fürsten verraten" (351).

Die – eingeschränkte – Autonomie der Religion reicht so weit, dass die Reformation einen „Erfolg (der) religiösen Verkleidung" brachte, lange bevor sich „der Erfolg des bürgerlichen Inhalts" einstellte (MEW 39,483). Diese relative Selbständigkeit des religiösen Bereichs ist Auswirkung der Teilung der Arbeit in materielle und geistige, aus der die Ideologen als „selbständige Gruppe innerhalb der gesellschaftlichen Arbeitsteilung" (MEW 37,492) hervorgehen, und die „(e)rste Form der Ideologen" sind die „Pfaffen" (MEW 3,31 A). Daher wird die Entwicklung der Religion im gesellschaftlichen Kräfteverhältnis über die religiösen Spezialisten und die sich herausbildenden religiösen Institutionen vermittelt. Die herrschenden Theologen sind „Denker" der herrschenden Klasse, „welche die Ausbildung der Illusion dieser Klasse über sich selbst zu ihrem Hauptnahrungszweige machen" (46), daher von ihr abhängig sind.[57] Durch ihre Existenz als selbständige Gruppe kann es „sogar zu einer gewissen Entgegensetzung und Feindschaft" zwischen der herrschenden Klasse und ihren religiösen organischen Intellektuellen kommen, „die aber bei jeder praktischen Kollision, wo die Klasse selbst gefährdet ist, von selbst wegfällt" (47). Auf der anderen Seite kann der niedere Klerus organische Intellektuelle der unterdrückten Klassen liefern, wie dies während des ganzen Mittelalters die „plebejische Fraktion der Geistlichkeit" immer wieder tat (MEW 7,335). Diese Prediger standen „der Lebenslage der Masse nahe", beteiligten sich „an den Bewegungen der Zeit" und waren „die Theoretiker und Ideologen der Bewegung" (335), die den „bäurischen und plebejischen Bedürfnissen" in der Ketzerei einen „direkte(n) Ausdruck" verliehen (345). Auf diese Weise verzahnte sich der Gegensatz innerhalb der religiösen Institution zwischen „den hohen und niederen Pfaffen" (335) mit den gesellschaftlichen Klassenwidersprüchen und den daraus folgenden Kämpfen. Münzer schließlich übernahm ideologisch wie organisatorisch die Aufgaben einer Avantgarde der revolutionären Massen, indem er „weit über die unmittelbaren Vorstellungen und Ansprüche der Plebejer und Bauern hinausging und aus der Elite der vorgefundenen revolutionären Elemente erst eine Partei bildete" (358), der wiederum „meist revolutionäre Pfarrer" (358) angehörten. Durch diese Aktivitäten konnte „das embryonische proletarische Element" sogar eine zeitweilige Hegemonie „über alle anderen Fraktionen der Bewegung" errichten (339). Der religiöse Apparat spiegelt also die Klassengegensätze wider, gibt ihnen in sich einen relativ selbständigen Ausdruck und wirkt auf das gesellschaftliche Kräfteverhältnis ein, insbesondere indem er einzelnen Klassen organische Intellektuelle stellt. Wenn es Engels' Absicht ist, die religiösen und politischen Vorstellungen der Reformationszeit „als das Spiegelbild der gleichzeitigen Klassenkämpfe" (MEW 16,393) nachzuweisen, so zeigt er mit seiner Darstellung, dass dieser Widerspiegelungsprozess nicht nach dem Motto „hier Ursache, dort Wirkung" vor sich geht, was „metaphysische polare Gegensätze" wären, sondern ein dialektischer Prozess ist, „daß der ganze große Verlauf … in der Form der Wechselwirkung – wenn auch sehr ungleicher Kräfte, wovon die ökonomische Bewegung weitaus die stärkste, ursprünglichste, entscheidendste, – vor sich geht, daß hier nichts absolut und alles relativ ist" (MEW 37,494). Seine Studien zum Urchristentum und zum Bauernkrieg schneiden jeden Weg zu einer ökonomistischen Religionstheorie ab.[58]

„Daß von den Jüngeren zuweilen mehr Gewicht auf die ökonomische Seite gelegt wird, als ihr zukommt, haben Marx und ich teilweise selbst verschulden müssen. Wir hatten, den Gegnern gegenüber, das von diesen geleugnete Hauptprinzip zu betonen, und da war nicht immer Zeit, Ort und Gelegenheit, die übrigen an der Wechselwirkung beteiligten Momente zu ihrem Recht kommen zu lassen. Aber sowie es zur Darstellung eines historischen Abschnitts, also zur praktischen Anwendung kam, änderte sich die Sache, und da war kein Irrtum möglich." (465)

In der konkreten Analyse behandeln Marx und Engels Religion wie jede andere Ideologie als eine Überbauerscheinung im vollen Umfang des Konzepts. Jede Umwälzung der materiellen Verhältnisse ist verbunden mit „juristischen, politischen, religiösen, künstlerischen oder philosophischen, kurz, ideologischen Formen, worin sich die Menschen dieses Konflikts bewusst werden und ihn ausfechten" (MEW 13,9), das heißt, die Ideologien bilden ein notwendiges und mitwirkendes Element der von den Menschen aufgrund ihrer materiellen Lebensbedingungen hervorgebrachten gesellschaftlichen Entwicklung.[59] Wenn Engels im Interesse der Hervorhebung der Ökonomie als „letzter Instanz" (MEW 37,463) von einer „religiöse(n) Maske", „religiöse(n) Verkleidung" oder „religiösen Decke" bestimmter Kämpfe spricht, so betont er zugleich, dass jene Erhebungen „notwendig eine religiöse Maske" trugen (MEW 22,450), „daß damals jeder Kampf … eine religiöse Verkleidung annehmen … musste" (MEW 22,299), dass die „religiös(e) Decke" sich „aus den Zeitverhältnissen" erklärt (MEW 7,343). Unter dem Aspekt des gesellschaftlichen

Kräfteverhältnisses muss die religionstheoretische Analyse also jeweils differenziert klären, in welcher Gesellschaftsformation welche Klasse sich ihrer Lage, Interessen und Ziele in religiösen Vorstellungen bewusst wird, welche Ursachen dies hat, in welcher Form es geschieht und welche Rolle diese jeweiligen religiösen Ausdrucksformen in der „Wechselwirkung (der) verschiednen Seiten aufeinander" (MEW 3,38) spielen.[60]

Mit diesen Leitlinien einer historisch-materialistischen Religionstheorie, die Marx und Engels in ihren Untersuchungen entwickeln, scheinen einige andere ihrer Aussagen und Wertungen in Gegensatz zu stehen. So schreibt Marx angesichts des Ansinnens, mittels der Neuformulierung christlicher Prinzipien dafür zu sorgen, dass „die Kommunisten bald verstummen":

„Die sozialen Prinzipien des Christentums haben jetzt achtzehnhundert Jahre Zeit gehabt, sich zu entwickeln, und bedürfen keiner ferneren Entwicklung durch preußische Konsistorialräte.
Die sozialen Prinzipien des Christentums haben die antike Sklaverei gerechtfertigt, die mittelalterliche Leibeigenschaft verherrlicht und verstehen sich ebenfalls im Notfall dazu, die Unterdrückung des Proletariats, wenn auch mit etwas jämmerlicher Miene, zu verteidigen. ...
Die sozialen Prinzipien des Christentums predigen die Feigheit, die Selbstverachtung, die Erniedrigung, die Unterwürfigkeit, die Demut, kurz alle Eigenschaften der Kanaille ... .
Die sozialen Prinzipien des Christentums sind duckmäuserisch, und das Proletariat ist revolutionär." (MEW 4,200)

Nun hat die vorherige Analyse gezeigt, dass es *die* sozialen Prinzipien *des* Christentums nicht gibt. Was Marx tatsächlich beschreibt, sind die sozialen Prinzipien des Christentums in seiner Epoche, das die Religion der Herrschenden ist und als solches bequem an das herrschende Christentum vergangener Epochen anknüpfen kann. Immerhin findet Engels auch den Anfang des sozialen Prinzips der Gleichheit in der damals möglichen Form im Urchristentum und sieht es bis in die Neuzeit von den Unterdrückten im christlichen Kontext tradiert (MEW 20,99.579f.; 22,449f.).

Und solange Religion existiert, bedurfte und bedarf sie, das ist ein in der „Deutschen Ideologie" ausgearbeiteter Grundgedanke der materialistischen Geschichtsauffassung, mit der gesellschaftlichen Entwicklung selbst der Weiterentwicklung, auch nach 1800 Jahren. Wogegen Marx sich dann auch konkret wendet, ist die „ferner(e) Entwicklung durch preußische Konsistorialräte", ausgehend von der theoretischen Gewissheit, dass eine Weiterentwicklung des Christentums durch die herrschenden Klassen nur eine wie auch immer modifizierte herrschaftslegitimierende Religion hervorbringen kann, und dessen „bedarf" das Proletariat nicht. In der auf die konkreten Auseinandersetzungen bezogenen Polemik spitzt Marx also wichtige Erkenntnisse der materialistischen Religionstheorie so in verallgemeinernder Form zu, dass sie, risse man sie aus dem Zusammenhang, theoretisch falsch würden.[61]

Engels bezeichnet das Urchristentum als „Unsinn" (MEW 19,298), obwohl er doch zugleich nachweist, dass es „eine für die grade vorliegende Welt passende Religion" (304) – also „Sinn" war. Dass dies ein unhistorisches Urteil ist, dürfte Engels selbst bewusst gewesen sein, denn an anderer Stelle charakterisiert er den „vorgeschichtlichen ... Bestand" von Religion als etwas, „was wir heute Blödsinn nennen würden" (MEW 37,492). Warum er trotzdem mit solchen anachronistischen Wertungen[62] operiert, wird an einem Widerspruch deutlich, in den er sich in einer sehr frühen Schrift verwickelt. Während Münzers Forderungen nach Eigentumsgemeinschaft und Gleichheit – Forderungen, mit denen er, wie Engels später sagen wird, „an den Kommunismus" „streifte" (MEW 7,353) – „logische Schlüsse aus der Bibel" waren (MEW 1,489), zeigt der Lieblingsgrundsatz der französischen Kommunisten „Christentum *ist* Kommunismus",[63] „daß diese braven Leute nicht eben die besten Christen sind" und ihre Bibel nicht gut kennen, da deren „allgemeine(r) Geist" dem Kommunismus „völlig zuwiderläuft" (487). Der Kanon der biblischen Schriften war 1840 der gleiche wie 1520. Verändert hatte sich etwas anderes:

„Während ... in allen früheren Perioden die Erforschung (der) treibenden Ursachen der Geschichte fast unmöglich war – wegen der verwickelten und verdeckten Zusammenhänge mit ihren Wirkungen – hat unsere gegenwärtige Periode diese Zusammenhän-

ge so weit vereinfacht, dass das Rätsel gelöst werden konnte."
(MEW 21,298f.)

Der Widerspruch bei Engels löst sich also auf einer anderen Ebene.
Während zu Zeiten Münzers die Ableitung ‚kommunistischer' Vorstellungen aus der Bibel angemessen war, ist sie jetzt anders und besser
möglich, und „niemals noch hat die Unwissenheit jemandem genützt".[64]
Die Qualifizierung des „,Sozialismus', soweit er damals möglich war"
(MEW 22,449) als „Unsinn" zielt daher – zumindest auch – gegen jene
Tendenzen in der Arbeiterbewegung, die einer „Verwechslung des Kommunismus mit der Kommunion" (MEW 4,12) unterlagen, die wissenschaftliche Gesellschaftsanalyse durch „religiöse Tändeleien" (12) ersetz-
ten und damit die Arbeiterbewegung desorientierten und schwächten.[65]
    Da erstens historisch die entwickelte Bourgeoisie ihren Kampf in der
ihr „allein angemessenen irreligiösen, ausschließlich politischen Form"
führte (MEW 21,305) und damit die Religion aus der ideologischen
Hauptrolle verdrängte, da zweitens praktisch für das Proletariat „Religion
... längst durch die Umstände aufgelöst" war (MEW 3,40) und da drittens
theoretisch sich der Sozialismus „von der Utopie zur Wissenschaft" entwickelt hatte (MEW 20,604), war das Christentum „unfähig geworden,
irgendeiner progressiven Klasse fernerhin als ideologische Verkleidung
ihrer Strebungen zu dienen" (MEW 21,305).

„Der Unterschied der gegenwärtigen Umwälzung von allen früheren besteht ... gerade darin, daß man endlich hinter das Geheimnis dieses historischen Umwälzungsprozesses gekommen ist und
daher, statt sich diesen praktischen, ‚äußerlichen' Prozeß unter der
überschwänglichen Form einer neuen Religion abermals zu verhimmeln, alle Religion abstreift." (MEW 7,201)

In den gesellschaftlichen Kämpfen des 19. Jahrhunderts war die Religion nur mehr Herrschaftsmittel und konnte der aufsteigenden, revolutionären Klasse, dem Proletariat, nicht als Kampftheorie dienen.
    Dies ist der gesellschaftliche Ort der Religionsauffassung von Marx
und Engels, und Marx betont ausdrücklich, dass sich die von Engels und

ihm analysierten gesellschaftlichen Entwicklungen und ihre Notwendigkeit auf die Länder Westeuropas beziehen (MEW 35,166).

Im Folgenden soll mit Hilfe der von Marx und Engels entwickelten methodischen Grundprinzipien der materialistischen Religionstheorie zunächst die Theorie der gesellschaftlichen Funktionen von Religion so ausgearbeitet werden, dass sie auch die sozioreligiösen Verhältnisse außerhalb Europas – vornehmlich in Lateinamerika – einschließt und zu deren Erklärung beiträgt.

2. Zu den gesellschaftlichen Funktionen von Religion

In seinem Entwurf einer „lateinamerikanischen Religionssoziologie" hat Otto Maduro[66] den „religiösen Bereich" soziologisch „als *Produkt* der gesellschaftlichen Konflikte", „als (relativ autonomes) *Gebiet* gesellschaftlicher Konflikte" und „als *aktiven Faktor* in den gesellschaftlichen Konflikten" konzipiert[67] und damit die ganze Bandbreite der Bestimmungen von Religion als eines Bestandteils des Überbaus einer Gesellschaft erfasst. In jeder Gesellschaft bedingt deren spezifische Produktionsweise

> „die Möglichkeiten und Unmöglichkeiten, die Wichtigkeit, die Bedeutung, die Funktionen, die Organisationsformen, die Diskurse, die Praktiken, die Entwicklung, die Veränderungen und die Verbreitung, die am wahrscheinlichsten sind, die jede Religion im Schoße dieser konkreten Gesellschaft erwarten (und erreichen) kann".[68]

In Klassengesellschaften befindet sich das religiöse Handeln „objektiv im Inneren einer objektiven Konfliktstruktur von gesellschaftlicher Herrschaft"; diese „durchdringt, begrenzt und orientiert" dieses Handeln „unabhängig von Willen und Bewusstsein der religiös Handelnden".[69]

Mit der Teilung der Arbeit in körperliche und geistige entwickelt sich ein eigener Bereich der Erarbeitung religiöser Praktiken und Diskurse mit religiösen Spezialisten und Institutionen. Diese sind die „vermittelnde Instanz", die in der Lage ist, die Einwirkungen der gesellschaftlichen Konflikte auf die religiöse Weltaneignung „zu behindern, zu erleichtern, selektiv zu filtern oder zu steuern".[70] Dabei sind es die notwendige gewisse Kontinuität internalisierter Weltsichten, die Festigkeit gesellschaftlich geteilter Diskurse und Praktiken sowie das Beharrungsvermögen und die Eigenlogik von Institutionen, die die relative Autonomie jedes religiösen Systems begründen.[71]

Da eine religiöse Weltsicht das Bewusstsein und die Identität der gläubigen Gruppe grundlegend beeinflusst, beeinflusst sie damit auch deren gesellschaftliches Handeln. Dabei können „die gesellschaftlichen Funktionen einer Religion ... gemäß der Geschichte, der Struktur und der Entwicklungslage jeder besonderen Gesellschaft und jedes spezifischen religiösen Systems variieren".[72] Je nach Stand und Entwicklung des gesellschaftlichen Kräfteverhältnisses kann Religion für die unterschiedlichen Klassen verschiedene – komplementäre oder widersprüchliche, konfliktive – Funktionen erfüllen.

Für die detaillierte Analyse der gesellschaftlichen Funktionen von Religion hat die vor allem von Gramsci ausgearbeitete Hegemonietheorie Schlüsselfunktion, da in ihr die Bedeutung der Ideologie für Aufbau, Erhalt und Bekämpfung der Herrschaft einer Klasse oder eines Blocks von Klassen entwickelt wird. Gramsci greift die Marxsche Basis-Überbau-Konzeption auf, wonach die Menschen sich der gesellschaftlichen Konflikte im Überbau bewusst werden und sie dort ausfechten, und bezieht sie systematisch auf die Strategie einer untergeordneten Klasse, die nach der Macht strebt. Gegen jeden ökonomischen Determinismus betont er „die Bedeutung der politischen Initiative im Prozess der geschichtlichen Entwicklung".[73] In der Weiterentwicklung von Lenins „Lehre von der Hegemonie als Ergänzung zur Theorie des Gewaltstaats"[74] von Marx und Engels hebt Gramsci dabei auch die Rolle des ideologischen Elements sowohl für die herrschenden wie für die nach der Macht strebenden, revolutionären Klassen hervor. In diesem Rahmen lässt sich dann auch die Theorie der Religion als einer der ideologischen Formen auf die leitende Fragestellung von Herrschaft-Unterdrückung-Befreiung beziehen.[75] Der hegemonietheoretische Ansatz geht von der Überlegung aus, dass die Vormachtstellung einer Klasse nicht nur auf Zwang, sondern auch auf die Zustimmung der nicht-herrschenden Klassen gegründet ist, also zum einen auf dem „‚spontanen' Konsens, den die großen Massen der Bevölkerung der Zielsetzung geben, welche die herrschende grundlegende Gruppe dem gesellschaftlichen Leben gibt", beruht, zum anderen auf dem „staatlichen Zwangsapparat, der ‚legal' die Disziplin derjenigen Gruppen sichert, die weder aktiv noch passiv ihren ‚Konsens' geben".[76] Die aktive Zustimmung der Regierten erlangt die herrschende Klasse durch ihre geistig-moralische Führung (Hegemonie), die sie sowohl durch staatliche wie durch private Institutionen (Hegemonieapparate) ausübt. Wenn die historische Basis der Macht der herrschenden Klasse sich verschiebt und sie damit ihre ideologische Führungsrolle verliert, tritt der Zwang anstelle der Hegemonie in den Vordergrund, um die bestehenden Verhältnisse zu sichern. Im Kampf um die Macht müssen die aufsteigenden Klassen ihrerseits versuchen, eine Hegemonie über möglichst viele der nicht-herrschenden Klassen zu errichten, das heißt, ihre ideologische Führung zu übernehmen.

Von diesem im Verlauf der weiteren Darstellung zu präzisierenden Ansatz her wird im Folgenden zunächst die Bedeutung von Religion in der Phase stabiler Hegemonie beschrieben, in der Perspektive der herrschenden wie der der unterdrückten Klassen (2.1), danach ihre Wirksamkeit in einer Hegemoniekrise, beim Kampf gegen die alte Ordnung und beim Aufbau einer neuen Hegemonie (2.2).

2.1 Religion in der Phase stabiler Hegemonie

In einer Situation, in der das gesellschaftliche Kräfteverhältnis durch die weitgehend unangefochtene Herrschaft einer Klasse geprägt ist, ist Religion eingebunden in deren hegemoniale Strategie, das heißt, ihre Strategie der Konsolidierung, Erweiterung und Vertiefung der erlangten Macht durch die Zustimmung der Beherrschten zur Herrschaft. Die Entwicklung des religiösen Systems wird durch dieses Interesse der herrschenden Klasse begrenzt und orientiert, das im Wesentlichen darin besteht, die Herrschaft religiös zu legitimieren und herrschaftsbedrohende Positionen zu delegitimieren. Aufgrund ihrer materiellen und politischen Macht ist die herrschende Klasse zur Verbreitung ihrer eigenen Ideologien, einschließlich der religiösen, auch in der Lage.

Die geistig-moralische Führung übt die herrschende Klasse mittels der Beeinflussung und Kontrolle der ideologischen Apparate aus. Im religiösen Bereich wird sie daher versuchen, die bestehenden herrschenden religiösen Institutionen für sich einzunehmen oder an ihrer Stelle neue religiöse Institutionen mit geeigneteren Diskursen und Praktiken zur Vorherrschaft zu bringen. Dabei verfügt sie über zahlreiche Mechanismen, um das religiöse System, das als relativ eigenständiger Bereich nicht unmittelbar durch die gesellschaftlichen Kämpfe bestimmt wird, in ihre hegemoniale Strategie einzubeziehen, wie die Gewinnung der Kleriker durch ihre ökonomische Privilegierung, die juristische Bevorzugung der hegemonialen religiösen Tendenzen, die Förderung kultureller Prozesse und Erziehungsinstitutionen, die die passenden Ideen verbreiten, sowie die Behinderung und Verfolgung antihegemonialer religiöser oder antireligiöser Haltungen und Handlungen. Auf diese Weise wird bewirkt, dass in den lehrmäßigen, liturgischen, ethischen und organisatorischen Anschauungen bestimmte Elemente verstärkt ausgearbeitet und privilegiert, andere abgewertet, bekämpft oder vergessen und die übrigen auf die neuen Schwerpunkte hin umstrukturiert werden. So wird die Entwicklung der herrschenden religiösen Diskurse und Praktiken in Einklang mit den Interessen der Herrschenden gebracht, ein Prozess, der umso wirksamer ist, je weniger bewusst er sich vollzieht.[77]

Der aktive Beitrag der religiösen Spezialisten zur Hegemonie besteht darin, dass die Inhalte und Strukturen ihrer – meist unbewusst – an den Interessen der herrschenden Klasse ausgerichteten religiösen Weltaneignung, insbesondere die religiöse Verarbeitung gesellschaftlicher Erfahrungen und die religiöse Orientierung gesellschaftlichen Handelns, von den Massen übernommen werden, in ihr alltägliches Denken eingehen und „somit die Wirklichkeit selbst (modifizieren), die ohne diese große Menge nicht gedacht werden kann".[78] Inhaltlich kann es sich dabei zum Beispiel um einen religiösen Diskurs handeln, der die bestehende Klassenspaltung der Gesellschaft fraglos hinnimmt oder leugnet oder nicht verurteilt oder als göttlichen Willen darstellt oder zu ihrer Verteidigung aufruft, sowie um den Vollzug religiöser Praktiken oder auch nur die bloße Anwesenheit bei Vorgängen und in Institutionen, die die bestehende Ordnung stabilisieren. Auf der anderen Seite gehören dazu ein religiöser Diskurs, der den Kampf gegen die bestehende Ordnung verbietet oder nicht dazu aufruft oder nur den Kampf gegen nebensächliche Aspekte erlaubt oder die Fähigkeit zur Beseitigung von Missständen allein den Herrschenden zuschreibt, sowie die Delegitimierung, Behinderung und Verfolgung antihegemonialer religiöser Diskurse und Praktiken innerhalb der Institution.[79] Über einzelne Inhalte hinaus prägen die herrschenden religiösen Diskurse und Praktiken vor allem die Strukturen selbst der Wahrnehmung, des Denkens und Verhaltens: „nicht nur durch die Errichtung einer Entsprechung zwischen der kosmologischen Hierarchie und der gesellschaftlichen oder kirchlichen Hierarchie, sondern auch und vor allem durch die Durchsetzung einer hierarchischen Denkweise", nicht nur durch systemstabilisierende Rituale, sondern auch und vor allem durch „die Einprägung der Achtung der Formen" tragen sie zu Festigung und Rechtfertigung der geltenden Ordnung bei.[80] Darüber hinaus ist es die Eigenlogik der Selbstreproduktion der herrschenden religiösen Institution, die die Ausübung einer gesellschaftlich konservativen Funktion wahrscheinlich macht. Erstens ist sie zwecks Erhalt ihrer Massenbasis geneigt, die gesellschaftlichen Konflikte zu harmonisieren, zweitens strebt sie nach Erhalt und möglichst weiter Verbreitung der von ihr bestimmten geltenden symbolischen Ordnung und drittens sind die Kleriker zum Erhalt ihrer durch die innerinstitutionelle Hierarchisierung bedingten Macht an der Aufrechterhaltung gesellschaftlicher Hierarchien interessiert.[81] Das Selbsterhaltungsinteresse der religiösen Institution und das Interesse der herrschenden Klasse an der Indienstnahme des religiösen Systems fügen sich so zusammen und bewirken, dass Religion organisiert und aktiv an der geistig-moralischen Führung der Gesellschaft im Sinn der Herrschenden beteiligt ist.

Die religiöse Hegemonie bedeutet nicht einfach das Aufzwingen der religiösen Ideologie der herrschenden Klasse. Vielmehr strebt sie danach, die aktive Zustimmung zur Klassenherrschaft von selten verbündeter und sogar feindlicher Klassen zu organisieren. Daher muss sie auch teilweise das Interesse der nicht herrschenden Klassen nach einer ihrer Lage entsprechenden religiösen Weltsicht befriedigen, muss sie „in bestimmtem Maße Sympathie und Verständnis für (die) Bedürfnisse und Forderungen"

„der großen nationalen Mehrheiten" aufbringen,[82] muss sie den Unterdrückten gewisse Zugeständnisse machen, die aber den Kern der Klassenherrschaft nicht berühren. Zur Formulierung der Hegemonie kann eine verallgemeinernd-universalistische Ausdrucksform der herrschenden religiösen Konzepte dienen, durch die auch religiöse Interessen anderer Klassen eingeschlossen werden. So gibt es in der religiösen „Utopie des in Geltung stehenden Systems ... genügend Mehrdeutigkeit, um einen Gutteil der Bedürfnisse der unterdrückten Klassen einzubinden, zu täuschen und anzuziehen".[83] Weiterhin werden die religiösen Ausdrucksformen der beherrschten Klassen möglichst weitgehend vom hegemonialen Religionssystem uminterpretiert, ihm ein- und untergeordnet. Dabei müssen sie aber zugleich auch in dieser Verzerrung für die Beherrschten erkennbar bleiben, weil sie nur so die Fähigkeit besitzen, Zustimmung und gegebenenfalls Mobilisierung der Massen für den Status quo zu organisieren. Die hegemoniale Religion besteht also aus der Verknüpfung der religiösen Interessen verschiedener, zum Teil widersprüchlicher Klassenkräfte zu einem Kompromiss unter der Führung der herrschenden Klasse, in dem Teile der religiösen Bedürfnisse, Wünsche und Hoffnungen der Unterdrückten in verzerrter und entschärfter Form vorhanden sind.

Als ein von der herrschenden Klasse dominierter Kompromiss vermag die religiöse Hegemonie nur eine Zustimmung zu organisieren, die widersprüchlich und unvollständig ist. Der hegemoniale religiöse Konsens bleibt prekär. Denn die symbolischen Diskurse und praktischen Verhaltensweisen des hegemonialen Religionssystems werden von den verschiedenen Klassen nicht einfach übernommen, sondern unter dem Einfluss ihrer objektiven Lage wahrgenommen und auf spezifische Weise angeeignet. So kann zum Beispiel „ein unterdrückter und leidender Armer ... seine tatkräftige Solidarität mit seinen ebenfalls armen und unterdrückten Geschwistern in Begriffen der herrschenden Ideologie" ausdrücken, kann daher der gleiche religiöse Ausdruck „Nächstenliebe" „völlig verschiedene Inhalte" haben, aus dem abstrakten Humanismus der Bourgeoisie in den „konkreten Humanismus der Armen" verwandelt werden.[84] Durch Auswahl und Übersetzung in die klassenspezifischen Wahrnehmungs-, Denk- und Verhaltensmuster, die ihrerseits durch die Übernahme beeinflusst und verändert werden, entsteht ein eigener religiöser Ausdruck der jeweiligen Klasse, gibt es dann zum Beispiel „einen Katholizismus der Bauern, einen Katholizismus der Bourgeois, einen Katholizismus der Arbeiter und noch einen anderen der Mittelschichten".[85] Diese aus der modifizierenden Aneignung entstehenden Religionsformen können ergänzt werden durch religiöse Traditionen, die vom hegemonialen Religionssystem ausgeschlossen oder abgewertet sind, wenn sie im hegemonialen Kompromiss unbefriedigt gebliebenen religiösen Interessen einzelner Klassen oder Gruppen entsprechen. In den unterdrückten Klassen, zu deren Lage gehört, von der Erarbeitung zusammenhängender ideologischer Systeme ausgeschlossen zu sein, sind diese religiösen Weltbilder „in sich widersprüchlich ..., unsystematisch, konfus, unorganisch, aus verschiedenen Fragmenten und Schichten zusammengesetzt".[86]

Die in einer Klassengesellschaft vorhandene Religion lässt sich also nicht auf die Vorstellungen und Verhaltensweisen der hegemonialen religiösen Apparate reduzieren. Vielmehr besitzen die untergeordneten Klassen gegenüber der Hegemonie eine – je nach ihrer Position und relativen Stärke im gesellschaftlichen Kräfteverhältnis unterschiedlich große – gewisse Autonomie in der religiösen Weltaneignung. Diese ist als solche ein Protest gegen die bestehende Herrschaft, weil sie auf der durch keine hegemoniale Ideologie aufhebbaren Klassendifferenz beruht und – unbewusst oder bewusst, verschleiert oder offen – zum Ausdruck bringt, dass die auf Festigung der Klassenherrschaft zielende religiöse Hegemonie nicht den eigenen Interessen entspricht. Diese Eigentätigkeit bei der religiösen Weltaneignung erzeugt, auch wenn sie in Situationen weitgehend unangefochtener Klassenherrschaft die Beherrschung und Durchdringung des religiösen Bewusstseins mit den hegemonialen religiösen Ideen nicht aufhebt, sondern nur modifiziert, das Gefühl kultureller Autonomie und trägt dadurch, anders als eine tatsächliche kulturelle Autonomie, die die Interessen der Unterdrückten an realer Veränderung artikuliert, zur Akzeptierung der gegebenen Klassenposition bei.[87] Inhaltlich bedürfen die unterdrückten Klassen in dieser Situation religiöser Diskurse und Praktiken, die ihnen ihre momentan nicht veränderbare Lage erträglich und sinnvoll machen und zugleich ihre freiheitlichen und egalitären Bestrebungen aufbewahren. Dies geschieht zum Beispiel in Diskursen, die die geltende Ordnung außermenschlich begründen und eine Ausgleichung des Unrechts außerhalb der Geschichte versprechen; in Praktiken, die Ventilfunktion haben und hinter denen zugleich „eine Sehnsucht nach sozialer Gleichheit" steckt,[88] wie etwa den Volksfesten im lateinamerikanischen Volkskatholizismus; ebenso in Verhaltensformen, in denen Widerstand und Ergebung zu einer Einheit verschmelzen, wie im religiösen Fatalismus.

Im „Fatalismus existiert auch eine gewisse Verheimlichung einer subversiven Dimension der Religion. ... Da das System immer die Religion benutzte, haben die Armen, um sich gegen diese religiöse Manipulation zu verteidigen, eine Reihe von Mechanismen benutzt. An erster Stelle den Mechanismus ‚Religion und Politik haben nichts miteinander zu tun.' Die Unterscheidung zwischen Politik und Religion hat stark eine befreiende Bedeutung, denn es ist ein Verteidigungsmechanismus, man kann Religion und Politik nicht vermischen, d.h. ihre Religion und die Politik der Herrschenden haben nichts miteinander zu tun. Das ist nicht abstrakt. Wir haben diese Formel ‚Religion und Politik' abstrakt verstanden, aber man muß sehen, wessen Religion und wessen Politik. Die Religion der Herrschenden hat nichts mit der Religion der Beherrschten zu tun. Dieses ‚Religion und Politik haben nichts miteinander zu tun' ist ein Verteidigungsmechanismus. Der Fatalismus ist ein Mechanismus der Verheimlichung. In diesem Sinn sagen die Leute: ‚Man kann nichts machen.', ‚Man muß sich unterwerfen.', ‚Es ist einfach so.' Das ist eine Art, vor den Herrschenden die tiefen Intentionen zu verbergen."[89]

Daher werden auch im hegemonial durchdrungenen religiösen Bewusstsein der Unterdrückten Ideen und Normen transportiert, die ihnen erlauben, gesellschaftliche Widersprüche zu erkennen. Daher „schwächt die Religion nicht notwendigerweise die Wahrnehmungsfähigkeit des Volkes für die wirklich bestehenden sozialen Verhältnisse".[90]

Sowohl von der Struktur wie von den Inhalten her artikuliert die religiöse Weltaneignung der unterdrückten Klassen also eine Zustimmung oder

Hinnahme der Herrschaft, ohne sich mit ihr zu identifizieren, und einen Protest gegen sie, der auf die symbolische Ebene verlagert ist, daher keine reale Veränderung bewirkt und dennoch nicht einfach falsch oder illusorisch, sondern in dieser Form der Klassensituation angemessen, sogar historisch notwendig ist.[91] Sie erfüllt also eine zum hegemonialen Religionssystem komplementäre gesellschaftliche Funktion, bewahrt aber zugleich latent, der Möglichkeit nach Kraft und Fähigkeit der unterdrückten Klassen, in geeigneten Situationen nach realen gesellschaftlichen Veränderungen zu streben.

> Der Volksreligiosität eignet „eine Funktion von Protest und Kritik gegenüber den Codes ..., die ihren Anhängern von den Inhabern der gesellschaftlich-religiösen Macht vor- und aufgesetzt werden. Obgleich die Symbole und Rituale, welche sich das Volk schafft und auch verteidigt, bisweilen die Züge von passiver und aktiver Entfremdung tragen, stecken in ihnen doch verborgen ein Protestpotential und ein latentes Projekt gesellschaftlicher Veränderung. Freilich offenbart sich dieses Vorhaben lediglich auf der Ebene der Symbole, da ihm auf geschichtlicher und politisch-gesellschaftlicher Ebene eine Behauptung verwehrt ist. Nichtsdestoweniger besteht das Projekt und kann gelegentlich auch zum Ausdruck kommen".[92]

Die Religion einer unterdrückten Klasse oder Gruppe ist also weder vollständig heteronom, durch das hegemoniale Religionssystem bestimmt, noch ist sie ein eigenständiger, authentischer Ausdruck der Identität dieser Klasse, und die tatsächliche begrenzte Selbsttätigkeit bei der religiösen Weltaneignung kann von der symbolischen Verarbeitung der eigenen Situation von Ausbeutung, Unterdrückung und Entfremdung bis zur Artikulation des eigenen Klassenprojekts reichen. Welche Möglichkeit innerhalb dieses zweifachen Widerspruchs verwirklicht wird, hängt vom gesellschaftlichen Kräfteverhältnis und darin insbesondere vom Entwicklungsgrad des Klassenbewusstseins ab. In der Phase weitgehend unangefochtener Klassenherrschaft dominieren Abhängigkeit und Entfremdung, aber auch dann setzt sich die religiöse Hegemonie nicht vollständig durch, bleibt der von ihr religiös organisierte Konsens widersprüchlich und muss daher immer wieder neu reproduziert werden, und mit jeder Verschiebung im gesellschaftlichen Kräfteverhältnis muss ein neues Kompromissgleichgewicht hergestellt werden.

Eine wichtige Voraussetzung für das Gelingen der religiösen Hegemonie ist, dass die religiösen Spezialisten den verschiedenen Klassen nahe stehen, denn nur so können sie sie geistig-moralisch führen. Sie können zwar nicht verhindern, dass die von ihnen verbreiteten religiösen Ideen und Verhaltensnormen von den einzelnen Klassen auf je spezifische Weise angeeignet werden, binden aber zugleich diese religiösen Ausdrucksformen an das hegemoniale Religionssystem, indem sie teilweise auf die religiösen Bedürfnisse der von ihnen versorgten Klassen eingehen, so dass der religiösen Institution zahlreiche verschiedene religiöse Weltsichten angelagert sind. Je stärker es einer Klasse oder Gruppe gelingt, den religiösen Intellektuellen zum Fürsprecher ihrer eigenen religiösen Bedürfnisse zu machen, desto stärker werden die gesellschaftlichen Konflikte, religiös vermittelt, auch zu Konflikten zwischen verschiedenen Gruppen des religiösen Funktionärskörpers, die sich zusätzlich mit institutionsimmanenten Interessenkonflikten (zum Beispiel hoher Klerus – niederer Klerus) verbinden können. Dass die religiöse Hegemonie sich nur widersprüchlich durchsetzt, hat so seinen institutionellen Ausdruck.[93] In der Phase stabiler Hegemonie vermag diese Widersprüchlichkeit die konservative gesellschaftliche Funktion des hegemonialen religiösen Apparats nicht wesentlich zu verändern. Auch eine institutionelle Abspaltung einer religiösen Bewegung der Unterdrückten hat in einer solchen Phase, in der sie sich nicht mit einer starken sozialen Bewegung verbinden kann, eine zumindest momentan konservative Wirkung, da sie die gesellschaftlichen Konflikte auf die religiöse Ebene verlagert.[94]

Die religiösen Institutionen wie die religiösen Diskurse und Praktiken sind also in die widersprüchliche Struktur einer Klassengesellschaft und ihre Dynamik eingebunden, werden von ihnen begrenzt und orientiert und wirken aktiv auf sie ein. Die hegemonietheoretische Betrachtungsweise von Religion erklärt die überwiegend konservative gesellschaftliche Funktion des Religionssystems und lässt zugleich die Ansatzpunkte dafür theoretisch begreifen, dass antihegemoniale religiöse Ideologien und Bewegungen aufkommen, die zur Bewusstwerdung und Organisation unterdrückter Klassen beitragen.

Die Bedeutung der Religion innerhalb der hegemonialen Strategie einer herrschenden Klasse wechselt in den verschiedenen Gesellschaftsformationen. Sie ist davon abhängig, inwieweit eine Gesellschaft oder einzelne ihrer Klassen oder Gruppen ihr Verhältnis zur Natur, das Verhältnis der Menschen untereinander und das Verhältnis der Menschen zu sich selbst in religiösen Kategorien ausdrücken. In vorkapitalistischen Gesellschaften[95] wird das Naturverhältnis aufgrund des geringen Entwicklungsstandes der Produktivkräfte durchgängig religiös interpretiert, gewährt Religion einen Schutz vor der Willkür der unbegriffenen und nicht beherrschten Naturgewalten. Mit der Produktivkraftentwicklung und dem Aufkommen der Naturwissenschaften im Kapitalismus wird das religiöse Naturverhältnis durch ein wissenschaftlich-rationales abgelöst. Die gesellschaftlichen Verhältnisse in Klassengesellschaften bedürfen als Verhältnisse gesellschaftlicher Ungleichheit für die Herstellung eines gesellschaftlichen Konsens der Erklärung und Rechtfertigung. Da, wo die Vorstellungen über diese Verhältnisse sie als gleich erscheinen lassen, ist ihre religiöse Interpretation nicht notwendig. Soweit die Ungleichheit sichtbar ist, erfolgt eine Projektion auf eine außermenschliche, übernatürliche Wirklichkeit. In vorkapitalistischen Klassengesellschaften sind ungleicher Ursprung und Gebrauch des Mehrprodukts für alle Gesellschaftsmitglieder durchsichtig und klar. Dabei besteht in Sklavenhaltergesellschaften kein Rechtfertigungszwang gegenüber der nicht zu den Menschen zählenden und durch reinen Zwang niedergehaltenen Klasse der Sklaven, ist daher eine religiöse Lektüre der gesellschaftlichen Verhältnisse nicht unbedingt erforderlich. In tributären sowie in feudalen Gesellschaften hingegen muss die Verwendung des Mehrprodukts durch die Heiligung der Produktionsverhältnisse oder der politischen Macht religiös legitimiert werden, ist Religion also eine wesentliche Instanz für die Reproduktion der Gesellschaft. Im Kapitalismus sind die beiden Hauptklassen durch ökonomische Beziehungen miteinander verbunden, die den Schein der Gleichheit besitzen, bedürfen die Produktionsverhältnisse daher keiner religiösen Legitimation. Religion spielt hier in der hegemonialen Strategie der herrschenden Klasse eine subsidiäre Rolle, etwa durch das Einprägen hierarchischen Denkens, die Verbreitung einer harmonistischen Ethik und die Beschränkung gesellschaftlicher Aktivitäten auf karitative Aufgaben.[96] Die Frage nach dem Sinn der menschlichen Existenz und damit zusammenhängend nach dem Sinn des Universums schließlich wird in vorkapitalistischen Gesellschaftsformationen in enger Verbindung mit den Vorstellungen über das Verhältnis zur Natur und denen über die gesellschaftlichen Verhältnisse immer religiös ausgedrückt. Unter kapitalistischen Bedingungen existiert die religiöse Beantwortung dieser Fragen, wenn auch durch den Niedergang der beiden anderen Hauptfunktionen von Religion geschwächt, in relativ selbständiger Form weiter. Je nach Gewicht der Religion in diesen drei Bereichen variiert ihre Bedeutsamkeit für die Herstellung eines gesamtgesellschaftlichen Konsenses. Die Frage nach ihrer gesellschaftlichen Funktion lässt sich daher nicht auf die Frage reduzieren, ob und wie die gesellschaftlichen Verhältnisse religiös interpretiert werden.

In abhängig-kapitalistischen Gesellschaften, die durch die Fortexistenz vorkapitalistischer Produktionsweisen unter der Dominanz der kapitalistischen Produktionsweise gekennzeichnet sind, spielt Religion eine bedeutsame Rolle in der diesen Verhältnissen entsprechenden spezifischen hegemonialen Strategie ebenso wie in den Reaktionen der unterdrückten Klassen. Aufgrund der geringen Produktivkraftentwicklung klärt die Bevölkerungsmehrheit in diesen Gesellschaften ihr Verhältnis zur Natur und zum Universum zu einem wichtigen Teil in religiösen Kategorien. Auch wenn für andere, vor allem mit dem städtisch-industriellen Sektor verbundene Klassen „die religiöse Lektüre der Wirkungsweise der Natur praktisch verschwunden ist, stellt man die Fortdauer einer wenn nicht direkten, so zumindest indirekten religiösen Lektüre der gesellschaftlichen Verhältnisse fest".[97] Nicht nur weil die Bevölkerungsmehrheit ein religiöses Naturverhältnis hat, sondern auch weil die den Schein egalitärer gesellschaftlicher Beziehungen erweckenden kapitalistischen Verhältnissen relativ gering verbreitet sind und die gesellschaftliche Ungleichheit offenkundig ist, ist die Religion für die Organisation der Zustimmung der Unterdrückten zur Herrschaft notwendig. Für die herrschende Klasse schließt dies ein, dass sie keine religiöse Hegemonie über alle Teile der Gesellschaft zu errichten versucht, sondern die vorkapitalistischen Religionsformen als ideologi-

sches Korrelat der Strukturen, die es im Ausbeutungsinteresse aufrecht-
zuerhalten gilt, ebenfalls bestehen bleiben lässt. Für die unterdrückten
Klassen erzeugt die Existenz nur oberflächlich von außen kontrollierter
religiöser Ausdrucksformen die Illusion von verbliebener Autonomie, die
umso fester an die tatsächliche Klassenposition bindet. Die Fortexistenz
traditioneller Religionsstrukturen, die ihre Verankerung in der unterdrückten Landbevölkerung haben, bleibt auch für die Wanderung in die Städte
funktional für das abhängig-kapitalistische System, wenn die Integration
in den kapitalistischen Produktionsprozess misslingt und die Zuwande-
rer in den städtisch-marginalen Sektor abgedrängt werden. Verschiedentlich können sie auch die ideologische Basis für die Einführung kapitalistischer Verhältnisse bilden, indem die vorkapitalistische Religion zunächst einfach auf die neuen Verhältnisse übertragen wird. So kann dann
zum Beispiel aus der Geduld gegenüber dem Großgrundbesitzer die Geduld gegenüber dem Bourgeois werden und der Wille Gottes nun identisch mit dem Willen des Kapitals.[98] Auf die Dauer jedoch erweist sich das
Weiterbestehen eines vorkapitalistisch-mythischen Denkens als dys-
funktional für eine auf das rationale Kalkül des Privatinteresses gegrün-
dete Gesellschaft.[99] Mit der beschleunigten Ausdehnung der kapitalistischen Produktionsweise in den abhängig-kapitalistischen Ländern, das
heißt, dem Übergang von der Ausplünderung zur Kapitalverwertung, muss
daher die begrenzte kulturelle Autonomie der unterdrückten Klassen zugunsten einer verstärkten Ausdehnung der bürgerlichen Hegemonie zu-
rückgedrängt werden. In dieser Situation kann die traditionelle Religion,
gerade soweit sie eine Ideologie vorkapitalistischen Ursprungs ist, „als
Kraft des Protests gegen die Einführung des kapitalistischen Gesell-
schaftsverhältnisses" in Erscheinung treten.[100] Sofern die den neuen Verhältnissen entgegengestellte religiöse Utopie rückwärtsgewandt oder rein
außergeschichtlich orientiert ist, ist der religiöse Protest „Ausdruck einer
doppelten Entfremdung",[101] nämlich der, die aus der faktischen Unterwerfung unter die kapitalistischen Verhältnisse entsteht, und der des Verzichts auf ein eigenes gesellschaftsveränderndes Projekt. In verschiedenen abhängig kapitalistischen Gesellschaften zeigt sich aber auch die
Möglichkeit, dass der nicht kapitalistisch geprägte religiöse Protest dazu
übergeht, eine zugleich innergeschichtliche wie eschatologische Utopie

zu formulieren, die zu einem konstitutiven Element eines revolutionären Projekts wird.

In Lateinamerika, im Blick auf dessen Entwicklung der hegemonietheoretische Ansatz der Religionstheorie hier nun noch weiter spezifiziert wird, erfolgte die Christianisierung des Kontinents während der Eroberung durch die Spanier weitgehend mittels physischer Gewalt. Sie schuf keinen Konsens zwischen Eroberern und Unterdrückten, sondern war auf die reine Unterwerfung der Indios orientiert. Daher wurde die heimliche Bewahrung der indianischen Religionen zu einer Form des gesellschaftlichen und geistigen Widerstands, mit dem die Indios ihre durch die Eroberer bedrohte Identität zu verteidigen suchten.[102] Da die Kolonialherren an der ökonomischen und politischen Macht interessiert waren, diese auch durch das Aufoktroyieren des Christentums absicherten, aber keine aktive geistig-moralische Führung der unterworfenen Völker anstrebten, verblieb den autochthonen Gemeinschaften eine gewisse kulturelle Autonomie. Die den Alltag bestimmenden religiösen Denkformen und Praktiken – wegen der geringen Produktivkraftentwicklung und der semi-feudalen Gesellschaftsform war die vorherrschende Weltsicht religiös geprägt – wurden weniger von den kirchlichen Agenten orientiert und geleitet als vielmehr von den indianischen Gruppen selbst.[103] So entstand der Volkskatholizismus aus der Verschmelzung von kolonial eingepflanztem (katholischem) Christentum und Auffassungen, Praktiken, heiligen Orten und Zeiten und so weiter der jeweiligen präkolumbianischen Religionen, die sich in einem widersprüchlichen Prozess dem dominanten katholischen System unterordneten.

Die katholische Kirche war der zentrale ideologische Apparat der Kolonialphase. Sie hatte die ideologische Basis für die Einführung des merkantilen Kolonialismus geliefert, indem sie Eroberung und Unterwerfung als Christianisierung des Kontinents auslegte und damit sowohl für die Eroberer wie gegenüber den Unterworfenen als gut und gerecht legitimierte. In der Folgezeit war sie das einzige einende Band zwischen den verschiedenen Klassen. Indem sie alle Klassen unter einem (scheinbar) einheitlichen Diskurs zusammenfasste, vermochte sie auf der symbolischen Ebene die gesellschaftlichen Widersprüche zu glätten. Nach der Unabhängigkeit errichtete die langsam erstarkende und allmählich zur

Macht gelangende Bourgeoisie ihrem Interesse an der – begrenzten – Durchsetzung kapitalistischer Produktionsverhältnisse gemäß eine Hegemonie, die einen Großteil der städtischen Klassen und die herrschende ländliche Klasse umfasste und deren Reichweite ihren Ausdruck in den Grenzen der Alphabetisierung, das heißt, der Ausbreitung des klassisch-bürgerlichen Hegemonieapparats Schule fand. Angesichts der Bedeutung der religiösen Weltsicht für nahezu die gesamte Bevölkerung und der Stärke der Institution Kirche überwand sie ihren aus dem Kampf gegen das Bündnis von spanischen Kolonialherren, einheimischer Feudalaristokratie und katholischer Kirche herrührenden Antiklerikalismus und bezog die Kirche in ihre hegemoniale Strategie ein. Die katholische Kirche, die einen beträchtlichen Teil des höheren Schulwesens kontrollierte, wurde zu einer wichtigen Vermittlungsinstanz bürgerlicher Ideologie. Zudem war sie der einzige hegemoniale Apparat, der nach wie vor alle Klassen umfasste und damit der einzige Kanal, über die Reichweite des Schulwesens hinaus so weit wie nötig im Interesse der Bourgeoisie auf die unterdrückten Klassen einzuwirken und ihnen eine harmonistische gesellschaftliche Perspektive aufzuprägen. Dabei hat die katholische Kirche sich je nach gesellschaftlichem Kräfteverhältnis mit verschiedenen Fraktionen der Bourgeoisie verbunden, mit konservativen, autoritären, reformistischen oder populistischen Kräften, und entsprechend unterschiedlich orientierte Diskurse und Praktiken entwickelt.[104] Gleich geblieben seit der Kolonialzeit ist, dass ihr Ort in der Gesellschaft durch die politische und gesellschaftliche Macht der herrschenden Klasse vermittelt ist.[105]

Verschieden und teilweise fern vom hegemonialen offiziellen Katholizismus besteht der Volkskatholizismus fort als Teil der „Kultur der Armut". In ihm artikulieren die Landbevölkerung und die Bewohner der städtischen Elendsviertel ihre Unterwerfung unter die Situation der „Fast"-Subsistenz mittels selbst geschaffener beziehungsweise selbstinterpretierter religiöser Symbole und Praktiken, die unter dem Einfluss der hegemonialen Religion entschärft und entleert und mit ahistorischen, universalistischen und harmonistischen Konzeptionen des Christentums durchdrungen werden. Indem im Volkskatholizismus die religiösen Werte mit denen der Gesellschaft identifiziert werden und das ganze Leben von

religiösen Vorstellungen geleitet wird und indem sich die Gesellschaftsstruktur in der Gemeinschaft aller Katholiken widerspiegelt und damit als
gerechtfertigt erscheint, spielt die Volksreligion eine wichtige Rolle in der
Reproduktion der lateinamerikanischen Gesellschaften.[106] Als einer teilweise von den unterdrückten Klassen selbst geschaffenen, wenn auch hegemonial durchdrungenen Religion beinhaltet der Volkskatholizismus
auch die Anliegen dieser Klassen, ihre Klage als Protest gegen das Leiden und ihre Sehnsucht nach einer endgültigen Sicherung ihrer Lebensgrundlagen, und sei es im Jenseits.[107] In ihm „drücken sich zugleich die
entleerte und enteignete materielle Existenz des Volkes und seine immer
wieder zerbrochenen Hoffnungen und Bemühungen um Freiheit aus".[108]
Die begrenzte Eigenständigkeit der religiösen Weltaneignung der Unterdrückten ermöglicht außerdem, nicht nur entfremdende, sondern auch befreiende Erfahrungen mit der offiziellen religiösen Institution in der eigenen Religion zu verarbeiten, wie etwa die Tatsache, dass die ausgebeuteten
Indios häufig in Priestern und Klöstern ihre wirksamsten Verteidiger fan-
den,[109] in Nicaragua zum Beispiel durch den Märtyrer-Bischof Antonio
Valdivieso,[110] oder dass Priester führend am antikolonialen Kampf beteiligt waren. Daher ist der Volkskatholizismus ein kompliziertes Geflecht:
Aus Aktionen und Reaktionen der unterdrückten Klassen gegenüber der
ökonomischen, politischen und ideologischen Herrschaft hervorgegangen, zusammengesetzt aus unterdrückenden und widerständigen, entfremdenden und befreienden, hegemonialen und autonomen Zügen, die
häufig untrennbar ineinander verschmolzen sind und je nach Herkunft,
Lage und Entwicklungsperspektive einer Klasse mit unterschiedlicher
Funktion und Akzentuierung aktiviert werden. So findet eine empirische
Studie aus Peru im Volkskatholizismus

„die Koexistenz verschiedener symbolischer und religiöser Wei-
sen, die gesellschaftlichen Produktionsverhältnisse in einer abhängig-kapitalistischen Gesellschaftsformation zu lesen; eine vorkapitalistische, kapitalistische, reformistische, anarchistisch-spon-
taneistische, klassenbewusste usw. Sicht".[111]

2.2 Religion in der Hegemoniekrise

Wenn eine oder mehrere nicht herrschende Klassen in ihrem Kampf gegen die herrschende Klasse soweit erstarken, dass das gesellschaftliche Kräfteverhältnis sich wesentlich verändert und das Konsensgleichgewicht zerbricht, kommt es zur Hegemoniekrise, in der die materielle Gewalt anstelle der geistig-moralischen Führung zum vorrangigen Herrschaftsmittel wird, und zum offenen Kampf zwischen den verschiedenen Klassen um Erhalt beziehungsweise Eroberung der Macht. Stärker als in den ruhigen Phasen stabiler Hegemonie, in denen die innere Logik und Eigendynamik des religiösen Bereichs einen relativ großen Anteil an seiner konkreten Ausgestaltung haben, wird in diesen Krisenphasen die Entwicklung der religiösen Diskurse, Praktiken und Institutionen von den Interessen der kämpfenden Klassen begrenzt und orientiert. Je nach Gewicht der Religion innerhalb der hegemonialen Strategie der Herrschenden spielt für die nicht herrschenden Klassen der Kampf gegen das hegemoniale Religionssystem eine entsprechend bedeutsame Rolle. Außerdem benötigt jede nicht herrschende Klasse erstens eine Gegenideologie, in der sie sich der gesellschaftlichen Konflikte bewusst wird und die ihr gesellschaftliches Verhalten normiert und leitet, und zweitens muss sie versuchen, auf dem Weg zur Macht sich mit anderen Klassen zu verbünden und in diesem Bündnis die Führung zu übernehmen, das heißt, eine neue Hegemonie zu errichten. Wenn die unterdrückten Klassen ganz oder teilweise eine vorherrschend religiös geprägte Weltsicht haben, geht Religion auch in die Ausbildung der Gegenideologie und der Gegenhegemonie ein und kann auf diese Weise die Kämpfe der unterdrückten Klassen unterstützen und fördern.

Für diejenigen Teile der unterdrückten Klassen, die ihre Werte, ihre Weltsicht und ihre unmittelbaren Interessen überwiegend in religiösen Kategorien ausdrücken, hängt die Fähigkeit zur Veränderung ihrer gesellschaftlichen Lage auch von der Fähigkeit ab, eine eigenständige antihegemoniale religiöse Weltsicht aufzubauen. Auch diese Klassen oder Gruppen strukturieren ihre gesellschaftlichen Aktivitäten aufgrund ihrer materiellen Klasseninteressen, aber die Bewusstwerdung und Mobilisierung vollzieht sich im Kontext ihrer religiösen Identität.

„Die campesinos kämpften gegen Somoza aus ökonomischen Interessen, sie kämpften für Freiheit, für Land, für Brot, für Arbeit usw., aber sie mobilisierten sich nicht, wenn sie nicht sahen, dass dieser Kampf mit ihrer ‚Weltanschauung' übereinstimmt ..., sie mobilisieren sich nicht, wenn ihre Weltsicht damit nicht übereinstimmt."[112]

Eine religiöse Weltsicht, die den Forderungen der unterdrückten Klassen entspricht, bildet das vermittelnde Glied zwischen dem Bedürfnis nach gesellschaftlicher Veränderung und ihrer Verwirklichung, gehört zu den subjektiven Bedingungen für die gesellschaftsverändernde Praxis. Eine religiös geprägte unterdrückte Klasse benötigt daher eine religiöse Weltsicht, die „sie sich selbst als in Opposition zu den herrschenden Klassen untergeordnet und zur Überwindung ihrer eigenen untergeordneten Lage durch Veränderung der Herrschaftsverhältnisse willige, fähige und genötigte Klasse wahrnehmen lässt".[113] Die Ausarbeitung einer neuen religiösen Weltsicht erfolgt in Anknüpfung an die religiöse Tradition, wobei diese neu interpretiert und strukturiert wird, weil nur so die materiellen Interessen für die eigene Klasse wie für die verbündeten Klassen, die in dieser Tradition stehen, eine verständliche und akzeptable Ausdrucksform haben.[114] Möglich ist diese Kombination von alten und neuen Elementen in der anti-hegemonialen religiösen Weltsicht, weil sich die religiöse Hegemonie der herrschenden Klasse nur widersprüchlich und nie vollständig durchsetzt und daher hegemonial ausgeschiedene oder untergeordnete Traditionen ebenso existieren wie eigene, klassenspezifische Interpretationen der hegemonialen Religion. Dass die Ausarbeitung einer solchen eigenständigen und antihegemonialen Weltsicht auch tatsächlich gelingt, hängt davon ab, inwieweit die entsprechende Gruppe oder Klasse in ihrer gesamten Entwicklung zu autonomer Bewusstwerdung und Ausbildung eigener Ideologien und Theorien sowie Organisationsformen in der Lage ist. Ob die Religiosität einer unterdrückten Klasse „befreiend oder entfremdend wirkt, hängt grundsätzlich von der historischen Wirklichkeit und der sozialen Praxis" dieser Klasse ab.[115] Veränderungen in politischer Bewusstwerdung, Organisation und Mobilisation einer solchen Klasse bewirken eine Veränderung ihrer Religiosität, und umgekehrt nehmen Veränderungen ihrer religiösen Diskurse, Praktiken und Organisationsformen Einfluss auf die Identität dieser Klasse als gesellschaftsveränderndem Subjekt. Wenn das revolutionäre Bewusstsein dieser Klasse mit ihrem religiösen Bewusstsein zusammenfällt, „entsteht eine höchst explosive und subversive Lage".[116] Wenn die Entwicklung beider auseinander fällt, wirkt dies schädlich auf den Entwicklungsgang dieser Klasse. Entwickeln Teile dieser Klasse ein politisches Bewusstsein, dessen Zielsetzungen dem religiösen Bewusstsein dieser Klasse widersprechen oder zu widersprechen scheinen, kann es zu einer Spaltung und damit Schwächung der Klasse kommen. Geht mit der religiösen Bewusstwerdung der eigenen Interessen keine politische einher, besteht die Gefahr, dass die Kämpfe in religiöser Form, fern vom sozioökonomischen Kontext geführt werden und damit keine realen Veränderungen bewirken.

Man kann daher nicht, schreibt Gustavo Gutiérrez im Blick auf die revolutionären Veränderungen in Lateinamerika, „die beiden Möglichkeiten voneinander trennen. Das Potential des befreienden Glaubens hängt mit der revolutionären Fähigkeit zusammen und umgekehrt, konkret gesagt: mit dem Leben des armen und unterdrückten Volkes".[117]

In den vorkapitalistischen Klassengesellschaften bedürfen die Klassen, die eine Veränderung der gesellschaftlichen Verhältnisse anstreben, in der Regel einer (zuvor oder gleichzeitig) veränderten religiösen Weltaneignung, mittels derer sie ihre Identität bestimmen, sich gegenüber den herrschenden Klassen verorten und gegen sie handeln können. Im entwickelten Kapitalismus gilt dies im Allgemeinen nur für einzelne Gruppen – in der Regel keine ganzen Klassen. Da in abhängig-kapitalistischen Gesellschaften die Landbevölkerung und beträchtliche Teile der Arbeiterklasse, der städtischen Marginalisierten und der Zwischenschichten religiös geprägt sind, kann ein gesellschaftsverändernder Kampf hier wahrscheinlich nur erfolgreich sein, wenn relevante Teile dieser Klassen ihre religiöse Weltsicht in Einklang mit dem revolutionären Projekt bringen. Dann wiederum „tragen religiöse Elemente zur Integration nationaler und sozialer Befreiungsbewegungen bei".[118] Daher „lassen die führenden Revolutionäre der Peripherie, wenn die nationale Geschichte es erlaubt und die Volksreligiosität fordert, den militanten bürgerlichen Atheismus des 18. Jahrhunderts beiseite".[119] Dies bedeutet keineswegs, dass die bewussteste und entschiedenste Kraft der unterdrückten Klassen, das heißt die revolutionäre Avantgarde, selbst eine religiöse Ideologie haben muss, wohl aber, dass sie einer veränderten Religion eine erhebliche Bedeutung für die Herstellung der aktiven Zustimmung zu einem neuen gesellschaftlichen Projekt beimisst.

Eine dauerhafte und systematische Ausbildung einer veränderten religiösen Weltsicht einer unterdrückten Klasse kann sich nur im Rahmen einer religiösen Institution vollziehen. Der Kampf um eine neue Hegemonie, für die Religion eine Rolle spielt, schließt daher den Kampf um die Gewinnung religiöser Apparate ein. In Gesellschaften mit nur einem Religionssystem kann sich das Streben nach einer antihegemonialen Religion entweder in entsprechenden Tendenzen innerhalb des religiösen Apparats äußern oder in einer Spaltung, durch die die verschiedenen Klassenprojekte in verschiedenen religiösen Systemen organisiert werden. In Gesellschaften, in denen die Unterdrückten ein anderes Religionssystem haben als die Herrschenden, können sie das in diesem Gegensatz notwendig implizierte antihegemoniale Potential ausarbeiten, wie dies vor allem in antikolonialen Kämpfen geschehen ist.[120] In Gesellschaften, in denen die für eine Veränderung kämpfenden Klassen verschiedene Religionen (für sich oder mit herrschenden Gruppen oder Klassen geteilt) besitzen, muss darüber hinaus ein gewisser interreligiöser Konsens gefunden werden, der die Integration aller in dasselbe gesellschaftsverändernde Projekt ermöglicht.

Der Kampf um die religiösen Apparate ist vor allem ein Kampf um die Gewinnung deren personeller Repräsentanten. In die hegemoniale Strategie der herrschenden Klasse einbezogen haben die religiösen Intellektuellen die Aufgabe, die hegemonialen religiösen Diskurse und Praktiken in den verschiedenen Klassen zu verbreiten, und um diese Aufgabe der religiösen Führung wahrnehmen zu können, müssen sie diesen Klassen nahe stehen und teilweise auf ihre Bedürfnisse eingehen. In der Hegemoniekrise fallen beide Aspekte auseinander und wird eine Entscheidung der religiösen Intellektuellen zwischen den kämpfenden Klassen notwendig. Die herrschende Klasse wird in ihrem Kampf um den Erhalt der Macht und die Wiederherstellung der Hegemonie ihre Herrschaftsmittel (wie Privilegierung, Druck) einsetzen, um den hegemonialen religiösen Apparat und seine Vertreter weiterhin an sich zu binden und zu einem eindeutigen Eintreten zugunsten der bedrohten Herrschaft zu veranlassen. Je stärker aber die Bewegung der unterdrückten Klassen ist, desto eher wird es ihr gelingen, eine Gruppe religiöser Intellektueller zur Aufrechterhaltung ihrer Nähe zu diesen Klassen zu bringen und sie für die Ausarbeitung der religiösen Gegenideologie zu gewinnen, das heißt dafür, dass diese religiösen Spezialisten eine Neuinterpretation ihrer religiösen Botschaft von den Interessen der Unterdrückten her verwirklichen. In ihrem Kampf um Autonomie und Macht tragen die unterdrückten Klassen also Erwartungen an den religiösen Apparat heran; in dem Maße, wie ihnen entsprochen wird, wie sich also der bis dahin hegemoniale religiöse Apparat teilweise als fähig erweist, an gesellschaftlichen Veränderungen mitzuwirken, wird er zu einem Ziel des Kampfes der unterdrückten Klassen.[121] Das heißt, ihr Kampf gegen das hegemoniale Religionssystem richtet sich dann gegen die hegemonialen Diskurse und Praktiken, das heißt seine herrschaftssichernden Funktionen, nicht aber gegen den religiösen Apparat als Ganzen. Die Gewinnung eines Teils des hegemonialen religiösen Apparats für die Interessen der Unterdrückten kann die Lage der herrschenden Klasse im Kampf um den religiösen Apparat weiter erschweren. Während bei der Ausdifferenzierung eines eigenen Religionssystems der nach der Macht strebenden Klassen dieses verboten und verfolgt werden kann, benötigt die herrschende Klasse vom hegemonialen religiösen Apparat die religiöse Legitimation, kann ihn also nicht angreifen, was einen Freiraum für die Schaffung religiöser Gegenlegitimationen schafft; diese muss sie andererseits bekämpfen, was wiederum als ein Angriff auf den religiösen Apparat den Entzug der religiösen Legitimation zur Folge haben kann – ein Widerspruch, der je nach den konkreten historischen Umständen unterschiedliche Handlungsformen der herrschenden Klasse hervorbringt.

Wenn es Klassen mit gegensätzlichen Interessen gelingt, jeweils Teile desselben religiösen Apparats auf ihre Seite zu ziehen, finden die Klassenkämpfe ihren Ausdruck in innerinstitutionellen Kämpfen, die den gesellschaftlichen Konflikt in theologisch-religiöser Form weiterführen. Unterschiede und Widersprüche im – allgemein anerkannten – Gründungsdiskurs des religiösen Apparats und in seiner Auslegung, Gegensätze zwischen Logik des Gründungsdiskurses und Logik der Institutionalisierung und so weiter bieten Ansatzpunkte dafür. Auf der andern Seite finden aber nicht alle gesellschaftlichen Verlangen eine Entsprechungsmöglichkeit in der religiösen Tradition und bleiben daher in den theologischen Kämpfen unbeachtet.[122] Die gesellschaftlichen Kämpfe spiegeln sich daher im religiösen Apparat nicht mechanisch, sondern verarbeitet und übersetzt in die eigene Rationalität der religiösen Institution wider.[123] Das Verhalten der den hegemonialen religiösen Apparat leitenden Gruppen in den gesellschaftlichen und den theologischen Kämpfen wird sowohl vom gesellschaftlichen wie vom innerinstitutionellen Kräfteverhältnis wie auch von institutionellen Eigeninteressen beeinflusst. Solches Interesse besteht im Erhalt der eigenen gesellschaftlichen Machtposition, auch durch einen gesellschaftlichen Wandel hindurch. Dieser institutionellen Logik zufolge werden die führenden Repräsentanten des religiösen Apparats in der Hegemoniekrise nur für solche Klassen optieren, die ihnen die Sicherung ihres gesellschaftlichen Einflusses garantieren, und unter diesen wahrscheinlich für die stärkste. Zugleich ist die religiöse Institution aber auch am Erhalt ihrer Massenbasis interessiert, da die Einwirkungsmöglichkeit auf einen relevanten Teil der Bevölkerung Voraussetzung dafür ist, dass die gegenwärtig oder zukünftig herrschende Klasse den religiösen Apparat in ihre hegemoniale Strategie einbezieht und ihm auf diese Weise gesellschaftliche Macht verleiht. Eine Hegemoniekrise impliziert nun aber auch eine Krise der religiösen Hegemonie, die religiösen Diskurse und Praktiken, die die Zustimmung zur Klassenherrschaft (mit-)organisiert hatten, verlieren selbst Zustimmung und damit Einfluss, die zurückzugewinnen sich die religiöse Institution bemühen muss. Je stärker daher in einem religiösen Apparat die oppositionellen Tendenzen sind, die eine soziale Bewegung repräsentieren, deren Ziele einen gesellschaftlichen Machtverlust für die religiöse Institution beinhalten, desto größer wird der Konflikt zwischen dem Interesse am Erhalt gesellschaftlicher Macht, die über eine herrschende Klasse vermittelt ist, und dem Interesse am Erhalt der Massenbasis. Dies ist zum Beispiel in abhängig-kapitalistischen Gesellschaften der Fall, in denen nationale oder soziale Befreiungsbewegungen für die Überwindung der kapitalistischen Verhältnisse eintreten. Hier wird die institutionelle Logik zur Unterstützung der kapitalistischen Gesellschaftsverhältnisse tendieren, „denn die Veränderung der gesellschaftlichen Produktionsverhältnisse würde die Gefahr mit sich bringen, die Institution hinsichtlich ihrer Beziehungen zur Gesellschaft und hinsichtlich ihrer internen Organisation, insbesondere hinsichtlich ihres hierarchischen Modells in Frage zu stellen".[124] Das Maß, in dem sich die religiöse Institution als Ganzes den befreienden Bewegungen der unterdrückten Klassen annähert, ist „ein Indikator für die Brüchigkeit der kapitalistischen Gesellschaftsverhältnisse und der Heraufkunft neuer Typen gesellschaftlicher Produktionsverhältnisse".[125]

Das gegenwärtige Verhalten eines Großteils der katholischen Hierarchien in Lateinamerika zielt genau darauf, die antikapitalistischen religiösen Intellektuellen, die angesichts der verbreiteten religiösen Weltsicht der Arbeiter, campesinos und Marginalisierten Einfluss auf eine entsprechende Veränderung des gesellschaftlichen Kräfteverhältnisses besitzen, zu schwächen und sich zu unterwerfen, sie aber wegen der Stärke dieser religiösen Bewegung nicht als „Häretiker" auszuschließen, um die Einheit und damit breite eigene Einflussmöglichkeiten zu bewahren.[126] Die Auseinandersetzungen in der katholischen Kirche in Lateinamerika sind also in erster Linie keine Konflikte zwischen Hierarchie und Basisgemeinden, wie allein schon die Tatsache zeigt, dass verschiedene Bischöfe wie Oscar Arnulfo Romero[127] und Helder Câmara das hegemoniale Projekt der unterdrückten Klassen unterstützen, geschweige denn ein Kampf zwischen einer „Kirche, die sich um den Bischof schart", und einer „parallelen Kirche".[128] Ebenso wenig trifft eine Kategorisierung des Streits nach dem Modell des Gegensatzes zwischen priesterlicher Institution und prophetischer Bewegung den Kern der Sache.[129] Diese theologischen oder aus der Theologie in die Religionssoziologie übernommenen Interpretationen, die ihren Ausgangspunkt bei der internen Struktur des religiösen Bereichs nehmen, übersehen die Verankerung dieser Konflikte in den gesellschaftlichen Kämpfen Lateinamerikas, im Ringen verschiedener

Klassenkräfte um Herrschaft und Hegemonie und betrachten die Verbindung von gesellschaftlichen und kirchlichen Konflikten als allenfalls sekundär. Der grundlegende Gegensatz besteht vielmehr zwischen der Kirche, die mit der Bourgeoisie verbunden ist, und der „Kirche, die aus dem Volk hervorgeht", wobei die Klassenauseinandersetzungen im Streit um religiöse Diskurse, Praktiken und Organisationsformen und um das Modell der Beziehung der Kirche zur Gesellschaft begrenzt eigenständige Formen annehmen und sich auf der einen Seite mit dem Interesse an der Aufrechterhaltung eines innerkirchlichen Macht- und Auslegungsmonopols verbinden.

Den innerhalb der Institution präsenten Widersprüchen entsprechend nimmt der religiöse Apparat in der Hegemoniekrise unterschiedliche und widersprüchliche Funktionen im Blick auf die Lösung der krisenhaften Situation wahr. In der Regel wird ein religiöser Hegemonieapparat, und zwar umso wahrscheinlicher, je länger dauernd und erfolgreicher die Bindung zumindest des hohen Klerus an die herrschende Klasse durch ökonomische und juristische Privilegierung, familiäre Beziehungen und so weiter war, auch in der Krise seine Aufgabe der Stabilisierung der Klassenherrschaft erfüllen. Dies erfordert in der Situation der Hegemoniekrise, den klassenübergreifenden hegemonialen Diskurs, der nicht mehr konsensfähig ist, aufzugeben und durch einen „parteilichen und eindeutigen Diskurs" zugunsten der Herrschenden zu ersetzen.[130] Dann werden religiöse Diskurse und Praktiken in den Vordergrund gestellt, die den Kampf der unterdrückten Klassen verurteilen und diejenigen religiösen Diskurse und Praktiken, die diesen Kampf unterstützen, delegitimieren. Auch der Mangel an bestimmten religiösen Diskursen und Praktiken wie die fehlende Verurteilung der Herrschenden, ein fehlender Aufruf zum Kampf oder eine Abwesenheit bei destabilisierenden Aktivitäten kann die konservative Funktion des religiösen Apparats realisieren.[131]

Beruht die Hegemoniekrise ganz oder teilweise darauf, dass innerhalb der herrschenden Klasse verschiedene Fraktionen mit unterschiedlichen Interessen um die Vorherrschaft in der Gesellschaft und darin eingeschlossen um die Gewinnung des hegemonialen religiösen Apparats kämpfen, kann eine religiöse Institution aufgrund ihrer Eigeninteressen die Bemühungen einer nicht an der Macht befindlichen Fraktion um die

Errichtung einer neuen Hegemonie unterstützen und dadurch zur Verschärfung der Krise der traditionellen Hegemonie beitragen. Eine solche Entscheidung für ein anderes Projekt innerhalb des Gesellschaftssystems kann vor allem deshalb getroffen werden, weil es für die religiöse Institution wichtig ist, der gesellschaftlichen Entwicklung folgend sich auf eine Modernisierung ihres Platzes in der Gesellschaft einzulassen, ohne dass diese ihre gesellschaftliche Stellung und ihre interne Organisation in wesentlichen Punkten bedroht. Dies ist zum Beipiel bei der Bindung großer Teile der katholischen Kirche in Lateinamerika an reformistische Sektoren der Bourgeoisie der Fall. Dieser Wechsel kann sich in einzelnen Gesellschaften aufgrund äußerer Einflüsse auch schon vor dem Entstehen einer Hegemoniekrise vollziehen – wie in Nicaragua in der Folge des Zweiten Vatikanums und der Bischofskonferenz von Medellin – und an ihrem offenen Ausbruch mitwirken. Die religiöse Institution wird dann eine anpassende Erneuerung der Inhalte, Praktiken und Organisationsstrukturen des religiösen Systems vornehmen und dabei religiöse Diskurse und Praktiken entwickeln, die sowohl die Herrschaft der an der Macht befindlichen Fraktion wie die systemverändernde Praxis der unterdrückten Klassen delegitimieren, wie zum Beispiel durch die Forderung nach Einhaltung der Menschenrechte und Errichtung eines politischen Pluralismus, durch die

> „die Akkumulationslogik des Kapitalismus in Lateinamerika von ihrer politischen Form getrennt, diese letztere kritisiert und die kapitalistische Rationalität unangetastet gelassen wird".[132]

Diese anpassende Erneuerung kann indirekt auch Interessen unterdrückter Klassen entsprechen, indem sie ihnen erlaubt, sich in diesen Modernisierungsschub einzuklinken.[133] Zwar wird mit ihr angestrebt, das Bewusstsein der Massen mit modernen Ideen der herrschenden Klassen zu durchdringen, und es besteht daher die Gefahr, dass die unterdrückten Klassen bei reformistischen Konzeptionen stehen bleiben,[134] aber wo die Erneuerung der religiösen Institution mit einer revolutionären Bewegung zusammentrifft, bietet sie zumindest Teilen der unterdrückten Klassen die Chance, die Tatsache, dass das religiöse System in Richtung auf eine gesellschaftliche Weiterentwicklung dynamisiert wurde, zur Formulierung und Durchsetzung eigener Interessen auszunützen und weiterzutreiben. Die Anpassungstendenzen des religiösen Apparats erweisen sich dann als „eine Episode indirekter ‚Erziehung des Volkes',“ als ein „gesellschaftliche(r) Impuls, der das Gegenteil des von ihm angesteuerten Ziels realisiert".[135] Beispiele solcher mittelbarer Wirkung kirchlicher Erneuerung in Lateinamerika sind die Übernahme von „Entwicklungs"-Ideologien in der Kirche, die durch ihre Thematisierung und Erklärung der Unterentwicklung antiimperialistischen Erklärungsmodellen Raum und Ansatzpunkt geschaffen haben, die Beteiligung von Laien in der Kirche, die gerade in Ländern mit traditionell schwachen nationalen Bourgeoisien wie in Zentralamerika durchschlägt bis zur Beteiligung von Laien aus dem „einfachen Volk" und so zur Konstitution der unterdrückten Klassen als handlungsfähigem Subjekt beiträgt, und die dem bürgerlichen Interesse an einer verbreiterten Hegemonie entsprechende Verstärkung der Anwesenheit religiöser Intellektueller, das heißt Priester und Ordensleute, auf dem Land und in den Elendsvierteln, die diese zur Erkenntnis der gesellschaftlichen Probleme und zur Identifikation zunächst mit den „Armen" geführt hat.[136] Weiterhin öffnet die Verteidigung der Menschenrechte und die Forderung nach einer parlamentarischen Demokratie auch den revolutionären Kräften einen gewissen Handlungsspielraum, und schließlich ist schon die Untergrabung des gesellschaftlichen Konsensgleichgewichts auch im Interesse der unterdrückten Klassen.

Ein direkter Beitrag des religiösen Apparats zu den hegemonialen Bestrebungen einer unterdrückten Klasse kann darin bestehen, dass ein Teil der religiösen Intellektuellen zu organischen Intellektuellen dieser Klasse wird und so an ihrer Konstitution als „Klasse für sich"[137] mitwirkt. Eine unterdrückte Klasse mit einer überwiegend religiösen Weltsicht, die für gesellschaftliche Veränderungen kämpft, verändert spontan, das heißt nicht durch Reflexion, sondern durch alltägliche Erfahrungen und Anschauungsweisen bestimmt,[138] ihre religiösen Auffassungen und Praktiken. Damit diese vorwiegend gefühlsmäßige Aktivierung der Religiosität im Sinne eines befreienden Projekts auch dauerhaft erfolgreich in die revolutionären Bestrebungen eingebracht werden kann, bedarf es einer systematisierenden und in das Gesamtprojekt einbindenden Ausarbeitung und Verfestigung dieser zunächst unzusammenhängenden Auffassungen und Praktiken. Dies setzt eine zumindest in gewissem Rahmen ausgebildete Reflexionsfähigkeit voraus, die im Umfeld der unwissend gehaltenen Massen die religiösen Intellektuellen und häufig nur sie mitbringen. Sie können die Aufgabe übernehmen, einer unterdrückten Klasse zur Artikulation ihrer Interessen zu verhelfen und diese im Kontext ihrer religiösen Weltsicht kritisch so zu bearbeiten, dass sie für die Betroffenen verständlich und akzeptabel bleibt und sie zugleich in ihrem Kampf weiterführt.[139] Dabei ist es für die nach einer neuen Hegemonie strebenden Klasse wichtig, nicht nur traditionelle Intellektuelle zu gewinnen, sondern aus ihren eigenen Reihen organische Intellektuelle hervorzubringen. In Lateinamerika haben durch die Eingliederung von Priestern und Ordensleuten in die revolutionären Bewegungen und durch die Ausbildung von Boten des Wortes und anderen verantwortlichen Mitarbeitern der Christlichen Basisbewegung Teile der religiösen Institution zur Erfüllung dieses Erfordernisses beigetragen. Dort sind die Basisgemeinden der Ort, an dem sich diese reflektierende religiöse Weltaneignung verwirklicht, die die ambivalenten Möglichkeiten der Volksreligiosität auf ihre befreiende Wirkung hin festlegt und festigt. Dies wirkt auf der einen Seite über den Rahmen der Basisgemeinden hinaus auf die gesamte Volksreligiosität ein und setzt sich auf der anderen Seite fort bis in die Ausarbeitung nach wissenschaftlichen Kriterien durch „organische Theologen"[140] in der Theologie der Befreiung, wobei die Differenz zwischen beiden Polen „einen graduellen, ‚quantitativen', keinen qualitativen Unterschied" bildet und „eine wechselseitige ‚Reduktion'..., ein Übergang vom einen zum anderen und umgekehrt" möglich ist.[141] Wenn der dialektische Prozess von Erziehung der religiös geprägten Massen durch ihre religiösen organischen Intellektuellen und die Erziehung der religiösen Intellektuellen durch die Anforderung der Unterdrückten und die Konzeptionen ihrer Avantgarde erfolgreich verläuft, wirkt ein Teil der religiösen Institution am Aufbau einer neuen revolutionären Hegemonie mit.[142]

Weiterhin können der religiöse Apparat beziehungsweise einige seiner Teile einen Weg der Organisation unterdrückter Klassen bieten. Während Gewerkschaften, Parteien und andere Klassenorganisationen verboten werden können, ist dies wegen der Bedeutung der Religion für die Klassenherrschaft beim religiösen Hegemonieapparat nicht oder nur schwer möglich. Dieser kann daher in dem Maße, wie es antihegemonialen Strömungen gelingt, ihn für sich zu öffnen, zu einem Freiraum werden, in dem sich die Unterdrückten ihren Interessen gemäß organisieren. In der religiösen Institution finden sie eine oder, wie in vielen lateinamerikanischen Militärdiktaturen, die einzige existierende legale und intakte organisatorische Infrastruktur. Dass in abhängig-kapitalistischen Gesellschaften zudem wegen des hohen Anteils ländlicher und marginalisierter Bevölkerungsgruppen lokale und regionale Organisationsstrukturen eine größere Rolle spielen als etwa betriebliche, erleichtert das Zusammentreffen des Strebens nach Klassenorganisation mit territorial strukturierten religiösen Apparaten wie der katholischen Kirche und verstärkt deren Bedeutung.[143]

Schließlich können Teile der religiösen Institution über die Unterstützung und Verbreitung einer revolutionären religiösen Weltaneignung und die Gewährung eines Freiraums hinaus selbst die Führung in der Konstitution der unterdrückten Klassen als Klassen für sich, die Ausbildung und Verstärkung von Klassenbewusstsein, Klassenorganisation und Klassenmobilisation, das heißt, die Aufgaben der revolutionären Avantgarde übernehmen, wenn eine solche politische Organisation nicht vorhanden ist und es daher „für das Volk keine anderen Möglichkeiten der Selbstorganisation gibt".[144] Die Notwendigkeit, diese Aufgabe zu übernehmen, ergibt sich in der Regel in der Phase vor der Hegemoniekrise, da für deren offenen Ausbruch ein gewisser Entwicklungsgrad der politischen Strukturen der antihegemonialen Kräfte vorausgesetzt ist. Dieses bedeutsame Wirken religiöser Teilapparate für die Durchsetzung eines gesellschaftlichen Projekts der unterdrückten Klassen unterliegt einer zweifachen Begrenzung. Zum einen existiert der dafür notwendige gesellschaftliche Spielraum der religiösen Institution nur, wenn andere ihrer Teile – und in der Regel die führenden – nach wie vor eine wichtige Rolle für die Sicherung der Macht der herrschenden Klasse als ganzer spielen. Durch diese überwiegende Einbindung der religiösen Institution in die Aufrechterhaltung der gesellschaftlichen Verhältnisse sind „dem Handeln, das radikalisierte Gruppen innerhalb der Institution entwickeln wollen, objektive Grenzen" gesetzt, deren Nichtbeachtung einen Verlust an Effizienz zur Folge hat.[145] Zum anderen bilden diese religiösen Gruppen, wenn sie die führenden Funktionen auch nach der Herausbildung einer politischen Avantgarde beibehalten, eine Parallel-Avantgarde, die den Kampf der unterdrückten Klassen spaltet und schwächt.[146] Die Übernahme gesellschaftlicher und politischer Führungsaufgaben zugunsten eines gesellschaftsverändernden Projekts durch religiöse Gruppen hat also genau in dem Maße revolutionäre Funktion, wie sie komplementär zur Wahrnehmung dieser Aufgaben durch eine politische Avantgarde ist.

Religiöse Weltsichten und religiöse Institutionen können also in einer Hegemoniekrise und bei ihrer Vorbereitung widersprüchliche, reaktionäre bis revolutionäre gesellschaftliche Einflüsse ausüben. In Abhängigkeit vom gesellschaftlichen Kräfteverhältnis und seiner Ausdrucksform im religiösen Bereich, die durch dessen Eigenlogik vermittelt ist, unterstützen sie die hegemonialen Anstrengungen nicht nur verschiedener, sondern sogar antagonistischer Klassen. Dabei kann sich mit dem Übergang zur Unterstützung einer anderen Klasse auch eine strukturelle Veränderung hinsichtlich der in der Gesellschaft wahrzunehmenden Aufgaben vollziehen. Das heißt, die sich mit einer anderen Klasse verbindenden religiösen Gruppen und Organisationen und ihre Diskurse und Praktiken üben nicht notwendig einfach strukturell gleiche gesellschaftliche Funktionen mit umgepolten Inhalten aus, sondern auch die Art der Beziehung zwischen hegemonialer Strategie der zur Macht strebenden Klasse und Religion kann mehr oder weniger grundlegenden Wandlungen unterworfen sein. Im Verhältnis zwischen den auf eine klassenlose Gesellschaft zielenden Projekten und ihrer christlichen Unterstützung in Lateinamerika verwirklichen sich Ansätze einer solchen neuen gesellschaftlichen Funktionsbestimmung von Religion. Aus der eigenen gesellschaftlichen Praxis, unter Aufarbeitung ihrer religiösen Traditionen wie unter dem Einfluss einer revolutionären Avantgarde, die angesichts der Bedeutung der Volksreligiosität für die unterdrückten Klassen und ihre Mobilisierung und angesichts der sich zeigenden Möglichkeiten, Teile der Kirche für die Unterstützung des revolutionären Projekts zu gewinnen, zu einer grundlegenden Neubewertung des „religiösen Faktors" (Mariátegui) gelangt und Religion in ihre hegemoniale Strategie integriert,[147] bezieht die „Kirche, die aus dem Volk hervorgeht", die zentralen Inhalte ihrer religiösen Reflexion auf die materielle Basis der Gesellschaft, bestimmt sie ihr Verhältnis zum revolutionären Projekt vorwiegend nach nicht-religiösen Kategorien und vermittelt sie schließlich ihren gesellschaftlichen Ort nicht über die Machtstrukturen innerhalb des revolutionären Projekts. Ein erstes grundlegendes Merkmal, wodurch sich die mit den ausgebeuteten und unterdrückten Klassen und ihrem hegemonialen revolutionären Projekt verbundene Religion in Lateinamerika in ihrem Gesellschaftsverhältnis von der zur Sicherung von Klassenherrschaft jahrhundertelang eingesetzten Religion unterscheidet, ist der Bereich der gesellschaftlichen Realität, auf den sich das religiöse Bewusstsein in erster Linie bezieht. Die in Lateinamerika hegemoniale Religion reflektiert vorwiegend moralische Werte, politische Ordnungsprinzipien, Erziehungsmaximen und so weiter, also andere Bereiche des Überbaus, während sich die religiöse Weltaneignung der unterdrückten Klassen vor allem auf die gesellschaftliche Basis bezieht, die Produktion und Reproduktion des wirklichen Lebens zum Inhalt hat. Während „die Religion der Herrschenden eine sehr abstrakte, universale Religion von Werten und Prinzipien" ist, ist „die Religion des Volkes sehr an das Bewusstsein ... des Lebens gebunden. Wenn wir von Leben reden, reden wir von Arbeit, von Brot, Dach überm Kopf, Gesundheit: den Grundbedürfnissen".[148] „Die eigene Lektüre der christlichen religiösen Botschaft vollzieht sich aus dem Blickwinkel der Ankündigung des Lebens und des Aufrufs zum Kampf gegen die, die den Tod bringen."[149] Hatte der Volkskatholizismus, dessen Zentralkategorie die Subsistenz ist, in den Jahrhunderten der Unterdrückung das Heil als „Subsistenz im Jenseits" konzipiert,[150] so entwickelt die neue religiöse Weltaneignung im Kontext der sozialen Befreiungsbewegung „eine zugleich inner- und nachhistorische Utopie" der Sicherung des Lebens.[151] In ihr ist die Hoffnung auf das „Leben in Fülle" im Reich Gottes verbunden mit der Entscheidung für ein geschichtliches Projekt seiner vorläufigen und stückhaften Verwirklichung, das heißt „für eine gerechtere und geschwisterlichere Gesellschaft", da „sich das augenblickliche kapitalistische System immer mehr in eine tödliche Bedrohung für Mehrheiten der breiten Bevölkerung des Kontinents" verwandelt.[152]

Die Unterstützung des sozialistischen Projekts wird – und das ist eine zweite Veränderung im Verhältnis von Religion und Gesellschaft – nicht als religiöse Entscheidung getroffen, „ist kein Befehl, der sich aus dem Glauben selbst ableitet",[153] sondern eine bewusst politische Entscheidung, die in Einklang mit der religiösen Überzeugung von Sinn und Ziel der Welt getroffen wird. Die gesellschaftlichen Verhältnisse werden nicht, oder zumindest nicht in erster Linie, religiös interpretiert, sondern wissenschaftlich analysiert und mittels einer rationalen Praxis auf Ziele hin verändert, die ihrerseits nicht unmittelbar religiös, sondern historisch-politisch bestimmt sind, wobei zur Gesellschaftsanalyse „nicht irgendeine Gesellschaftswissenschaft, sondern jene, die sich ausdrücklich in den Dienst der Befreiung der Unterdrückten gestellt hat, d. h. der Marxismus" dient.[154]

„Im Gegensatz zu den religiösen Bewegungen gesellschaftlichen Protest, die typisch für vorkapitalistische Gesellschaften sind und die die religiöse Utopie der grundlegenden Harmonie auch in unmittelbare Praxis umsetzen, ersetzen diese neue Reflexion und diese neue Praxis nicht die Analyse der Gesellschaft durch eine religiöse Lektüre. Es handelt sich mit anderen Worten nicht mehr darum, eine gottgewollte und -bestimmte Ordnung in ihrer Unversehrtheit wiederherzustellen, sondern unter Bezug auf die von der religiösen Hoffnung vorgelegte grundlegende Harmonie gesellschaftliche Verhältnisse aufzubauen, die in der Lage sind, eines Tages die Klassengesellschaft zu überwinden."[155]

Eine religiöse Interpretation der gesellschaftlichen Verhältnisse und der Kampfziele der unterdrückten Klassen müsste in chiliastischen Konzeptionen oder im Streben nach einer Theokratie oder im utopischen Sozialismus münden und würde so den effektiven Aufbau einer gerechteren Gesellschaft verhindern.[156]

In der neuen religiösen Weltaneignung hingegen werden Befreiungskampf und revolutionärer Neuaufbau nicht religiös legitimiert, nicht geheiligt, nicht ‚getauft', da sie als Schritte zu einem Gesellschaftssystem, das die Grundbedürfnisse aller Menschen befriedigt, in sich selbst legitim sind und „keiner theologischen Rechtfertigung mehr bedürf(en)" – die revolutionäre Avantgarde verlangt sie nicht, und die engagierten Christen werden sich der Unangemessenheit solcher Sakralisierungen bewusst.[157] Ebenso wenig wie eine religiöse Legitimation benötigt und erhält die revolutionäre Praxis eine religiöse Ergänzung, es wird kein „‚christlicher Beitrag', ausgehend von einer vorab aufgestellten ‚christlichen Rationalität'" konstruiert, sondern die politische Praxis in ihrer eigenen Rationalität anerkannt.[158] Insbesondere werden weder eine „christliche Revolution" noch ein „religiöser Sozialismus" angestrebt.

In Nicaragua war es „ein ganzes, in seiner ganz überwiegenden Mehrheit christliches Volk, das sich entschloss, eine Revolution zu machen, ohne dass es dafür christliche Adjektive in Anspruch nahm".[159]

Der konsequente Verzicht auf die religiöse Legitimation des eigenen Projekts wird ergänzt durch die Delegitimierung der herrschenden Unterdrückungsordnung beziehungsweise der konterrevolutionären Bestrebungen sowie der sie stützenden religiösen Systeme. Die Reaktivierung der christlichen Bejahung des Lebens und ihre Konkretisierung auf die Lebensrechte der ausgebeuteten Mehrheiten in den abhängig-kapitalistischen Ländern trägt dazu bei, die bestehenden kapitalistischen Verhältnisse als weder göttlich noch natürlich noch rational zu erkennen und daher nicht aus einer antireligiösen, sondern aus einer neu gewonnenen religiösen Haltung heraus die Gültigkeit aller religiösen Diskurse, die das geltende System legitimieren, und die Berechtigung aller religiösen Praktiken, die die bestehende Herrschaft unterstützen, zu bestreiten. Dem entspricht auf der sozialpsychologischen Ebene die Aufhebung von Bewusstseinssperren, die die hegemoniale religiöse Ideologie und die vollständig unterdrückten Klassen bei sich selbst aufgerichtet haben, das Durchbrechen religiös zementierter Denkformen wie Fatalismus, Dualismus, Jenseitsvertröstung, Individualismus, Reformismus, Antikommunismus und Klassenversöhnung im Kontext der religiösen Weltsicht der unterdrückten Klassen selbst. Dass die einzelnen Elemente dieser religiösen Bewusstwerdung für sich genommen zweideutig sein können, dass zum Beispiel die Aufhebung fatalistischer Denk- und Verhaltensformen sowohl die beschleunigte Einführung der kapitalistischen Produktionsweise wie den Kampf um eine sozialistische Gesellschaftsordnung unterstützen kann, unterstreicht die entscheidende Bedeutung der Bindung an das Projekt der unterdrückten Klassen und seine Gesellschaftsanalyse. Darüber hinaus liefert die Religion eine, nicht die einzige, aber eine mögliche Motivation für die Unterstützung des revolutionären Projekts, die spontan oder reflektiert veränderte religiöse Weltsicht kann Auslöser und subjektiv tragendes Motiv für die Beteiligung am Befreiungskampf sein. Allerdings birgt eine religiöse Motivation des Kampfes auch die Gefahr in sich, in selbstmörderische Siegesgewissheit oder in Ungeduld gegenüber den realen gesellschaftlichen Veränderungsprozessen und ihren Trägern und damit in Linkssektierertum zu münden.[160] Über die notwendige Bindung der religiösen Motivation an eine wissenschaftliche Gesellschaftsanalyse hinaus gelangen daher die konsequentesten Konzeptionen der neuen religiösen Weltaneignung in Lateinamerika, wie die der „Christen für den Sozialismus", zu der Einsicht, dass die religiöse Motivation selbst für das in sich legitime sozialistische Projekt nur eine Zwischenetappe sein kann, der eine politische Motivation zu folgen hat.[161]

Aus der nicht-religiösen Beziehung auf das revolutionäre Projekt folgt eine dritte Veränderung in der gesellschaftlichen Rolle der Religion, die die Beziehung zur gesellschaftlichen Macht betrifft. Die mit dem revolutionären Projekt verbundenen religiösen Institutionen oder Gruppen erhalten und beanspruchen weder einen eigenständigen Einfluss innerhalb oder neben den politischen Organisationen auf die politische Führung der unterdrückten Klassen noch einen Anteil an der errungenen Macht, etwa durch Ausstattung mit Privilegien, was nichts anderes als ein Klerikalismus von „links", ein „Volks"-Konstantinismus wäre. Vielmehr wird der gesellschaftliche Ort durch die Einfügung in die Bewegungen und Organisationen der unterdrückten Klassen bestimmt, nicht als Macht-, sondern als Dienst- und Teilnahmeverhältnis, ohne religiöse Sonderinteressen und zugleich ohne die religiöse Identität aufzugeben, die eben nicht um Eigeninteressen der religiösen Institution, sondern auf die Utopie des Lebens in Fülle und ihre partielle Verwirklichung hin strukturiert ist.[162]

148

Dem entspricht innerhalb der religiösen Organisation der Übergang von hierarchischen zu partizipativen Entscheidungsmustern und von monologischen zu dialogischen Kommunikationsstrukturen; und im religiösen Diskurs wird sogar dem Gottesverständnis die bislang beherrschende vertikale Struktur genommen, wenn es heißt, dass Gott nur in der Begegnung mit den „Armen" anzutreffen sei. Die Einprägung nicht-hierarchischer, horizontaler, partizipativer, auf Eigenverantwortung ausgerichteter Denk- und Verhaltensmuster ist zugleich ein Beitrag zur Verwirklichung des auf eine klassenlose Gesellschaft zielenden historischen Projekts.

Statt die revolutionäre Praxis zu legitimieren und in ihr nach Macht zu streben, feiern die in ihr engagierten Christen gemeinschaftlich „die Gegenwart des Gottes des Lebens in den Kämpfen des Volkes für ein gerechteres und menschlicheres Leben"[163] und bringen „durch diese Praxis vermittelt ihren Glauben ... als die im Erfolg dieser Praxis eingeschlossene sichere und vollständige Befreiung" zum Ausdruck.[164] Das heißt, das religiöse Verständnis des Sinns des menschlichen Lebens und des Ziels der Welt werden in Einklang mit der revolutionären gesellschaftlichen Praxis gelebt und durch sie bestärkt, ohne daraus eine religiöse Lektüre der gesellschaftlichen Verhältnisse abzuleiten.

Das „Aufkommen eines neuen ‚ideologischen Apparats', der mit einer neuen Konzeption und Praxis der Christen in Verbindung steht, die ihrerseits eng mit dem revolutionären Projekt der Volksmassen in Lateinamerika verbunden ist",[165] ist der Ausgangspunkt der hier theoretisch entwickelten These, dass Religion auch im Kampf einer revolutionären Klasse mit einem auf die Errichtung einer klassenlosen Gesellschaft orientierten Projekt um Herrschaft und Hegemonie eine bedeutsame Rolle spielen kann. Dabei sind in dieser Phase des Kampfes der neue Oberbau, die veränderte Religion und die von traditionellen Mustern unterschiedene Funktion der Religion im neuen Überbau erst in Ansätzen entwickelt. Wie sich dies im vollen Umfang in der hegemonialen Strategie einer solchen siegreichen revolutionären Klasse weiterentwickelt, bedarf zunächst vor allem der historischen Erfahrung.

2.3 Weder verhimmeln noch abstreifen

Jeder Ansatz, der die gesellschaftliche Rolle von Religion generell in einer einzigen von ihr ausgeübten Funktion sehen will, muss angesichts der faktisch wahrnehmbaren widersprüchlichen gesellschaftlichen Funktionen von Religion in Klassengesellschaften notwendig die eine Seite des Widerspruchs abschneiden und ignorieren. Das gilt auch für die Opium-These. In einer hegemonialen Strategie zur Sicherung von Klassenherrschaft ist Religion unter anderem auch „Opium für das Volk"[166] oder „Opium gegen das Volk",[167] in der religiösen Weltaneignung einer in dieser Situation von Klassenherrschaft vollständig unterdrückten Klasse unverzichtbares „Opium des Volks" (MEW 1,378), dessen halluzinogene Wirkung, Vorgaukelung des illusorischen Glücks „dem Volk, das heißt: den arbeitenden, ausgebeuteten und unterdrückten Menschen, überhaupt erst ermöglicht, die ihnen auferlegten Leiden zu ertragen".[168]

Ihre Schärfe gewinnt die Opium-These da, wo sie impliziert, dass in einer gesellschaftlichen Situation, in der die reale Veränderung der Lage der unterdrückten Klassen möglich ist, die schmerzlindernde Funktion zugleich einschläfernde Wirkung hat und so den effektiven Kampf für gesellschaftliche Veränderungen verhindert. Es zeigt sich jedoch, dass dies nicht notwendig so ist, sondern dass mit dem Aufkommen einer revolutionären Klasse, weil das gesellschaftliche Sein auch das religiöse Bewusstsein bestimmt, religiöse Konzeptionen entstehen können, deren effektive revolutionäre Wirksamkeit, wie das Beispiel Nicaragua zeigt, auch nicht mit einer euphorisierend-stimulierenden Wirkung von Rauschmitteln zu erklären ist.

> „Das Geschehen in Nicaragua scheint ebenso wie all die bedeutsamen Ereignisse, die sich in ganz Lateinamerika häufen, nahe zu legen, dass der Glaube der Unterdrückten – neben Opium und Protest – auch Auslöser und Träger konstruktiver Aktionen organischer Geschwisterlichkeit ist, die durch neue Formen der gesellschaftlichen Organisation gefordert wird."[169]

Daher „ist es sinnlos, von *der* gesellschaftlichen Funktion *der* Religion in *der* Gesellschaft zu sprechen".[170] Vielmehr sind die verschiedenen Funktionen spezifischer Religionen in konkreten Gesellschaften für bestimmte Klassen oder Gruppen in einem momentanen gesellschaftlichen Kräfteverhältnis zu analysieren und zu systematisieren. Dabei wird gerade die historisch-materialistische Geschichtsauffassung, die nicht nur von der gesellschaftlichen Praxis der Menschen ausgeht, sondern sich auch als analytisches Instrumentarium für den revolutionären Kampf der ausgebeuteten Klassen und unterdrückten Völker versteht, nicht in den Fehler verfallen, häufige gesellschaftliche Funktionen von Religion zu ihrer generellen Funktion zu verallgemeinern, indem sie Religion etwa die „allgemeine Funktion, Akkumulation und Institutionalisierung sozialer Ohnmacht zu sein",[171] zuschreibt, sondern vielmehr die dialektischen Möglichkeiten von Religion herausarbeiten. Im Blick auf den Ausdruck „Religion ist Opium des Volks" gelangt Fidel Castro daher zu folgender Auffassung:

„Der genannte Satz darf keinesfalls den Charakter eines Dogmas oder einer absoluten Wahrheit für sich beanspruchen. Es ist eine Wahrheit, die an bestimmte historische Bedingungen geknüpft ist. Ich glaube, diese Schlussfolgerung ist absolut dialektisch und marxistisch." (Betto, Nachtgespräche, 260)

Eine Variante der einseitigen Funktionszuweisung ist, die Rolle von Religion in revolutionären Bewegungen zwar festzustellen, aber für theoretisch bedeutungslos zu erklären. Danach können religiöse Formen revolutionärer Bewegungen „leicht zu utopischen Überspanntheiten, zu Fanatismus, zu Irritationen in der nüchternen Bestimmung von Weg und Ziel führen",[172] „gehen" Konzeptionen wie die Theologie der Befreiung „in der Regel nicht über Reformen hinaus",[173] wird die Rückerinnerung an solidarische Gesellschaftsbeziehungen „in religiösem Gewand nur zu leicht transzendiert und subjektiviert, so umgebogen, dass sie für die Realität, für die Orientierung in ihr, für den Kampf um wirkliche Solidarität der Menschen, entschärft ist" und kann Religion „leicht konservativ oder sogar reaktionär verwandt werden".[174] Auch wenn man annimmt, dass dies alles so zutrifft, und auch wenn in diesen Aussagen gerade eingeschlossen ist, dass es eine weder konservative, noch durch Transzendenz entschärfende, noch bloß reformistische, noch fanatische religiöse Weltaneignung geben kann, so eskamotieren diese Formulierungen doch die Frage nach der theoretischen Bedeutung dieser real existierenden Religionsform. Statt dabei zu bleiben, die „in der Regel" oder „leicht" oder „nur zu leicht" eingenommenen Funktionen aus den gesellschaftlichen Verhältnissen zu erklären, zum Beispiel die „leicht konservative" Funktion daraus, dass, wie materialistisch nicht anders zu erwarten, die vorherrschende Religion immer die Religion der Herrschenden ist, gerät eine häufige Funktion unter der Hand zur „eigentlichen" Funktion. Als „uneigentliche" vermögen die übrigen Funktionen dann die theoretische Konzeption nicht zu berühren.[175]

Theoretisch ebenso wenig befriedigend ist, die festgestellten verschiedenen Funktionen von Religion auf verschiedene, zumeist zwei „Religionen" aufzuteilen und damit die sich in der Religion widerspiegelnden antagonistischen Klassengegensätze in einem Religionsdualismus zu typisieren und auseinander zu schneiden. In dieser Gefahr steht zum Beispiel die von einigen lateinamerikanischen Autoren verwandte Unterscheidung superstruktureller und infrastruktureller Religion.

2.3.1 Exkurs: Zum Konzept der Unterscheidung von superstruktureller und infrastruktureller Religion

Das Begriffspaar „Basis – Überbau" wird im Spanischen gewöhnlich mit „infraestructura – superestructura" wiedergegeben.[176] Wird daher zwischen „religión infraestructural" und „religión superestructural" unterschieden, so steht damit die Rolle der Religion innerhalb der Basis-Überbau-Dialektik zur Debatte.

Enrique Dussel baut in seinem Buch „Religion"[177] seine ganze Religionstheorie auf dieser Unterscheidung auf, verwendet sie aber auf mindestens drei Ebenen.

Erstens identifiziert er „die superstrukturelle Religion" mit „der herrschenden Religion" als der Religion der Herrschenden,[178] spricht von der „infrastrukturellen Religion als Verantwortung für die Unterdrückten"[179] und unterscheidet die beiden Religionen noch einmal so: „superstrukturell die eine und darum Herrschaft legitimierend" und „infrastrukturell die andere und darum Herrschaft kritisierend"[180]. Die Unterscheidung benennt also den Gebrauch von Religion durch verschiedene Klassenkräfte, „superstrukturell" und „infrastrukturell" bezeichnen hier das gesellschaftliche „Oben" und „Unten", das heißt, der Begriff der materiellen Basis wird mit dem Basis-Begriff verwechselt, der in Ausdrücken wie „Basisgemeinde" verwendet wird und „armes, unterdrücktes und gläubiges Volk; marginalisierte Rassen, ausgebeutete Klassen, verachtete Kulturen"[181] meint. Mit einer leichten Bedeutungsverschiebung begründet Dussel diesen Sprachgebrauch, wenn er im Exodus „eine außerordentliche Erfahrung infrastruktureller Religion" sieht: „Die Verantwortlichkeit des Befreiers für den unterdrückten Armen nimmt ihren Platz unterhalb (infra) der Struktur des Systems ein, das die aus Ägypten Ausgezogenen in Palästina organisieren werden".[182] Hier scheint die Rede von der ökonomischen Struktur der Gesellschaft dazu zu verleiten, die verschiedenen Klassen „oberhalb" und „unterhalb" der materiellen Basis der Gesellschaft anzusiedeln.[183] Auch in diesem Zusammenhang geht es aber um die Rolle von Religion im Klassenkampf und nicht um die Basis-Überbau-Dialektik.

Zweitens soll der „Begriff infrastruktureller Religion die zeitliche Priorität der praktischen Verantwortung anzeigen, die man innerhalb des Systems für den Unterdrückten hat. Diese zeitliche Priorität besteht nicht nur bezüglich des Überbaus eines zukünftigen Systems, sondern auch bezüglich seiner Basis."[184] Infrastrukturell wäre hiernach also jeder Gedanke, der eine künftige ökonomische Ordnung antizipiert, und jede Praxis, die ihr vorausläuft. Wenn Dussel darüber hinaus Religion als „mobilisierende Kraft der zukünftigen Basis" beschreibt,[185] so wird deutlich, dass infrastrukturelle Religion die Funktion einer das gesellschaftliche Handeln der nach Gesellschaftsveränderung strebenden unterdrückten Klassen normierenden und leitenden Ideologie hat und nichts mit den Funktionen der materiellen Basis zu tun hat.

Drittens kann Dussel aber auch sagen, Religion sei „nur dann authentische Religion", was bei ihm gleichbedeutend mit infrastruktureller Religion ist, wenn sie nicht „bloßer superstruktureller Protest", sondern „wenn sie neue Politik und neue Ökonomie (und deshalb neue Ideologie und Symbolik) ist."[186] Hier scheint Religion deshalb infrastrukturell zu sein, weil sie als neue Ökonomie Bestandteil der materiellen Basis ist, nicht nur auf sie hin mobilisiert. Dann wiederum werden materielle Basis und religiöse Interpretation begrifflich unterschieden. „Für die infrastrukturelle Religion ... hat die Ökonomie eine gottesdienstliche Bestimmung. Dem Hungernden Essen zu geben ist Revolution und Liturgie."[187] Hier wird angedeutet, dass es sich bei der infrastrukturellen Religion um ein religiöses Verständnis, eine religiöse Sinngebung der Produktion und Reproduktion des wirklichen Lebens handelt, nicht um diese selbst. Doch schon im nächsten Satz heißt es: „Die neue historische Wirtschaftsordnung ..., die zukünftige Basis ist die Frucht eines gottesdienstlichen Handelns".[188] Statt die materielle Basis und das sich darauf beziehende gesellschaftliche, in diesem Fall: religiöse Bewusstsein klar zu unterscheiden und dialektisch aufeinander zu beziehen, tendiert Dussel hier dazu, beide zu vermischen, ohne dass die Erklärungskraft eines solchen Verfahrens je sichtbar würde.[189]

Die sehr unterschiedlichen Begriffsebenen, auf denen Dussel von „infraestructural" spricht (Basis, Seite der Unterdrückten, zeitliche Priorität), lassen den Eindruck aufkommen, dass es sich bei diesem Ausdruck – zumindest bei Dussel – eher um einen metaphorischen als einen analytischen Begriff handelt, mittels dessen „gute" Religion von „schlechter" unterschieden wird. Dass außer der beiläufigen Bemerkung, dass „die infrastrukturelle religiöse Praxis häufig superstrukturell werden kann",[190] nichts über die Zusammenhänge, Wechselwirkungen, Bedingungen solcher Übergänge gesagt wird, bestärkt den Eindruck, dass es sich hier um einen vorwiegend dualistischen Ansatz handelt.

Gegenüber dem schillernden Sprachgebrauch bei Dussel hat Pablo Richard klargestellt, dass infrastrukturelle Religion „nicht ... ein Teil der Infrastruktur" ist, sondern „in einer Befreiungssituation ... die Religion ... als Ausdruck von geschichtlichen Erfahrungen, von Tatsachen und Prozessen, die eher auf die Infrastruktur bezogen sind, auf der Ebene des Bewusstseins" erscheint.[191]

Die Religion des Volkes „erscheint als sehr verbunden, grundlegend verbunden mit dem Leben, der Bejahung des Lebens. In diesem Sinne sagen wir, daß Religion nicht so sehr eine superstrukturelle Erscheinung ist, sondern eine infrastrukturelle. Das ist sehr wichtig. Wir glauben, daß die Religion der Herrschaft superstrukturell ist, aber die Religion des Volkes sehr an das Bewusstsein der Infrastruktur, des Lebens gebunden ist."[192]

Jedoch wäre dann, dem Bedeutungsgehalt der Begriffe „Basis" und „Überbau" in der marxistischen Theorie folgend, auch ein religiöses Bewusstsein, das sich zustimmend auf Ausbeutungsverhältnisse bezieht, infrastrukturelle Religion und umgekehrt ein religiöses Bewusstsein, das Fragen der revolutionären Moral reflektiert, superstrukturelle Religion. Materielle Basis und Bejahung des Lebens sind nicht identisch. Selbst wenn im konkreten Fall Lateinamerikas weitgehend superstrukturelle Religion mit Religion der Herrschenden und infrastrukturelle Religion mit Religion der Unterdrückten identifiziert werden kann, so vermag der Bezug auf Basis oder Überbau als solcher doch keinen Erklärungsansatz für die widersprüchlichen gesellschaftlichen Funktionen von Religion zu liefern.

Bei Hugo Assmann und Reyes Mate wird die Frage infrastruktureller Religion in der Kritik an Lenins Erkenntnistheorie grundgelegt, in der ihrer Ansicht nach Widerspiegelung als mechanischer, fotographischer Vorgang gefasst und damit die Subjektivität des erkennenden Subjekts liquidiert wird.[193] Demgegenüber vertreten Assmann und Mate die Auffassung, dass auch „die Ideen, die Gedanken der Menschen", „Geist, Bewusstsein" zur Materie gehören, weil sie sinnlich „vermittelt" sind.[194] Hat jedoch zum Beispiel Erkenntnis „materiellen und darum infrastrukturellen Charakter,"[195] dann ist überhaupt nichts vorstellbar, was nicht materiell ist, weil es zumindest gedanklich vermittelt ist und die Gedanken wiederum sinnlich vermittelt sind. Damit wird schon der Begriff des Materialismus tautologisch und verliert jede Erklärungskraft. Daneben verblasst dann der weitere Kritikpunkt, dass Assmann und Mate hier die erkenntnistheoretische Unterscheidung von Materie und Geist[196] mit der gesellschaftstheoretischen Unterscheidung von Basis und Überbau verwechseln beziehungsweise vermischen. Dementsprechend begründen sie die Tatsache, dass das „religiöse Bewusstsein in progressistischem oder sogar revolutionärem Sinn wirken kann", damit, dass der ideologische Kampf „infrastrukturellen, produktiven Wert" hat.[197] Diese Behauptung eines infrastrukturellen Charakters von Religion hängt mit dem Über-bau-Verständnis zusammen, das der Auffassung der Widerspiegelungs-theorie in nichts nachsteht und den Überbau als bloßen Reflex der Basis und weit weg von ihr versteht: Assmann fordert

> „ein ernsthaftes Neubedenken des Faktors Religion durch den Marxismus, insofern nämlich die Religion ganz eng verbunden ist mit konkreten geschichtlichen Verhaltensweisen der Menschen und nicht einfach als ‚überbaulicher Reflex' missverstanden wer-den darf".[198]

Jedoch „ist festzuhalten, daß die Behauptung des sekundären, abge-leiteten und determinierten Charakters des Überbaus kein Vorab-Urteil über seine effektive Bedeutung im gesellschaftlichen oder politisch-re-volutionären Kampf bedeutet".[199]

Die revolutionäre Funktion von Religion besagt keineswegs, dass eine bestimmte Religion ein infrastrukturelles Phänomen ist. Vielmehr gilt, dass der gesamte Klassenkampf in seiner ökonomischen, politischen und ideologischen Dimension alle Bereiche der Gesellschaft betrifft und dass Religion auch im Überbau revolutionärer Klassen vorkommen und damit eine gesellschaftsverändernde Wirkung haben kann. Insgesamt erweist sich die Unterscheidung von superstruktureller und infrastruktureller Re-ligion als Ansammlung verschiedener und zum Teil widersprüchlicher Konzeptionen, die teilweise von Missverständnissen und Fehlinterpre-tationen der marxistischen Theorie geleitet sind und deren Erklärungs-gehalt fraglich bleibt.[200] Eine Theorie ist nicht schon deshalb marxistisch, weil sie marxistische Begriffe wie „Basis" und „Überbau" gebraucht, und im vorliegenden Fall handelt es sich keineswegs um eine „kohärente Wei-terentwicklung des marxistischen Instrumentariums".[201] Vielmehr scheint mir die von Pablo Richard zum Ausdruck gebrachte Zurückhaltung angemessen:

> „Das ist auch nicht so wichtig. Die Grundanschauung jenseits von Worten, Begriffen ist, dass die Religion der Armen, die prophe-tische Religion, die befreiende Religion auf das ganz konkrete Leben bezogen ist. Das ist die Grundauffassung. Vielleicht müss-te die Ausdrucksweise vorsichtiger sein. Die Idee ist die: Die Reli-gion der Herrschenden mit allgemeinen ethischen Werten, Formen

und Konzepten ist eine abstrakte, universale Religion. Jene Religion dagegen ist eine zutiefst konkrete, auf das Leben bezogene Religion. Das ist die Grundanschauung. Vielleicht muss ihre theoretische Ausarbeitung etwas vorsichtiger sein."[202]

Die Unterscheidung von Religion in die eine, die sich auf Überbauphänomene, und die andere, die sich auf die materielle Basis der Gesellschaft bezieht, liefert als solche keine Erklärung für die widersprüchlichen gesellschaftlichen Funktionen von Religion. Erst die Spezifizierung, welche Klasse in welcher Situation mit welcher Perspektive ihr religiöses Bewusstsein auf Basis oder Überbau bezieht, kann ein Element einer solchen Erklärung sein, womit dann aber das Ungenügen der Aufteilung nach super- und infrastruktureller Religion zutage tritt. Ebenso reicht es nicht hin, „von den zwei Inhalten der Religion zu sprechen: einen Inhalt gewiss von Bejahung und Bestätigung der etablierten gesellschaftlichen Strukturen und Vorstellungen ..., aber auch ein Inhalt von Verneinung und Bestreitung", mit dem einen der Marxismus in Diskontinuität und mit dem anderen in Kontinuität stehen soll.[203] Eine solche dualistisch-aufteilende Religionskonzeption vermag nicht zu erklären, warum dasselbe religiöse Element in verschiedenen Situationen eine unterschiedliche Rolle spielen kann, da sie dazu neigt, Religion von ihrem gesellschaftlichen Träger loszulösen und die unterschiedlichen Funktionen aus dem jeweiligen Inhalt der Religion abzuleiten. Stattdessen muss die Analyse „der beiden extremen Pole des gesellschaftlichen Verhaltens der Religion", von Legitimation und Delegitimation der bestehenden Ordnung, „in dialektischer Form vorgenommen" werden.[204]

Die hegemonietheoretische Fassung der Religionstheorie, die hier sicher nicht erschöpfend, aber im Grundansatz ihres Erklärungsmodells entwickelt wurde, ist meines Erachtens in der Lage, die Mängel sowohl der einpoligen wie der dualistischen Religionskonzeptionen zu überwinden und eine dialektische Sichtweise von Religion vorzuschlagen, die den Primat des Klassenkampfes und die Rolle der Ideologie in ihm berücksichtigt. Eine in dieser Linie liegende Weiterentwicklung der Opium-These hat Ricardo Morales Avilés formuliert:

Er spricht vom „Widerspruch, der jeder mystischen Ideologie innewohnt, die wie das Christentum einen Ursprung im Volk hat. In dem Maße, wie sie Ausdruck des Elends und ein Protest dagegen ist, kann sie unter einer revolutionären Leitung zu einer wirkungsvollen Bewegung werden; wenn diese Leitung fehlt, macht die regierende Klasse von ihr Gebrauch, um die Aufmerksamkeit von den wahren Problemen und Aufgaben abzulenken, womit sie ihre Herrschaft und die Klassenausbeutung festigt."[205]

Wenn man davon absieht, dass die Formulierung „die regierende Klasse macht Gebrauch" etwas mechanistisch-funktionalistisch klingt – denn es handelt sich auch gegenwärtig zumindest häufig nicht einfach um „eine ‚Manipulation' der Religion seitens der herrschenden Klasse", sondern, wie die Fetischismusanalyse gezeigt hat, um eine „dem kategorialen Rahmen des bürgerlichen Denkens innewohnende Theologie"[206] –, so wird hier erstens der Widerspruch in der Religion gesehen, zweitens wird er nicht dualistisch auf verschiedene Religionen verteilt, drittens sein Ursprung im Klassenwiderspruch gesehen, viertens werden daraus die widersprüchlichen Funktionen von Religion abgeleitet und fünftens die gesellschaftlichen Bedingungen für die jeweiligen Funktionen angegeben, und zwar in hegemonietheoretischen Kategorien: Religion ist gesellschaftlich immer nur im Kontext eines bestimmten gesellschaftlichen Kräfteverhältnisses vorhanden. Vielleicht ist es nicht zufällig, dass eine solche Konzeption, die konsequent „den Klassencharakter der Religion und der Kirche" beachtet,[207] in der Praxis des Befreiungskampfes entstanden ist.

Die neuen religiösen Entwicklungen in Lateinamerika und ihre theoretische Erfassung zeigen zugleich, dass die von Marx und Engels genannte Alternative, dass, wenn ein historischer Umwälzungsprozess durchschaut und darum nicht mehr „verhimmel(t)" wird, dann „alle Religion ab(ge)streift" wird (MEW 7,201),[208] nicht generell gültig ist. Auch wenn Engels Recht hat, dass das Christentum „unfähig geworden (ist), irgendeiner progressiven Klasse fernerhin als ideologische Verkleidung ihrer Strebungen zu dienen" (MEW 21,305), so folgt daraus offenkundig nicht, dass es für alle progressiven Klassen bedeutungslos geworden ist. Vielmehr existiert auch die Möglichkeit, dass eine unterdrückte Klasse, die sich ihrer selbst bewusst wird, ihr nicht-rationales symbolisches, darunter religiöses Wissen nicht abzulegen braucht, um kritisch denken zu können.[209] Dabei ist es für eine marxistische Religionstheorie völlig belanglos, Vermutungen darüber anzustellen, „was Marx dazu gesagt hätte", ob man davon ausgeht, dass „er das Christentum und überhaupt die Religion zurückweist",[210] oder ob man annimmt: „Wenn Marx gesehen hätte, wie die christliche Kirche in Nicaragua gewesen ist, hätte er nicht behauptet, dass sie hier ‚Opium des Volks' gewesen ist, sondern hätte gesagt, dass sie hier das Volk angetrieben hat",[211] denn dabei handelt es sich um unhistorische Spekulationen über das Urteil des historischen Subjekts Marx über ein ungleichzeitiges Phänomen. Wichtig ist vielmehr, mit der von ihm ausgearbeiteten und von anderen marxistischen Theoretikern weiterentwickelten historisch-materialistischen Methode neue gesellschaftliche Erscheinungen im religiösen Bereich zu analysieren. Dabei zeigt sich, dass die von ihm angegebene Alternative von religiöser Lektüre gesellschaftlicher Verhältnisse („verhimmeln") oder Religionslosigkeit („abstreifen") nicht allgemein, sondern vorwiegend für die Entwicklung in Europa gilt, im Blick auf die Marx ja auch seine Theorie formulierte. Materialistisch ist klar, dass die Existenz revolutionärer Gedanken bereits die Existenz einer revolutionären Klasse voraussetzt, aber mit der Existenz einer revolutionären Klasse erfolgt unter den Bedingungen abhängig-kapitalistischer Gesellschaften nicht notwendig ein Verschwinden religiöser Gedanken, sondern können sie selbst revolutionären Charakter annehmen.

„Das gläubige Volk, das kämpft, beweist uns, daß es nicht unmöglich ist, in althergebrachten Symbolen neue Wahrheiten zu zeugen."[212]

3. Charakter und Wurzeln der religiösen Weltaneignung

Nachdem die widersprüchlichen gesellschaftlichen Funktionen von Religion theoretisch erfasst sind, der „antagonistisch(e) Charakte(r) ..., der zwischen dem unterschiedlichen Gebrauch der gleichen religiösen Symbole in einer antagonistischen Klassengesellschaft besteht",[213] ist die Frage zu klären, welche Konsequenzen sich daraus für die Aussagen über das „"Wesen' der Religion" (MEW 3,143), das heißt über ihre Wurzeln in der „vorgefundenen materiellen Welt" (143) und über den Charakter der „religiös-geistigen Aneignung dieser Welt" (MEW 42,36),[214] ergeben. Indem Marx Religion erkenntnistheoretisch als „verkehrtes Weltbewusstsein" (MEW 1,378) charakterisiert, weist er ihr innerhalb der Theorie eine Sonderrolle zu: Die religiöse Widerspiegelung ist die einzige Form der „Aneignung dieser Welt", bei der die Verkehrtheit in die Definition aufgenommen ist. Auch wenn diese Formulierung aus der Zeit stammt, in der Marx noch stark von Feuerbach geprägt und der „geniale Keim der neuen Weltanschauung" noch nicht formuliert war (MEW 21,264), so setzt sich auch mit der historisch-materialistischen Betrachtungsweise der Religion keine andere erkenntnistheoretische Religionsauffassung durch. „Das Komplizierte der Marxschen Position beginnt hier: Trotz der funktionalen Betrachtungsweise der Religion ... wendet er auf die Religionsfrage das ‚Identitätsdenken', das Denken der Identität zwischen Totalität und Partikularität, zwischen Wesen und Erscheinung an", obwohl er sonst „bemüht ist, das Hegelsche Totalitätsdenken durch eine Dialektik zwischen dem Universalen und dem Partikularen zu ersetzen".[215] Statt eine der historisch-materialistischen Analyse entsprechende Religionsphilosophie zu entwickeln, bleibt es bei der abstrakten Negation, so dass für die Religion die Alternative gilt: entweder sie existiert als verkehrtes Bewusstsein oder sie verschwindet.[216]

„Behauptungen dieser Art, die in einigen Texten des reifen Marx vorhanden sind, sind unseres Erachtens viel eher in den Ideen der vorhergehenden Phasen begründet und inkohärent zur materialistischen Geschichtsauffassung. ... In diesem Sinne würde die Behauptung, dass die Religion notwendig illusorisch ist und verschwinden wird, bedeuten, aus der Religion eine Ausnahme unter den Formen des gesellschaftlichen Bewusstseins zu machen, auf der Grundlage eines Urteils über die Religion im allgemeinen und abstrakten, ohne die Nuancierungen, die dem Feld der geschichtlichen Klassenkämpfe eigen sind."[217]

Während zum Beispiel die Moral in einer Klassengesellschaft nicht nur „die Herrschaft und die Interessen der herrschenden Klasse" rechtfertigt, sondern auch – offenkundig in Einklang mit ihrem „Wesen" – „sobald die unterdrückte Klasse mächtig genug (wird), die Empörung gegen diese Herrschaft und die Zukunftsinteressen der Unterdrückten" vertreten kann (MEW 20,88), ist eine entsprechende gesellschaftliche Funktion von Religion dann nur adversativ oder in Kategorien von Äußerlichkeiten zu beschreiben.

Dass diese Betrachtungsweise zutiefst undialektische Konsequenzen mit sich bringen kann, wird bei Steigerwald deutlich, wenn er Engels' Aussagen über Münzers „revolutionäre religiöse Anschauungsweise" (MEW 7,353) dahingehend kommentiert, „daß die in diesen Passagen festgehaltenen Erscheinungen nicht dem Wesen der Religion entspringen",[218] sondern herangetragen werden: „Sozialrevolutionäre Gehalte ... dringen" „unter dem Einfluss der Klassenkämpfe und Revolutionen" „auch in die Religion ein".[219] Steigerwald geht nun aber nicht davon aus, dass auch alle anderen Inhalte, die – religiös formuliert – ein bestimmtes gesellschaftliches Verhalten mit sich bringen, aufgrund des Klassenkampfes „in die Religion eindringen", denn dann hätten seine Aussagen über die eingedrungenen revolutionären Gehalte nicht den geringsten argumentativen Wert hinsichtlich der Frage nach dem Zusammenhang von widersprüchlichen gesellschaftlichen Funktionen von Religion und ihrem „Wesen". Vielmehr können seiner Auffassung nach andere religiös motivierte, reaktionäre, reformistische oder auch anarchistische Vorstellungen durchaus ihre „Quelle" in der Religion haben.[220] Jedoch ist es da, wo eine Gesellschaft sich voller Widersprüche, und im Blick auf die hier diskutierte Frage: voller widersprüchlicher religiöser Erscheinungen erweist, nicht „korrekt, nur einen der Termini dieses Widerspruchs zu abstrahieren".[221] Unbrauchbar ist daher eine marxistische Religionsphilosophie, die die effektiven revolutionären Wirkungsmöglichkeiten von Religion als „Tatsachen, die ihr widersprechen, zu bloßen trügerischen Erscheinungsformen" wegerklärt,[222] selbstverständlich ebenso eine Theorie, die das „wahre Wesen" der Religion als revolutionär oder rebellisch ansieht und Herrschaftslegitimation, Opium-Funktion und so weiter als Verrat, Verfall oder ähnliches betrachten muss. Denn bei beiden bestünde die „eigene dialektische Methode ... in der dogmatischen Unterscheidung von gut und schlecht" (MEW 4,132).

Franz Hinkelammert hat aus der Marxschen Fetischismusanalyse, und weitergeführt in seiner „Kritik der utopischen Vernunft", ein Konzept entwickelt, das als Ansatz für eine dialektische und materialistische Religionsphilosophie dienen kann.[223]

Indem er untersucht, wie Marx die kapitalistische Produktionsweise und ihre Überwindung analysiert, stellt er fest, dass für diese Analyse Konzepte benötigt werden, die von der Realität ausgehend weit über sie hinausgreifen und Unmögliches auf den Begriff bringen. Dieser Vorgang des Entwerfens des Nicht-Realisierbaren hat seine Wurzeln im Arbeitsprozess selbst. Dem antagonistischen Charakter der kapitalistischen Produktionsweise entsprechend existieren diese Konzepte des Unmöglichen als Konzeptualisierung der perfekten Kapitalverwertung einerseits und der umfassenden Lebensmöglichkeiten der arbeitenden Menschen andererseits. Religion als Vorstellung von der Verwirklichung des Nicht-Machbaren spiegelt diesen Gegensatz wider, sie kann daher „Kultus des abstrakten Menschen" oder Religion des Lebens sein.

3.1 Die innere Transzendentalität der Realität

Bereits in der Untersuchung der religionstheoretischen Hinweise in Marx' Kapitalanalyse hatte man gesehen, dass die „Bewegung des Kapitals" als sich selbst verwertender Wert „maßlos" ist (MEW 23,167). Marx bringt diesen Sachverhalt analytisch so auf den Begriff:

> „Wenn die Gesamtheit der vom Kapital kommandierten Arbeitszeit auf ein Maximum gesetzt wird, sage das Unendliche, so daß die notwendige Arbeitszeit einen unendlich kleinen und die Surplusarbeitszeit einen unendlich großen Teil dieses bildete, so wäre dies das Maximum der Verwertung des Kapitals, und dies ist die Tendenz, der es zustrebt." (MEW 42,444)

Dass Marx hier das Maximum der Arbeitszeit gleich unendlich setzt, ist in keiner Weise beliebig. Vom Begriff her ist die Kapitalverwertung genau dann maximal, wenn die Mehrwertrate, das heißt das Verhältnis „Mehrarbeit: notwendige Arbeit", unendlich ist. Um dies zu erreichen, muss entweder die notwendige Arbeitszeit gleich Null oder die Mehrarbeit unendlich groß sein, wenn der jeweils andere Term eine positive endliche Größe besitzt. Praktisch strebt die Kapitalverwertung in beide Richtungen.

> „Es ist, wie wir gesehen, Gesetz des Kapitals, Surplusarbeit, disponible Zeit zu schaffen; es kann dies nur, indem es notwendige Arbeit in Bewegung setzt – d.h. den Tausch mit dem Arbeiter eingeht. Es ist daher seine Tendenz, möglichst viel Arbeit zu schaffen; wie es ebenso sehr seine Tendenz ist, die notwendige Arbeit auf ein Minimum zu reduzieren. ... Es ist ebenso sehr Tendenz des Kapitals, menschliche Arbeit überflüssig zu machen (relativ) als menschliche Arbeit ins Maßlose zu treiben." (312 f.)

Keine der beiden Tendenzen kann ihr Ziel erreichen. Eine Reproduktion des Gesamtarbeiters ohne jede Arbeit ist unmöglich, und in einem endlichen Zeitraum kann das Kapital nur endlich viele Arbeitskräfte anwenden. Unendlich große Arbeitszeit und auf Null reduzierte notwendige Arbeit sind Grenzbegriffe, außerhalb des praktisch Realisierbaren.

> „Wenn aber die Arbeiter von der Luft leben könnten, so wären sie auch um keinen Preis zu kaufen. Ihr Nichtkosten ist also eine Grenze im mathematischen Sinn, stets unerreichbar, obgleich stets annäherbar. Es ist die beständige Tendenz des Kapitals, sie auf diesen nihilistischen Standpunkt herabzudrücken." (MEW 23,626)

Um aber diese Tendenz strikt analysieren zu können, muss Marx das Unmögliche auf den Begriff bringen, er hätte gar nichts anderes sagen können als „sage das Unendliche". Begrifflich wird der Sachverhalt beschrieben „ohne jede Flause von bloß unendlicher Annäherung", also als „transzendentale(s)" Konzept.[224] Die Analyse der realen Tendenzen der Kapitalverwertung benötigt zahlreiche solcher Vorstellungen, die, auf den Begriff gebracht, Unmögliches beinhalten.

Stünde „die Zirkulationszeit des Kapitals" „gleich 0, so wäre die Wertschöpfung am höchsten" (MEW 42,444).

„Dauerte die Maschine ewig, ... wäre sie ein perpetuum mobile, so entspräche sie am vollständigsten ihrem Begriffe" (658), genauer: ihrem in der Perspektive der Kapitalverwertung gebildeten Begriffe.

Dies sind weitere transzendentale Vorstellungen, die dem Konzept der maximalen Kapitalverwertung angehören, von dem her die reale Kapitalverwertung zu begreifen ist. Die transzendentalen Konzepte wie das der maximalen Kapitalverwertung sind also erstens „in keiner Weise ... beliebige Konzepte. Sie sind von allgemeinen Zügen der Wirklichkeit ausgehend idealisierte Empirie". Zweitens „übersteigen sie diese empirische Realität", sie sind „nicht machbar". Und drittens sind sie Konzepte, „in Bezug auf die die empirische Wirklichkeit interpretiert" und analysiert wird.[225]

Wenn die Kapitalverwertung – gedanklich – das Maximum erreicht, vollzieht sich in der Tat ein „transzendentales Unglück".

„Stünde ... die notwendige Arbeitszeit = 0, d.h. ... könnte die Produktion ohne alle Arbeit vor sich gehen, so existierte weder Wert noch Kapital noch Wertschöpfung."(444)

Im Maximum der Kapitalverwertung wird kein Kapital verwertet. Darüber hinaus, dass es nicht realisierbar ist, ist das transzendentale Konzept maximaler Kapitalverwertung in sich widersprüchlich.[226] Dies ist jedoch nicht notwendig so; beispielsweise ist eine Maschine als perpetuum mobile zwar nach den grundlegenden Sätzen der Thermodynamik empirisch unmöglich, aber sie ist nicht in sich widersprüchlich. Trotz seines inhärenten Widerspruchs existiert das transzendentale Konzept maximaler Kapitalverwertung nicht nur, es erfüllt wichtige Aufgaben, über die Analyse des realen Prozesses hinaus hat es für den Kapitalisten auch handlungsorientierende Funktion. Nicht dass der Kapitalist etwas anderes versuchen würde, als den möglichen Profit zu realisieren. Aber erst indem das Unmögliche konzipiert wird, wird in der Analyse der realen

Bedingungen erkennbar, was in der Perspektive dieses Maximums möglich ist, wird somit das praktische Handeln bestimmt. Als ein handlungsleitendes dient das transzendentale Konzept als Utopie.

Von der Seite des Arbeiters her handelt es sich dagegen keineswegs um eine Utopie, sondern um die Anti-Utopie seiner Entmenschlichung.

> „Zeit ist der Raum zu menschlicher Entwicklung. Ein Mensch, der nicht über freie Zeit verfügt, dessen ganze Lebenszeit – abgesehen von rein physischen Unterbrechungen durch Schlaf, Mahlzeiten usw. – von seiner Arbeit für den Kapitalisten verschlungen wird, ist weniger als ein Lasttier. Er ist eine bloße Maschine zur Produktion von fremdem Reichtum, körperlich gebrochen und geistig verroht."(MEW 16,144)

Die universelle Entwicklung der Produktivkräfte, empirische Tendenz und transzendentales Konzept der Kapitalverwertung, erscheint als ihr Gegenteil.

> „In der bürgerlichen Ökonomie – und der Produktionsepoche, der sie entspricht – erscheint diese völlige Herausarbeitung des menschlichen Innern als völlige Entleerung; diese universelle Vergegenständlichung als totale Entfremdung und die Niederreißung aller bestimmten einseitigen Zwecke als Aufopferung des Selbstzwecks unter einen ganz äußeren Zweck."(MEW 42,396)

In den kapitalistischen Verhältnissen erscheint jedoch nicht nur, was sie sind, völlige Entleerung, totale Entfremdung und so weiter, sondern zugleich wird erkennbar, was sie nicht sind, freie Zeit zur menschlichen Entwicklung, selbstzweckliche Tätigkeit und so weiter. In der Perspektive des Arbeiters existiert in den Verhältnissen der kapitalistischen Warengesellschaft –zunächst einmal via negationis – die Gegen-Utopie erfüllten Lebens. Die Entwicklung von Utopien aus den realen Verhältnissen hat ihren Ursprung in der Praxis des arbeitenden Menschen. Konstitutiv gehört zum menschlichen Arbeitsprozess die Antizipation des zu verfertigenden Produkts.

„Wir unterstellen die Arbeit in einer Form, worin sie dem Menschen ausschließlich angehört. Eine Spinne verrichtet Operationen, die denen des Webers ähneln, und eine Biene beschämt durch den Bau ihrer Wachszellen manchen menschlichen Baumeister. Was aber von vornherein den schlechtesten Baumeister vor der besten Biene auszeichnet, ist, daß er die Zelle in seinem Kopf gebaut hat, bevor er sie in Wachs baut. Am Ende des Arbeitsprozesses kommt ein Resultat heraus, das beim Beginn desselben schon in der Vorstellung des Arbeiters, also schon ideell vorhanden war. Nicht daß er nur eine Formveränderung des Natürlichen bewirkt; er verwirklicht im Natürlichen zugleich seinen Zweck, den er weiß, der die Art und Weise seines Tuns als Gesetz bestimmt und dem er seinen Willen unterordnen muss." (MEW 23,193)

Im Moment des Zwecks ist das fertige Produkt „schon ideell vorhanden", und zwar analytisch betrachtet in zweifacher Weise, als vollkommenes Produkt und als realisierbares Produkt. Die „Vorstellung des Arbeiters" ist durch nichts daran zu hindern, die beste, vollkommene Erfüllung des gesetzten Zwecks zu konzipieren. „Dieses antizipatorische Element und die Vorstellungen, Ideen, Modelle, die da entstehen, sind nicht den Naturgesetzen unterworfen. ... Hier entstehen die wundervollen Ideen des Vollkommenen, die fantastischen Vorstellungen des Vollendeten, des Unbegrenzten usw."[227] Das perfekte Produkt ist nicht das Ziel des Arbeitsprozesses, sondern der Bezugspunkt für das Produkt, das in dem Rahmen, der durch die konkreten Arbeitsmaterialen, -mittel und -bedingungen abgesteckt wird, herstellbar ist. Das beste Produkt wird konzipiert, um das unter den gegebenen Bedingungen bestmögliche realisieren zu können. Die wundervolle Vorstellung des perfekten Produkts stellt also erstens eine von der unvollkommenen Zweckerfüllung der empirischen Produkte ausgehende Idealisierung dar, ist zweitens nicht realisierbar und wird drittens konzipiert, „um mittels der Erfahrung und der Analyse der Machbarkeit das Mögliche erkennen zu können",[228] das heißt, sie ist ein transzendentales Konzept. Dieses als handlungsorientierend utopische Element leitet also nicht auf irreale, fantastische Abwege, sondern wohnt als konstitutives Merkmal dem genuin menschlichen

Arbeitsprozess inne, der nach Marx „den schlechtesten Baumeister vor der besten Biene auszeichnet" und den Menschen aus einem natürlichen zu einem geschichtlichen Wesen macht.

Die Antizipation erstreckt sich nicht nur auf das Produkt, sondern auch auf „die Art und Weise des Tuns", den Arbeitsprozess als solchen. Wenn es sich nicht gerade um „Robinson auf seiner Insel" (MEW 23,90) handelt, ist dieser Prozess in die gesellschaftliche Arbeitsteilung eingebunden. Aus den realen Arbeitsbedingungen geht die antizipierende Vorstellung, das Streben nach besseren Formen der gesellschaftlichen Arbeitsteilung hervor.

> „Was die Teilung der Arbeit in der mechanischen Fabrik kennzeichnet, ist, daß sie jeden Spezialcharakter verloren hat. Aber von dem Augenblick an, wo jede besondere Entwicklung aufhört, macht sich das Bedürfnis nach Universalität, das Bestreben nach einer allseitigen Entwicklung des Individuums fühlbar." (MEW 4,157)

Arbeitsteilung und Produktivkraftentwicklung im Kapitalismus enthalten als „äußerste Form der Entfremdung" „in verkehrter, auf den Kopf gestellter Form schon ... die Auflösung aller bornierten Voraussetzungen der Produktion" in sich (MEW 42,422). Während in der Perspektive des Kapitalisten die Vorstellung maximaler Kapitalverwertung erscheint, entwickelt der Arbeiter aus der „Plackerei" seinen Gegen-Entwurf.

> „Die Erkennung der Produkte als seiner eignen und die Beurteilung der Trennung von den Bedingungen seiner Verwirklichung als einer ungehörigen, zwangsweisen – ist ein enormes Bewusstsein, selbst das Produkt der auf dem Kapital beruhenden Produktionsweise und ... das knell to its doom" (375).

Die Erkenntnis der „Ungehörigkeit" des Kapitalismus und das von ihm geweckte „Bedürfnis nach Universalität" läuten die „Totenglocke seines Untergangs" und bringen das Streben nach einer Gesellschaft hervor, die nun in nicht-verkehrter Form „die totale, universelle Entwicklung der

Produktivkräfte des Individuums" (422) im Blick hat – die Negation der „Verarmung des Arbeiters an individuellen Produktivkräften" im Kapitalismus (MEW 23,383).

Was in verkehrter Form real in den gesellschaftlichen Verhältnissen und im Bewusstsein, als Bedürfnis schon in richtiger Form vorhanden ist, erscheint in der Marxschen Theorie ebenfalls in zwei Formen: als Analyse dessen, was in den kapitalistischen Verhältnissen abwesend ist, und als Konzeptualisierung der Anwesenheit des Abwesenden im „Reich der Freiheit".

Was die kapitalistischen Verhältnisse sind, „völlige Entleerung", „totale Entfremdung", lässt sich nur in Bezug darauf aussagen, was sie nicht sind, „völlige Herausarbeitung des menschlichen Innern", „universelle Vergegenständlichung" (MEW 42,396). „Das, was sie *nicht sind*, ist ein wesentlicher Bestandteil dessen, was sie *sind*."[229] Marx bringt dies in der Analyse des Fetischcharakters der Ware so zum Ausdruck:

> „...die gesellschaftlichen Beziehungen ihrer Privatarbeiten (erscheinen) als das, was sie sind, d.h. nicht als unmittelbar gesellschaftliche Verhältnisse der Personen in ihren Arbeiten selbst, sondern vielmehr als sachliche Verhältnisse der Personen und gesellschaftliche Verhältnisse der Sachen." (MEW 23,87)

In der Fetischismusanalyse erklärt Marx nicht nur, was die Warenverhältnisse sind und als was sie erscheinen, sondern legt auch offen, was sie nicht sind, was sie selbst aber nicht offenkundig machen, weil dies der Fetischcharakter der Ware gerade verhindert.

> „Es gibt eine Abwesenheit in den Warenbeziehungen, eine Abwesenheit, die schreit, die aber vom Erscheinungsbild der Waren nicht offenbart wird. Nur das Erleben ihrer Auswirkungen und die rationale Analyse können sie zum Vorschein bringen. Die Ware jedenfalls verschweigt die Abwesenheit."[230]

Der Arbeitsprozess unter kapitalistischen Produktionsbedingungen ist von der Seite des Arbeiters her durch einen Mangel gekennzeichnet, er ist die „organisierte Unterdrückung seiner individuellen Lebendigkeit, Freiheit und Selbständigkeit" (MEW 23,528f.).

„Es versteht sich zunächst von selbst, daß der Arbeiter seinen ganzen Lebenstag durch nichts ist außer Arbeitskraft, daß daher alle seine disponible Zeit von Natur und Rechts wegen Arbeitszeit ist, also der Selbstverwertung des Kapitals angehört. Zeit zur menschlichen Bildung, zu geistiger Entwicklung, zur Erfüllung sozialer Funktionen, zu geselligem Verkehr, zum freien Spiel der physischen und geistigen Lebenskräfte, selbst die Feierzeit des Sonntags – und wäre es im Lande der Sabbatheiligen – reiner Firlefanz!"(280)

Die Feststellung dessen, was der kapitalistische Produktionsprozess verhindert, wird benötigt, um ihn zutreffend beschreiben zu können. „Das, was die Produktionsverhältnisse nicht erlauben, dient zu Analyse dessen, was sie sind."[231]

Positiv, als Beschreibung gesellschaftlicher Beziehungen jenseits der Warenproduktion, bringt Marx die Anwesenheit der im Kapitalismus abwesenden „Zeit zur menschlichen Bildung, zu geistiger Entwicklung usw." im Konzept des „Reichs der Freiheit" auf den Begriff. Es beinhaltet die Selbstverwirklichung des Menschen im „freien Spiel der physischen und geistigen Lebenskräfte".

„Das Reich der Freiheit beginnt in der Tat erst da, wo das Arbeiten, das durch Not und äußere Zweckmäßigkeit bestimmt ist, aufhört; es liegt also der Natur der Sache nach jenseits der Sphäre der eigentlichen materiellen Produktion. Wie der Wilde mit der Natur ringen muss, um seine Bedürfnisse zu befriedigen, um sein Leben zu erhalten und zu reproduzieren, so muss es der Zivilisierte, und er muss es in allen Gesellschaftsformen und unter allen möglichen Produktionsweisen. Mit seiner Entwicklung erweitert sich dies Reich der Naturnotwendigkeit, weil die Bedürfnisse; aber zugleich erweitern sich die Produktivkräfte, die diese befriedigen. Die Freiheit in diesem Gebiet kann nur darin bestehen, daß der vergesellschaftete Mensch, die assoziierten Produzenten, diesen ihren Stoffwechsel mit der Natur rationell regeln, unter ihre gemeinschaftliche Kontrolle bringen, statt von ihm als von einer blinden Macht beherrscht zu werden; ihn mit dem geringsten Kraftaufwand und unter den ihrer menschlichen Natur würdigsten und adäquatesten Bedingungen vollziehen. Aber es bleibt dies immer ein Reich der Notwendigkeit. Jenseits desselben beginnt die menschliche Kraftentwicklung, die sich als Selbstzweck gilt, das wahre Reich der Freiheit, das aber nur auf jenem Reich der Notwendigkeit als seiner Basis aufblühen kann. Die Verkürzung des Arbeitstags ist die Grundbedingung." (MEW 25,828)

Nach Marx ist dieses „wahre Reich der Freiheit" niemals vollständig zu verwirklichen. Es bleibt immer ein durch den Zwang zu mindestens der Subsistenzproduktion bestimmtes Reich der Notwendigkeit bestehen. Hatte Marx zunächst die Zweckbestimmtheit der menschlichen Arbeit und damit ihre Einheit von materieller und ideeller Tätigkeit betont, so führt er hier eine Unterscheidung der Zwecke ein: Äußere, durch Naturnotwendigkeit gesetzte Zwecke und Selbstzweck. Was die Menschen in Bezug auf die notwendige Arbeit erreichen können, ist die bewusste und planmäßige Organisation durch die assoziierten Produzenten. In diesem „Verein freier Menschen ..., die mit gemeinschaftlichen Produktionsmitteln arbeiten und ihre vielen individuellen Arbeitskräfte selbstbewusst als eine gesellschaftliche Arbeitskraft verausgaben", sind die „gesellschaftlichen Beziehungen der Menschen zu ihren Arbeiten und ihren Arbeitsprodukten ... durchsichtig einfach" (MEW 23,92f.), so dass hier die gesellschaftlichen Verhältnisse keine „blinde Macht" bleiben und daher ihre Mystifikation, ihr Fetischcharakter verschwindet. Vom Charakter der Zwecksetzung her ist die selbstzweckliche Tätigkeit von der notwendigen Arbeit unterschieden, sie vollzieht sich „jenseits" des Produktionsprozesses. Das Ausmaß der freien, das heißt „nicht für die unmittelbare Subsistenz erheischte Zeit" (MEW 42,534) wird vom Erreichen des möglichst geringen Kraftaufwandes für die eigentliche materielle Produktion bestimmt, das heißt davon, dass es gelingt, „die Arbeitszeit für die ganze Gesellschaft auf ein fallendes Minimum zu reduzieren und so die

Zeit aller frei für ihre eigne Entwicklung zu machen" (604); es bemisst sich an der „Verkürzung des Arbeitstags".

Auch wenn Marx durch äußere Zwecke gesetzte notwendige Arbeit klar von der selbstzwecklichen freien Tätigkeit unterscheidet, so trennt er doch beide nicht voneinander. Der Produktionsprozess schafft die Voraussetzungen, das heißt Zeit und Mittel, des Genusses, und das „wirklich freie Arbeiten" (512) wirkt auf den Produktionsprozess zurück.

„Die wirkliche Ökonomie – Ersparung – besteht in Ersparung von Arbeitszeit; ... diese Ersparung aber identisch mit Entwicklung der Produktivkraft. Also keineswegs Entsagen vom Genuss, sondern Entwickeln von Power, von Fähigkeiten zur Produktion und daher sowohl der Fähigkeiten wie der Mittel des Genusses. Die Fähigkeit des Genusses ist Bedingung für denselben, also erstes Mittel desselben, und diese Fähigkeit ist Entwicklung einer individuellen Anlage, Produktivkraft. Die Ersparung von Arbeitszeit gleich Vermehren der freien Zeit, d.h. Zeit für die volle Entwicklung des Individuums, die selbst wieder als die größte Produktivkraft zurückwirkt auf die Produktivkraft der Arbeit. ... Daß übrigens die unmittelbare Arbeitszeit selbst nicht in dem abstrakten Gegensatz zu der freien Zeit bleiben kann – wie sie vom Standpunkt der bürgerlichen Ökonomie erscheint –, versteht sich von selbst. ... Die freie Zeit, die sowohl Mußezeit als Zeit für höhere Tätigkeit ist – hat ihren Besitzer natürlich in ein anderes Subjekt verwandelt, und als dies andre Subjekt tritt er dann auch in den unmittelbaren Produktionsprozess." (607)

Trotz ihrer dialektischen Vermittlung besteht Marx darauf, dass das „wahre Reich der Freiheit" erst jenseits des Produktionsprozesses beginnt. Und da der Produktionsprozess unabänderliche, immer bleibende Naturnotwendigkeit ist, stellt Marx die volle Verwirklichung des Reichs der Freiheit „als ein Jenseits ... aller zukünftig möglichen und machbaren menschlichen Verhältnisse" dar, macht er es „ausdrücklich zu einem transzendentalen Konzept".[232] Der „Verein freier Menschen" verwirklicht durch die bewusst-planmäßige Kontrolle des Produktionsprozesses ein „fallendes Minimum" der notwendigen Arbeitszeit und damit eine Tendenz zur Annäherung an das vollständige Reich der Freiheit, ohne es zu erreichen. Das transzendentale Konzept des Reichs der Freiheit geht aus von allgemeinen Zügen der Realität, die Marx im Kapitalismus in verkehrter Form findet, genauer: für den Arbeiter in der auf den Kopf gestellten Form der Entfremdung, während „der Kapitalist die von den Arbeitern geschaffne freie Zeit (usurpiert)" (534), und die er als positive Tendenz für die sozialistische Gesellschaft antizipiert. Es bringt diese Züge der Realität in idealer Form auf den Begriff, ist in dieser Form selbst nicht realisierbar, gilt auch nicht als zu erreichendes Ziel, sondern dient zur Analyse realer Tendenzen sowohl der kapitalistischen wie der sozialistischen Gesellschaften. Bei Engels wird diese Frage inhaltlich ähnlich angegangen, begrifflich jedoch anders gefasst. Das Reich der Freiheit ist bei Engels ein realisierbares Konzept.

> „Die eigne Vergesellschaftung der Menschen, die ihnen bisher als von Natur und Geschichte oktroyiert gegenüberstand, wird jetzt ihre eigne freie Tat. Die objektiven, fremden Mächte, die bisher die Geschichte beherrschten, treten unter die Kontrolle der Menschen selbst. Erst von da an werden die Menschen ihre Geschichte mit vollem Bewußtsein selbst machen, erst von da an werden die von ihnen in Bewegung gesetzten gesellschaftlichen Ursachen vorwiegend und in stets steigendem Maße auch die von ihnen gewollte Wirkung haben. Es ist der Sprung der Menschheit aus dem Reich der Notwendigkeit in das Reich der Freiheit." (MEW 20,264)

Das Reich der Freiheit bei Engels beinhaltet zunächst also die „planmäßige bewusste Organisation" der gesellschaftlichen Produktion (264), was Marx als Schritt innerhalb des Reiches der Notwendigkeit beschreibt. Mit anderen Worten, ein an der Einsicht in die Notwendigkeit ausgerichtetes Handeln verbleibt nach Marx im Bereich der Notwendigkeit, während Engels hierin den Anbruch der Freiheit sieht. Jedoch beschränkt sich bei Engels das Reich der Freiheit nicht auf die Organisation der Produktion, sondern schließt „die vollständige freie Ausbildung und Betätigung (der) körperlichen und geistigen Anlagen" der Menschen ein (264).[233]

Wie für Marx bildet für Engels die planvolle Kontrolle der Produktion die Basis für die freie Entfaltung der menschlichen Kräfte. Auch wenn bei Engels der Sprung ins Reich der Freiheit vollziehbar ist, taucht das Problem der Realisierung dieser Freiheit „ohne jede Flause von bloß unendlicher Annäherung" auf, denn die tatsächliche Beherrschung von Natur und Geschichte durch Anwendung ihrer Gesetze wird „vorwiegend und in stets steigendem Maße", also nur unvollständig die beabsichtigten Wirkungen zeitigen. „Daher verdoppelt sich auch für Engels das sozialistische Projekt in ein transzendentales Projekt der Kontrolle über diese Mächte und in ein konkretes historisches Projekt, in welchem man sie soweit wie möglich kontrolliert."[234] Hier wird also ein zweites transzendentales Konzept sichtbar, das wiederum von bestimmten Zügen der Realität ausgeht, die im Kapitalismus in negativer Form als „Anarchie innerhalb der gesellschaftlichen Produktion" (264) anwesend sind und von Engels in positiver Form als „planmäßige bewusste Organisation" der Produktion für die sozialistische Gesellschaft antizipiert werden. Es ist ebenso wenig realisierbar, worauf Engels mit seinen komparativischen Formulierungen hinweist, etwa dass die Naturkräfte „mehr und mehr" (260) dem menschlichen Willen unterworfen werden. Zum transzendentalen Konzept des Reichs der Freiheit bei Marx, das von der selbstzwecklichen freien Tätigkeit ausgeht, ist das von Engels nicht eigens benannte, aber in der Analyse implizierte transzendentale Konzept, das von der naturnotwendigen Arbeit ausgeht, komplementär, indem es das „fallende Minimum" der notwendigen Arbeitszeit bei Marx artikuliert als vollständige Beherrschung der „Gesetze der äußern Natur" wie derjenigen Gesetze, „welche das körperliche und geistige Dasein des Menschen selbst regeln" (106).[235] In der Begrifflichkeit unterscheidet sich Engels allerdings vom Marxschen Sprachgebrauch, indem bei ihm erstens das Reich der Freiheit auch und in erster Linie den Produktionsprozess betrifft, zweitens das Reich der Freiheit eine historische Teilrealisierung des transzendentalen Konzepts meint und drittens das transzendentale Konzept selbst nicht explizit benannt wird.

Es steht außer Zweifel, dass Marx und Engels nicht an der Entwicklung transzendentaler Konzepte, sondern ausschließlich an der realen Veränderung der gesellschaftlichen Verhältnisse, an der „weltbefreiende(n) Tat" des Proletariats (MEW 20,265), an der Schaffung einer sozialistischen Gesellschaft interessiert waren. Umso wichtiger ist, festzustellen, dass die transzendentalen Konzepte dennoch bei ihnen präsent sind, und ihre Funktion genau zu bestimmen. Im Gegensatz zum utopischen Sozialismus, der „die versuchsweise Verwirklichung (seiner) gesellschaftlichen Utopien" (MEW 4,491) erstrebt, dient der wissenschaftliche Sozialismus zum Aufbau einer neuen historischen Produktionsweise, die keinen Idealzustand darstellt, sondern eine „absolut(e) Bewegung des Werdens" (MEW 42,396).

> „Der Kommunismus ist für uns nicht ein Zustand, der hergestellt werden soll, ein Ideal, wonach die Wirklichkeit sich zu richten haben (wird). Wir nennen Kommunismus die wirkliche Bewegung, welche den jetzigen Zustand aufhebt. Die Bedingungen dieser Bewegung ergeben sich aus der jetzt bestehenden Voraussetzung."
> (MEW 3,35)

Marx und Engels gehen nicht von Utopien aus, sondern von der wissenschaftlichen Beobachtung der Geschichte und entwickeln daraus ihre Bewegungsgesetze. Aus dieser Analyse leiten sich die jeweils historisch realisierbaren Schritte ab. Nicht im Namen einer Utopie, sondern wegen des tödlichen Charakters des Kapitalismus für die Arbeiter ist der Übergang zum Sozialismus notwendig, er wird „zur Frage von Leben oder Tod" (MEW 23,512).

> „Es ist also jetzt so weit gekommen, daß die Individuen sich die vorhandene Totalität von Produktivkräften aneignen müssen, nicht nur um zu ihrer Selbstbetätigung zu kommen, sondern schon überhaupt um ihre Existenz sicherzustellen." (MEW 3,67)

Aber aus der Analyse dessen, was die kapitalistischen Produktionsverhältnisse nicht erlauben und der Sozialismus verwirklicht, Existenzsicherung und Selbstbetätigung, entstehen die beiden transzendentalen Konzepte, die jeweils einen dieser Grundaspekte menschlichen Lebens in seiner Vollkommenheit denken. Sie beschreiben keine künftige Gesellschaftsordnung, „Marx betrachtet die zu schaffende Gesellschaft nicht in Begriffen von Perfektion, sondern von Entwicklung".[236]

„Die Beziehung zwischen historischem Projekt und transzendentalem Projekt ist also eine logische, keine historische. Das transzendentale Projekt folgt nicht im Lauf der Geschichte auf die Realisierung des historischen Projekts, sondern es begleitet das historische Projekt als seine Transzendentalität in all seinen Realisierungsetappen."[237]

Die einzelnen Etappen der sozialistischen Gesellschaft können eine wachsende Annäherung an das transzendentale Konzept bringen, sind aber allesamt gleich weit vom Erreichen desselben entfernt, denn durch noch so viele historisch realisierte Projekte kommt man dem Erreichen des Nicht-Realisierbaren nicht näher, nach noch so vielen endlichen Schritten ist man vom Erreichen des Unendlichen genauso weit entfernt wie zuvor. Das transzendentale Konzept ist also keine Zielprojektion, sondern ein Analyseinstrument, von dem her Mängel, Tendenzen und so weiter realer gesellschaftlicher Verhältnisse bestimmt werden. Zugleich entdeckt man durch die Konzeptualisierung des Unmöglichen „den Rahmen des Möglichen. ... Das Mögliche resultiert daraus, das Unmögliche dem Kriterium der Machbarkeit zu unterwerfen."[238] Lenin hat dies in seiner Auffassung über die Notwendigkeit von Träumen zum Ausdruck gebracht.

„‚Ein Zwiespalt gleicht dem anderen nicht', schrieb Pissarew über den Zwiespalt zwischen Traum und Wirklichkeit. ‚Meine Träume können dem natürlichen Gang der Ergebnisse vorauseilen, oder sie können auch ganz auf Abwege geraten, auf Wege, die der natürliche Gang der Ereignisse nie beschreiten kann. Im ersten Fall ist das Träumen ganz unschädlich; es kann sogar die Tatkraft des arbeitenden Menschen fördern und stärken ... Solche Träume haben nichts an sich, was die Schaffenskraft beeinträchtigt oder lähmt. Sogar ganz im Gegenteil. Wäre der Mensch aller Fähigkeit bar, in dieser Weise zu träumen, könnte er nicht dann und wann vorauseilen, um in seiner Phantasie als einheitliches und vollendetes Bild das Werk zu erblicken, das eben erst unter seinen Händen zu entstehen beginnt, dann kann ich mir absolut nicht vorstellen, welcher Beweggrund den Menschen zwingen würde, große und anstrengende Arbeiten auf dem Gebiet der Kunst, der Wissenschaft und des praktischen Lebens in Angriff zu nehmen und zu Ende zu führen ... Der Zwiespalt zwischen Traum und Wirklichkeit ist nicht schädlich, wenn nur der Träumende ernstlich an seinen Traum glaubt, wenn er das Leben aufmerksam beobachtet, seine Beobachtungen mit seinen Luftschlössern vergleicht und überhaupt gewissenhaft an der Realisierung seines Traumgebildes arbeitet. Gibt es nur irgendeinen Berührungspunkt zwischen Traum und Leben, dann ist alles in bester Ordnung.' Träume solcher Art gibt es leider in unserer Bewegung allzu wenig."[239]

Von ausschlaggebender Bedeutung ist also die Verhältnisbestimmung zwischen Traum und Wirklichkeit. Nicht die vollständige Realisierbarkeit des Traums ist entscheidend, sondern dass er „irgendeinen Berührungspunkt" zum Leben hat. Erst wo dieser Punkt fehlt, wo der Traum nicht wenigstens teilweise in ein historisches Projekt umsetzbar ist, wird er schädlich. Die Träume, von denen Lenin gern mehr haben möchte, erfüllen also bei ihm die gleiche Funktion für das gesellschaftliche Handeln, die Veränderung der Gesellschaft, wie sie das transzendentale Konzept des vollendeten Produkts für den Arbeitsprozess, die Veränderung der Natur, ausübt: Verbunden mit der „aufmerksamen Beobachtung des Lebens" und dem „Vergleich von Beobachtung und Luftschloss", das heißt der Analyse der Machbarkeit, das bestmögliche Resultat zu erzielen. Das Reich der Freiheit bei Marx, das nur in der Perspektive seiner Teilrealisierung in der „Assoziation, worin die freie Entwicklung eines jeden die Bedingung für die freie Entwicklung aller ist" (MEW 4, 482), seine theoretische und praktische Bedeutung hat, nimmt auch die Rolle eines solchen, umfassenden Traums ein.

Das transzendentale Konzept des Reichs der Freiheit existiert „im Inneren des realen Lebens selbst, denn insofern der Mensch sein reales Leben lebt und seine Befriedigung in ihm sucht, entdeckt er gleichzeitig seine negativen Seiten und die in ihm beinhalteten Abwesenheiten. Aus diesem Erleben entspringt die Hoffnung auf ihre endgültige Überwindung."[240] Es handelt sich um „eine dem realen und materiellen Leben innerliche Transzendentalität",[241] die einen dreifachen Ausdruck hat, nämlich in den realen Erfahrungen von Abwesenheit, in den historisch-konkreten Projekten der partiellen Realisierung und im transzendentalen Konzept der vollständigen Verwirklichung. Im Kapitalismus überdecken der Fetischcharakter der Ware, des Geldes und des Kapitals, die Mystifikation der gesellschaftlichen Verhältnisse das Sichtbarwerden dessen, was in den Verhältnissen abwesend ist.

„Wenn man die Wirklichkeit von den Warenbeziehungen aus betrachtet, kehrt sich die Transzendentalität des realen Lebens um und lässt im Spiegel eine fetischisierte und vom realen Leben losgelöste Transzendentalität erscheinen. Der Fetisch, der dem realen Leben entgegensteht, scheint die Transzendentalität zu sein, um derentwillen der Mensch lebt."[242]

Die Transzendentalität, die aus dem Kapitalverhältnis entspringt, bringt aus sich das Streben hervor, „sich dem Reichtum schlechthin durch Größenausdehnung anzunähern" (MEW 23,166), was, in Hegels Begrifflichkeit, nichts anderes als die „schlechte Unendlichkeit ... in der Form des Progresses des Quantitativen ins Unendliche" ist, schlecht, weil faktisch „das erweiterte Quantum ... dem Unendlichen nichts abgewonnen" hat.[243] Der „Reichtum schlechthin" ist „als ein Jenseits in die trübe, unerreichbare Ferne" gestellt,[244] „als ob das Endliche Diesseits, das Unendliche aber Jenseits wäre".[245] Während also die dem Kapitalverhältnis eigene Transzendentalität eine äußere und vom konkreten Leben der Menschen losgelöste ist, ist im „Verein freier Menschen", der die Mystifikation der gesellschaftlichen Verhältnisse überwunden hat, die innere Transzendentalität des Lebens nicht dem historischen Projekt als unendlich fernes Ziel gegenübergestellt, nicht jenseits, sondern innerhalb der Teilverwirklichungen positiv vorhanden; als solche ist sie „wahrhaft Unendliches", in dem „das Endliche und das Unendliche selbst Momente des Prozesses sind".[246] „In Wirklichkeit", so referiert Lenin Hegel zustimmend,

„sind sie (das Endliche und das Unendliche) untrennbar. Sie sind eine Einheit."[247] Für den Prozess der gesellschaftlichen Entwicklung hat Marx diesen Sachverhalt in der Art und Weise, wie er das Reich der Freiheit konzipiert, in ein theoretisches Konzept gebracht, das die fetischisierte Transzendentalität der kapitalistischen Verhältnisse von der inneren Transzendentalität des wirklichen Lebensprozesses der Menschen, das heißt ihrer Existenzsicherung und Selbstbetätigung, zu unterscheiden erlaubt.

3.2 Das Bewusstsein der Transzendenz, das hervorgeht aus dem wirklichen Müssen

Mit der Entwicklung des transzendentalen Konzepts des Reichs der Freiheit korrigiert Marx eine überschwängliche Auffassung aus seinen „ökonomisch-philosophischen Manuskripten", in denen er von der Realisierbarkeit solcher Vorstellungen der vollendete(n) Wesenseinheit des Menschen mit der Natur" (MEW EB 1,538) ausging.

> „Der Kommunismus ... als vollständige, bewusst und innerhalb des ganzen Reichtums der bisherigen Entwicklung gewordene Rückkehr des Menschen für sich als eines gesellschaftlichen, d.h. menschlichen Menschen. Dieser Kommunismus ist als vollendeter Naturalismus = Humanismus, als vollendeter Humanismus = Naturalismus, er ist die wahrhafte Auflösung des Widerstreits zwischen dem Menschen mit der Natur und mit dem Menschen, die wahre Auflösung des Streits zwischen Existenz und Wesen, zwischen Vergegenständlichung und Selbstbetätigung, zwischen Freiheit und Notwendigkeit, zwischen Individuum und Gattung. Er ist das aufgelöste Rätsel der Geschichte und weiß sich als diese Lösung." (536)

Während in den „Manuskripten" der Kommunismus sogar nur „die notwendige Gestalt ... der nächsten Zukunft" und nicht einmal „das Ziel der menschlichen Entwicklung" ist (546), hält Marx im „Kapital" zwar an der Vorstellung fest, bestimmt sie aber als transzendentales Konzept. Indem er statt von der abstrakt-philosophischen Kategorie der Entfremdung nun von der ökonomischen Analyse der antagonistischen Klassengesellschaft ausgeht,[248] unterwirft er die „wahre Auflösung des Streits zwischen Freiheit und Notwendigkeit" einer Analyse der Machbarkeit und gelangt zu dem Resultat, dass sie nur näherungsweise zu erreichen ist. Damit nimmt Marx zugleich die Voraussetzung seiner frühen Religionskritik zurück, die auf der These beruhte, dass die „Aufhebung der Religion als des illusorischen Glücks des Volkes" die Realisierung „seines wirklichen Glücks" (MEW 1,379) ermöglicht, das heißt, „dass jede religiöse Transzendentalität durch die Immanenz eines konkreten historischen Projekts eingeholt werden kann".[249] In den ökonomischen Werken dagegen geht Marx aus von der Existenz einer „innergeschichtlichen, ... an der Wurzel aller ‚gesellschaftlichen Produktion und Reproduktion des Lebens' steckenden Erfahrung von Transzendentalität",[250] die historisch nicht einlösbar ist. An dieser Stelle gewinnt eine Religionsdefinition von Marx an Bedeutung, die bisher in der marxistischen Religionstheorie, auch bei Marx selbst, keine Rolle gespielt hat. Sie befindet sich unter den Notizen zum Feuerbach-Kapitel der „Deutschen Ideologie".

„Religion ist von vornherein das Bewußtsein der Transzendenz
(, das) hervorgeht aus dem wirklichen Müssen." (MEW 3,540)

Transzendenz unterscheidet sich dabei von Transzendentalität dadurch, dass in ihr die transzendentalen Konzepte mittels des Rekurs auf übernatürliche, übermenschliche, metahistorische oder metasoziale Kräfte inhaltlich gefüllt erscheinen. Die Religion als Bewusstsein der Transzendenz ist „die Vorstellung der verwirklichten Transzendentalität".[251] Die Wurzel des religiösen Bewusstseins ist das „wirkliche Müssen", Religion ist ein „Phänomen der weltlichen Beschränktheit" (MEW 1,352). Marx und Engels haben verschiedene Formen der weltlichen Beschränktheit als Wurzeln der Religion bestimmt, ein unbegriffenes Naturverhältnis, Herrschafts- und Knechtschaftsverhältnisse, die Fetischcharakter annehmenden Waren-, Geld- und Kapitalverhältnisse. Als ein „wirkliches Müssen" bezeichnet Marx aber auch die materielle Produktion, sie ist „ewige Naturnotwendigkeit" (MEW 23,57), ein immer bleibendes Reich der Notwendigkeit. Es gibt also sehr verschiedene Daseinsweisen des „wirklichen Müssens" und daher auch sehr verschiedene Formen des Bewusstseins der Transzendenz, die aus ihnen hervorgehen.

Die Kritik des religiösen Bewusstseins, das „ein selbständiges Reich in den Wolken fixiert" (MEW 3,6), eine Transzendenz außerhalb des wirklichen Lebens formuliert, ergibt sich notwendig aus dem Marxschen Denken. Im „Kapital" untersucht Marx diese Erscheinungen als religiöse Widerspiegelungen von Waren-, Geld- und Kapitalfetisch und gelangt zu der Folgerung, dass dann, wenn das Natur- und Gesellschaftsverhältnis aufhört, eine „blind(e) Macht" zu sein (MEW 25,828), auch die zugehörigen religiösen Bilder verschwinden.

„Der religiöse Widerschein der wirklichen Welt kann überhaupt nur verschwinden, sobald die Verhältnisse des praktischen Werkeltagslebens den Menschen tagtäglich durchsichtig vernünftige Beziehungen zueinander und zur Natur darstellen. Die Gestalt des gesellschaftlichen Lebensprozesses, d.h. des materiellen Produktionsprozesses, streift nur ihren mystischen Nebelschleier ab, sobald sie als Produkt frei vergesellschafteter Menschen unter deren planmäßiger Kontrolle steht." (MEW 23,94)

Religion als „Heiligenschein" (MEW 1,379) der weltlichen Beschränktheit, der die weltlichen Schranken als heilige Grenzen festschreibt, ist im Interesse der Überwindung dieser Schranken zu kritisieren.

„Die Schranke des Kapitals ist, daß diese ganze Entwicklung gegensätzlich vor sich geht ... . Diese gegensätzliche Form ... produziert die realen Bedingungen ihrer eignen Aufhebung. Resultat ist: die ihrer Tendenz ... nach allgemeine Entwicklung der Produktivkräfte – des Reichtums überhaupt – als Basis, ebenso die Universalität des Verkehrs, daher der Weltmarkt als Basis. Die Basis als Möglichkeit der universellen Entwicklung der Individuen und die wirkliche Entwicklung der Individuen von dieser Basis aus als beständige Aufhebung ihrer Schranke, die als Schranke gewusst ist, nicht als heilige Grenze gilt." (MEW 42,447)

Die Kritik der Religion ist die Kritik des Bewusstseins der Transzendenz, die als Unendlichkeit von der Endlichkeit abgetrennt und ihr gegenübergestellt wird. Die Negation der heiligen Grenzen ist die Bejahung der Lebensmöglichkeiten der Menschen in einer Produktionsweise, in der „die einzige Voraussetzung das Hinausgehen über den Ausgangspunkt" ist (445).

Mit der Ablehnung der äußeren Transzendenz sah Marx die Kritik der Religion als beendet an. Die Fetischismusanalyse bekräftigt diese Ablehnung, macht aber zugleich die Transzendentalität im Inneren des realen und materiellen Lebensprozesses der Menschen sichtbar. Wenn diese innere Transzendentalität des wirklichen Lebens erkannt und als solche gewusst wird, gibt es auf der philosophischen Ebene drei prinzipiell verschiedene Formen, mit diesem Problem umzugehen. Entweder versteht man das transzendentale Konzept als ein unendlich fernes Ziel, das durch lauter endliche Schritte in einem unendlichen Progress erreichbar ist. Der „Progress ins Unendliche" ist jedoch „der Ausdruck eines Widerspruchs, der sich selbst für die Auflösung und für das Letzte gibt".[252]

Den Menschen wird die Auflösung des Widerspruchs zwischen ersehnter Fülle des Lebens und weltlicher Beschränktheit in einer unendlichen Ferne, die erreichbar erscheint, vorgegaukelt: die „transzendentale Illusion"[253] der menschlichen Machbarkeit des Unmöglichen. Oder man stellt die Nicht-Machbarkeit des transzendentalen Konzepts explizit fest und konzipiert die konkreten Projekte als Schritte, die ausgehend von den jeweiligen historischen Voraussetzungen das Mögliche in die Tat umsetzen und so die im transzendentalen Konzept vorgestellte Fülle menschlichen Lebens teilweise und annähernd verwirklichen, ohne dass man sich damit dem Erreichen der transzendentalen Vorstellung näher glaubt. Im Überschreiten der gegebenen Schranken und Erreichen des Möglichen findet der Mensch seine Bestimmung und Erfüllung. Das ist die Konzeption von Marx und des Marxismus. Oder aber man bejaht die Machbarkeit des Unmöglichen jenseits aller menschlichen Machbarkeit. Das ist der religiöse Entwurf, denn dann taucht unweigerlich das Bild Gottes auf als des „Garanten der Möglichkeit, die menschliche Utopie über die Grenzen der menschlichen Machbarkeit hinaus zu verwirklichen".[254] Ausgehend von der Spannung zwischen weltlicher Beschränktheit – und das ständige Überschreiten der Schranken hebt diese Beschränktheit ja nicht auf, sondern unterstreicht sie – und vorstellbarer Welt menschlicher Fülle „ist es sehr logisch, zu erwarten, dass der explizit religiöse Sinn des Lebens wieder in Erscheinung tritt",[255] erwartbar genau deshalb, weil das wirkliche Müssen das Bewusstsein der Transzendenz aus sich hervorbringt. Das Reich Gottes und der Gott, der es endgültig verwirklicht, sind solche transzendente Vorstellungen, die die vollständige Erfüllung der auf das wirkliche und materielle Leben gerichteten menschlichen Hoffnung ermöglichen, ohne auf einen schlecht-unendlichen Progress zurückgreifen zu müssen.[256] Die Transzendentalität im Inneren des wirklichen Lebens, die man mit Hilfe der wissenschaftlichen Vernunft entdeckt, ist die neue Erde. Diese ist zugleich Inhalt der transzendenten Vorstellungen bestimmter religiöser Traditionen. Was hier die „religiös-geistige Aneignung der Welt" von der Weise, wie sich der „denkende Kopf" diese Welt aneignet, unterscheidet (MEW 42,36), ist die Vorstellung der Machbarkeit des menschlich Unmöglichen, die notwendig eine Gottesvorstellung einschließt, während der denkende Kopf die Nicht-Machbarkeit analytisch feststellt und, weil er „keinen Gott ableiten (kann), der sich für die Verwirklichung der neuen Erde einsetzt und in der Lage ist, sie zu verwirklichen",[257] die Machbarkeit grundsätzlich verneint.

Bei Engels stößt man in einem völlig anderen Zusammenhang auf das gleiche Problem. Er erklärt die philosophische Systembildung „aus einem unvergänglichen Bedürfnis des Menschengeistes ...: dem Bedürfnis der Überwindung aller Widersprüche" (MEW 21,270) und kritisiert an Hegel, dass er diese Aufhebung aller Widersprüche als innergeschichtlich realisiert konzipiert hat:

> „Sind aber alle Widersprüche ein für allemal beseitigt, so sind wir bei der so genannten absoluten Wahrheit angelangt, die Weltgeschichte ist zu Ende und doch soll sie fortgehen, obwohl ihr nichts mehr zu tun übrig bleibt – also ein neuer, unlösbarer Widerspruch." (270)

Da diese Argumentation aber für alle Konzeptionen innergeschichtlicher Realisierung der „Überwindung aller Widersprüche" gilt, ist zu folgern, dass die „Überwindung aller Widersprüche" ein transzendentales Konzept ist, das einem „unvergänglichen Bedürfnis des Menschengeistes" entspringt und ihm Rechnung trägt. Wenn Engels davon spricht, dass alle Widersprüche zu überwinden „nur die gesamte Menschheit in ihrer fortschreitenden Entwicklung leisten kann" (270), so spricht er damit von historisch-gesellschaftlichen Projekten, die niemals alle Widersprüche beseitigen, denn die „Unendlichkeit ist ein Widerspruch" und die „Aufhebung (dieses) Widerspruchs wäre das Ende der Unendlichkeit" (MEW 20,48).

Angesichts des von Engels formulierten transzendentalen Konzepts gibt es wieder die drei Antwortformen der Illusion des Erreichens im schlecht-unendlichen Progress, der grundsätzlichen Verneinung der Realisierbarkeit und die Bejahung der Möglichkeit der tatsächlichen Erfüllung dieses „unvergänglichen Bedürfnisses des Menschengeistes" jenseits menschlicher Machbarkeit. Letzteres ist die religiöse Form. Mehr noch, es ist grundlegendes Charakteristikum der religiösen Weltaneignung, dass sie die Beseitigung aller Widersprüche konzipiert, wobei diese Beseitigung in unterschiedlichen Ansätzen und mit unterschiedlichen Konsequenzen gedacht werden kann. Engels selbst bezeichnet als das „Wesen der Theologie ... die Vermittlung und Vertuschung absoluter Gegensätze" (MEW 1,447), und nicht zufällig bieten im Bauernkrieg für die Konzeption der Aufhebung der Klassenwidersprüche, die damals noch nicht möglich war und darum in phantastischer Form erfolgen musste, die „chiliastischen Schwärmereien des ersten Christentums ... einen bequemen Anknüpfungspunkt" (MEW 7,346). Gramsci teilt dieses Verständnis der religiösen Widerspiegelung, wenn er von der Religion sagt, sie sei „der grandioseste Versuch, in mythologischer Form die realen Widersprüche des geschichtlichen Lebens miteinander zu versöhnen".[258] Dussel bezeichnet die Religion als „Utopie universeller Versöhnung".[259] Beide stimmen also in der Auffassung der Religion als Konzept der Versöhnung aller Widersprüche überein, sehen diese jedoch in unterschiedlichen Denkformen durchgeführt, der eine mythologisch, der andere utopisch. Wenn Lewada schließlich im religiösen Mythos wie Ritual „eine scheinbare Überwindung der realen Widersprüche des Lebens" vollzogen sieht,[260] wird vollends deutlich, dass jedes einlinige Verständnis der Form der Aufhebung aller Widersprüche im religiösen Bewusstsein unzureichend ist. Denn offenkundig ist die religiöse Beseitigung der Widersprüche nicht notwendig eine nur scheinbare. Die Praxis der Christen im nicaraguanischen Befreiungskampf hat beispielhaft deutlich gemacht, dass Religion eine Praxis der Aufhebung der unter den gegebenen historischen Bedingungen aufhebbaren Widersprüche und der bestmöglichen Verwirklichung von Existenzsicherung und Selbstbetätigung in sich einbegreifen kann. Gewiss ist die damit zugleich artikulierte Überwindung aller Widersprüche im Reich Gottes in dem Sinn eine „illusionäre Lösung der realen Widersprüche",[261] als diese Hoffnung durch keinen Vernunftgrund gerechtfertigt werden kann, und in diesem Sinn handelt es sich um eine „unmittelbare, das heißt gefühlsmäßige Form des Verhaltens der Menschen" zum wirklichen Müssen (MEW 20,294). Aber aus Lenins Bemerkung über Träume und Luftschlösser geht hervor, dass für die marxistische Auffassung nicht die gefühlsmäßig-phantastische Form einer Vorstellung entscheidend ist, sondern ihr Berührungspunkt zum Leben, das heißt die Frage, in welcher Form sich ein Bewusstsein der Transzendenz mit welchem historischen Projekt verbindet.

Diese Überlegungen führen also zu folgendem Resultat: Die Wurzeln der Religion liegen im wirklichen Müssen, das heißt in den Beschränkungen, Mängeln, Notwendigkeiten und so weiter im Verhältnis der Menschen zur Natur, untereinander und zu sich selbst. Der spezifische Charakter der religiösen Form der Weltaneignung besteht darin, die Überwindung aller Widersprüche des menschlichen Lebens jenseits der menschlichen Machbarkeit zu artikulieren. Religion ist das Bewusstsein der Transzendenz, in dem die vollständige Aufhebung der im wirklichen Müssen begründeten Widersprüche konzipiert wird.

Die Reich-Gottes-Tradition, die ein Kernstück der neuen religiösen Weltaneignung in Lateinamerika ist, lässt sich als eine religiöse Konzeption verstehen, die die vollständige Realisierung der inneren Transzendentalität des wirklichen Lebensprozesses formuliert. Sie geht aus von der Erfahrung des Mangels menschlicher Lebensmöglichkeiten und der seiner partiellen Überwindung in Taten der Befreiung und konzipiert die letztere als Idealbild. Nicht umsonst stellt schon Engels fest, dass in der Apokalypse das „1000jährige Reich in irdischen Farben geschildert" wird

(MEW 39,277). Das Bild der neuen Erde beinhaltet „die Befriedigung aller Bedürfnisse in Fülle, die Möglichkeit, voll den Rhythmus des Lebens zu leben und dabei alles mit allen zu teilen",[262] „eine Situation, in der die bloße Spontaneität gegenüber sich selbst, den anderen und den Gütern nicht mehr mit dem Leben eines anderen und dessen Genuss in Widerspruch treten kann".[263] Die bejahte Verwirklichung des Reiches Gottes übersteigt die Möglichkeiten des menschlich Machbaren, zugleich orientiert sie sich aber auch auf historische Projekte, die ausgehend von den gegebenen historischen Bedingungen zunächst einmal die Befriedigung der Grundbedürfnisse für alle ermöglichen.

> „Einerseits trägt das Reich Gottes utopische Züge, denn es kann in der Geschichte niemals vollständig verwirklicht werden; andererseits wird es in geschichtlichen Befreiungsvorgängen angekündigt und konkret ausgedrückt. Das Reich Gottes durchdringt menschliche Befreiungsereignisse; es zeigt sich in ihnen, ist aber nicht identisch mit ihnen. Befreiungsvorgänge in der Geschichte sind beschränkt allein schon dadurch, daß sie geschichtlich sind, aber sie sind zugleich offen für etwas Größeres. Das Reich Gottes geht über sie hinaus. Deshalb ist es das Ziel unserer Hoffnung, und darum können wir zum Vater beten: ,Dein Reich komme'. Geschichtliche Befreiungsereignisse verwirklichen das Reich Gottes in dem Maße, wie sie das Leben menschlicher machen und gesellschaftliche Beziehungen von größerer Geschwisterlichkeit, Teilhabe und Gerechtigkeit schaffen."[264]

Dass das Reich Gottes jede menschliche Machbarkeit übersteigt, kommt am klarsten darin zum Ausdruck, dass in ihm „der Tod nicht mehr sein wird" (Apk 21,4). In letzter Instanz ist die Ursache dafür, dass immer ein Reich der Naturnotwendigkeit bleibt, die Sterblichkeit der Menschen, die zur Subsistenzproduktion zwingt. „Daher wird die transzendentale Vorstellung konsistent, wenn sie ausdrücklich eine Erde ohne Tod vorstellt, und diese Tatsache bezeugt ihren transzendentalen Charakter."[265] Da im Unterschied zur wissenschaftlichen Vernunft „in der Rationalität des Glaubens alles überwunden werden kann, sogar der Tod",[266] vermag die religiöse Weltaneignung eine solche konsistente Widerspiegelung der inneren Transzendentalität des wirklichen Lebens hervorzubringen. Schließlich weiß sich die religiöse Utopie vom Reich Gottes auch als Konzeption der Aufhebung aller Widersprüche. Sie beinhaltet, dass dann, wenn, wie sie hofft, alle Widersprüche überwunden werden, auch die Religion verschwindet: im neuen Jerusalem gibt es keinen Tempel (Apk 21,22).[267] Wenn die innere Transzendentalität des wirklichen Lebens vollständig und unmittelbar realisiert ist, das heißt, wenn Transzendenz und Immanenz zusammenfallen, verliert das „Bewusstsein der Transzendenz" seinen eigenständigen Charakter. Dies bedeutet innergeschichtlich, dass mit der wachsenden Überwindung von Schranken und grundlegenden Widersprüchen und der zunehmenden Verwirklichung von „Zeichen des Reiches Gottes", das heißt Existenzsicherung und Selbstbetätigung, die Bedeutung der Religion zurückgeht.

> „Je mehr daher die Geschichte die Herrlichkeit Gottes widerspiegelt, je mehr Situationen es gibt, in denen die Herrlichkeit Gottes sozusagen sehr direkt wird, desto weniger wichtig werden die religiösen Vermittlungen, desto relativer werden sie."[268]

Gott erscheint in dieser Konzeption als der, „der die Macht hat, den endgültigen Erfolg der menschlichen Hoffnung zu garantieren, und der sich im Bund mit der Menschheit verpflichtet und somit den Erfolg des menschlichen Vorhabens garantiert hat".[269] Diesen Gott entdeckt man nur im Kontext befreiender Praxis, das heißt in der Beteiligung an historischen Projekten, die die Fülle menschlichen Lebens teilweise und annähernd verwirklichen. In der Theologie, die von der Hoffnung auf den vollständigen Erfolg der Befreiungspraxis ausgeht,

> „ist daher Gott in erster Linie keine objektive Konstruktion, der man sich mit der Frage zuwendet: Existiert Gott?, sondern er ist jemand, der gegenwärtig ist, soweit sich die Subjekte als Subjekte behandeln. D.h. die Gegenwart Gottes geschieht; die vorrangige Beziehung besteht nicht zwischen einem Subjekt Mensch und einem Subjekt Gott, sondern zwischen menschlichen Subjekten, die,

indem sie sich als solche behandeln, die Gegenwart Gottes tätigen.“[270]

Der Ausgangspunkt dieser Theologie liegt bei den historischen Subjekten, in der Begegnung mit dem Armen, dem Indio und so weiter als Epiphanien Gottes, und nicht bei einem transzendenten Subjekt.[271] Dennoch „muss man notwendigerweise qua Analogie von Gott als Subjekt sprechen“,[272] eben jenem Gott, der die vollständige Aufhebung aller Mängel und Widersprüche gegen alle menschlichen Möglichkeiten garantiert.

Dieser Ansatz unterscheidet sich grundlegend von der metaphysischen Tradition. Die Transzendentalität, die dem Bewusstsein der Transzendenz zugrunde liegt, ist nicht Gott als die Transzendentalität der menschlichen Vernunft, sondern die neue Erde als die Transzendentalität der Befreiungspraxis, das handelnde Subjekt ist nicht Gott, sondern der Mensch, und Gott ist nicht das höchste Wesen, sondern „ein Gott ..., der der befreienden Praxis immanent ist, aber transzendent zur menschlichen Machbarkeit dieser befreienden Praxis“.[273] Für die Anstrengung, eine menschenwürdige Gesellschaft aufzubauen, ist der Glaube an den Gott, „der Jesus von den Toten auferweckt hat und in der Fülle der Zeiten alle Menschen auferwecken wird“, den Gott des Reiches Gottes, „höchst adäquat“.[274]

Der methodologische Grundsatz, wonach der Mensch sich Gott nach seinem Bilde schafft, auf den Feuerbach seine Religionskritik aufbaut und den Marx und Engels historisch-materialistisch modifiziert übernehmen, bewährt sich also auch in der Analyse der neuen religiösen Weltaneignung in Lateinamerika, führt hier jedoch zugleich zu neuen Konsequenzen. „Es ist unrichtig, die illusorische, phantastische Form der Widerspiegelung in der Religion vom Gegenstand der Widerspiegelung zu trennen“, nämlich den unbegriffenen und nicht beherrschten Natur- und Gesellschaftsverhältnissen.[275] Wenn das Bewusstsein der Transzendenz nun aber die Überwindung aller Widersprüche konzipiert, so kann die reale Nicht-Aufhebbarkeit dieser Widersprüche entweder darin begründet liegen, dass sie nicht begriffen, oder darin, dass sie zwar begriffen werden, ihre Aufhebung aber tatsächlich menschliche Möglichkeiten übersteigt. Trennt man auch im zweiten Fall die Form der Widerspiegelung nicht von ihrem Gegenstand, folgt, dass es sich um eine nicht-verkehrte Form des religiösen Bewusstseins handelt, um eine kohärente Widerspiegelung der inneren Transzendentalität des wirklichen Lebensprozesses. „Soweit der Mensch sich selbst nicht erkennt, schafft er einen Gott, der eine Verfälschung des Menschen widerspiegelt, und wenn er sich selbst erkennt, schafft er einen Gott, der den Menschen in dem widerspiegelt, was er wirklich ist."[276] Es handelt sich hier um eine religionstheoretische Unterscheidung von falschem und richtigem religiösen Bewusstsein. Marx hat zu dem Zeitpunkt, als er aufgrund der ökonomischen Analyse die transzendentale Illusion aufgab, die vollständige und wahrhafte Auflösung des Widerstreits von Freiheit und Notwendigkeit sei realisierbar, die Unterscheidung zwischen fetischisierter Transzendentalität und authentischer Transzendentalität entwickelt.[277]

Ausdrückliche Konsequenzen für die Religionstheorie hat Marx nicht daraus gezogen, jedoch sind sie in der Linie seines Denkens möglich und angesichts der Entwicklungen in Lateinamerika auch notwendig. Und mit der nebenbei notierten Definition des religiösen Bewusstseins als „Bewusstsein der Transzendenz, das hervorgeht aus dem wirklichen Müssen", macht Marx selbst einen Schritt in diese Richtung, indem er eine Religionsdefinition vorlegt, die sich auf der gleichen Ebene wie die Definition anderer Formen des gesellschaftlichen Bewusstseins, wie des moralischen oder des ästhetischen Bewusstseins, bewegt. Sie legt gesellschaftliche Wurzeln (wirkliches Müssen) und Widerspiegelungsform (Bewusstsein der Transzendenz) fest, überlässt die Frage der Falschheit oder Richtigkeit der Widerspiegelung aber der historischen Analyse konkreter Phänomene. Prinzipiell lässt sich sagen: Da kein Mensch mit nur verkehrtem Bewusstsein leben kann und da die Menschen in keiner gesellschaftlichen Situation Herren aller ihrer Möglichkeiten sind, enthält das religiöse Bewusstsein niemals nur falsche, fetischisierte, entfremdende[278] und ebenso wenig nur richtige, befreiende[279] Elemente, sondern immer eine Verbindung aus beiden. Dabei kann es im Mischungsverhältnis beider so große quantitative Veränderungen geben, dass sie einen qualitativen Umschlag bedeuten. Für die Haltung des Marxismus gegenüber der Religion ist daher nicht gleich-gültig, ob die Menschen sich Gott nach einem entfremdeten oder nach einem selbst-bewussten Bild ihrer selbst schaffen.

Die neue religiöse Weltaneignung in Lateinamerika, die ihre Transzendenzvorstellung, die neue Erde, ausgehend von der inneren Transzendentalität der wirklichen Lebens formuliert und Gott so versteht, dass man ihm nur im Einsatz für die – partielle – Verwirklichung erfüllten menschlichen Lebens begegnet, ist eine Form des „Bewusstseins der Transzendenz", die bewusst der methodologischen Regel folgt, dass der Mensch sich Gott nach seinem Bilde schafft. Zugleich überschreitet sie durch das religiöse Wahrheitsurteil, dass dieser Gott, der Garant der neuen Erde ist, tatsächlich existiert, diese Regel, ohne mit ihr zu brechen.

In dieser „theologischen Sicht erscheint jetzt Gott, der den Menschen derart nach seinem Bilde schafft, daß der Mensch, der keine direkte Kenntnis Gottes besitzt, Gott sucht, indem er sich Bilder von ihm nach seinem eigenen Bilde schafft. Da aber der Mensch nach dem Bilde Gottes geschaffen ist, muss die Suche nach Gott mittels der menschlichen Schaffung von Gottesbildern sich in dem Maße auf das Bild des wahren Gottes zu bewegen, in dem der Mensch zu einem Bild und zu einer Verwirklichung dieses Bildes seiner selbst gelangt, das dem entspricht, was der Mensch ist."[280]

Da aber der Mensch sich die Bilder seiner selbst immer unter gegebenen historischen Bedingungen macht, ist genauer zu sagen, dass es das gesellschaftliche Sein der Menschen, ihr wirklicher Lebensprozess ist, der das Bewusstsein der Transzendenz, die Vorstellungen von Gott bestimmt. Und da die Verwirklichung dessen, was der Mensch ist, nur in einem Handeln erfolgt, in dem „Ändern der Umstände und ... Selbstveränderung" zusammenfallen, das heißt in der „revolutionäre(n) Praxis" (MEW 3,6), kann auch nur inmitten einer befreienden Praxis die – annähernde – Erkenntnis des wahren Gottes erlangt werden, „die Erfahrung des Gottes, der nicht entfremdet, sondern erlebt wird als der vollkommene Erfolg der Befreiungspraxis".[281]

Das religiös-konstitutive Urteil, dass das Vorstellbare, das die menschlichen Möglichkeiten übersteigt, dennoch verwirklicht werden kann und wird, kann von der wissenschaftlichen Vernunft her in keiner Weise gerechtfertigt werden. Der Marxismus als wissenschaftliche Weltanschauung kann dieses Urteil unmöglich bejahen, an dieser Stelle gehen wissenschaftliche und religiöse Weltaneignung grundlegend verschiedene Wege. Wenn sich aber herausstellt, dass die Identifikation von Religion und menschlicher Selbstentfremdung[282] eine häufige und erklärbare empirische Tatsache, aber keine gesetzmäßige Notwendigkeit ist, verändert sich das Verhältnis des Marxismus zur Religion. Ricardo Morales Avilés notiert:

„Ich habe einmal gesagt, daß ich nur an die Arbeit und an die Vernunft des Menschen glaube, d.h. an seine Fähigkeit, die Welt zu begreifen und zu verändern. Aber ich bin kein Atheist, d.h. Anhänger einer theoretischen Lehre namens Atheismus. Ich identifiziere mich mit dem Marxismus, und der ist kein Atheismus, weil er keine religiöse Lehre ist. Der Marxismus als wissenschaftliche Theorie kämpft mit theoretischen Mitteln gegen jeden theoretischen Anspruch der Religion; als Waffe des ideologischen und politischen Kampfes bekämpft er jede religiöse Strömung ideologisch und politisch, und das alles im Zusammenhang und im Prozess des Klassenkampfes."[283]

Hier wird die Verhältnisbestimmung des Marxismus gegenüber der Religion von der weltanschaulichen Ebene wegverlagert zu der Frage, ob Religion wissenschaftliche Analyse zu ersetzen beansprucht und welche Rolle sie im Klassenkampf spielt. Ebenso macht auch Marx in der hier verwendeten Definition zum Kernpunkt der Religionsauffassung nicht die Theismus-Atheismus-Problematik, das heißt „die letzten Endes langweilige und zu gar nichts führende Streitfrage, ob es denn einen Gott gibt oder nicht".[284] Dies entspricht dem Ansatz im Kapital, wo die Kritik auf die „Religion des Alltagslebens", die „Mystifikation der kapitalistischen Produktionsweise" gerichtet ist, wo daher Religionskritik die Kritik der religiösen Widerspiegelungen von Waren-, Geld- und Kapitalfetisch ist. „Marx ... bezog sich auf den Atheismus als Antifetischismus", als Verneinung der Gottheiten des kapitalistischen Systems.[285] Mit anderen Worten, der Marxismus ist und bleibt eine atheistische Weltanschauung, er beinhaltet eine „von jeder Spur der Transzendenz und Theologie gereinigt(e) Konzeption der Immanenz",[286] aber die Art der Verbindung zwischen revolutionärer Theorie und Atheismus verändert sich: „Die Wahrheit der Marxschen Analyse hängt ebenso wenig von der Nicht-Existenz Gottes ab wie die Existenz Gottes von der Falschheit des Marxismus."[287]

Ebenso wenig wie eine „religiöse Ergänzung" des Marxismus möglich ist, ist sie notwendig. Hinkelammert argumentiert, dass jede utopische Praxis, eben weil ihre – in sich legitimen – utopischen Ziele nicht erreichbar sind, notwendig in eine Legitimationskrise geraten müsse, und folgert:

> „Diese mögliche Legitimationskrise der utopischen Praxis besitzt keine Lösung, es sei denn durch die Einbeziehung eines christlichen Glaubens. ... Das Zusammentreffen des Sozialismus mit dem Christentum ist nicht nur für das letztere lebenswichtig, sondern auch für den Sozialismus."[288]

Selbst wenn die Argumentation stimmig sein mag, trifft sie im Blick auf den Marxismus nicht zu. Denn seit der „Entwicklung des Sozialismus von der Utopie zur Wissenschaft" handelt es sich bei der sozialistischen Praxis nicht um eine utopische, sondern um eine real-sozialistische, aus der wissenschaftlichen Analyse der jeweiligen gesellschaftlichen Situation begründete Praxis, die nicht das Reich der Freiheit (im Marxschen Sinn) zu erreichen vorgibt, sondern die unter den gegebenen Bedingungen bestmögliche Existenzsicherung und Selbstbetätigung. Die Folgerungen der Notwendigkeit der religiösen Garantie des utopischen Ziels gilt also erst recht nicht. Der Sozialismus hat keinen religiösen Legitimationsbedarf, umgekehrt aber „kann man ausgehend von einer rein ökonomischen Analyse nicht die Möglichkeit einer Transzendenzerfahrung des Revolutionärs verneinen".[289] „Allein auf der philosophischen Ebene ... gehen" Marxismus und Religion „trennscharf auseinander",[290] und auch hier ist noch genauer zu bestimmen, an welcher Stelle dies geschieht. Denn es gibt, wie gezeigt, Formen der religiösen Weltaneignung, die sich erst nach dem Durchgang durch die Feuerbachsche Religionskritik und die Marxsche Fetischismusanalyse vom Marxismus trennen und für die der Atheismus als Negation der Fetische Bedingung ihrer Möglichkeit ist. Mehr noch:

„Die Theologie der Befreiung geht von der erkenntnistheoretischen Annahme aus, daß grundsätzlich das gesellschaftliche Sein
das gesellschaftliche Bewusstsein bestimmt .... Die Annahme dieses erkenntnistheoretischen Prinzips kennzeichnet den grundlegenden Bruch der Theologie mit jeder Form des Idealismus, und
gerade dieser immer wieder neue Bruch gestattet es der Theologie,
sich in die Praxis des Befreiungskampfes hineinzubegeben."[291]

Der Unterschied von Marxismus und Religion lässt sich nicht mehr auf
die einfache Formel von „Marxismus = materialistische Weltanschauung"
und „Religion = Form des Idealismus" bringen, seit es eine Form der
religiösen Weltaneignung gibt, die den „Gesichtspunkt des Lebens, der
Praxis" zum „erste(n) und grundlegende(n) Gesichtspunkt" ihres Denkens
macht und die „auf dem Weg der Marxschen Theorie" der Unterscheidung
von fetischisierter und authentischer Transzendentalität „fortschrei-
te(t)".[292] Eine Religion als „Bewusstsein der Transzendenz, das hervorgeht aus dem wirklichen Müssen", dessen innere Transzendentalität widerspiegelt und inmitten einer befreienden Praxis die Aufhebung aller
Widersprüche und die verwirklichte Fülle menschlichen Lebens konzipiert, ist in der Linie der Marxschen Analyse kein „verkehrtes Weltbewusstsein". Die Entscheidung darüber, ob und inwieweit eine Form der
religiösen Weltaneignung falsches Bewusstsein ist, fällt daher nicht qua
Definition der Religion, sondern indem analysiert und aus den gesellschaftlichen Verhältnissen erklärt wird, welches wirkliche Müssen widergespiegelt wird, in welcher Form die Aufhebung aller Widersprüche
konzipiert wird und in welchem Verhältnis sie zu welchem historischen
Projekt steht.

3.3 Deshalb – und vielleicht nicht trotzdem

Die Konzeptualisierung der Aufhebung aller Widersprüche ist nichts
Fixes, ein für allemal Festgelegtes, sondern unterliegt geschichtlichen
Veränderungen. Welche Widersprüche in einer Gesellschaft existieren,
welche gesellschaftlich bewusst und welche unbewusst sind, welche als
aufhebbar erscheinen und welche aufzuheben als nicht menschlich

möglich gilt, verändert sich im Lauf der menschlichen Entwicklung. „In seiner verändernden Praxis entdeckt" der Mensch „neue Dimensionen der Realität, verschiebt er die Grenzen des Möglichen".[293] Diese Überwindung von Schranken bedeutet zum einen die Eröffnung neuer unerreichbarer Horizonte und zum anderen, dass Widersprüche, die zuvor nach menschlichem Ermessen nicht beseitigt werden konnten, nun aufhebbar werden und daher nicht notwendig mehr eine religiöse Widerspiegelung hervorrufen. Ein Beispiel einer solchen „Säkularisierung", wo als religiöse Utopie begann, was später möglich wurde, gibt Engels:

> „Die mittelalterlichen Mystiker, die vom nahenden Tausendjährigen Reich träumten, hatten schon das Bewusstsein von der Ungerechtigkeit der Klassengegensätze. ... Und wenn jetzt derselbe Ruf nach Abschaffung der Klassengegensätze und Klassenunterschiede, der bis 1830 die arbeitenden und leidenden Klassen kalt ließ, wenn er jetzt ein millionenfaches Echo findet ... – woher kommt das? Daher, daß die moderne große Industrie einerseits ein Proletariat, eine Klasse geschaffen hat, die zum ersten Mal in der Geschichte die Forderung stellen kann der Abschaffung nicht dieser oder jener besondern Klassenorganisation oder dieses oder jenes besondern Klassenvorrechts, sondern der Klassen überhaupt; und die in die Lage versetzt ist, dass sie diese Forderung durchführen muss bei Strafe des Versinkens in chinesisches Kulitum." (MEW 20, 146)

Welche Inhalte das Bewusstsein der Transzendenz hat, hängt daher ebenso wie seine gesellschaftliche Funktion von der Entwicklung der Produktivkräfte und des gesellschaftlichen Kräfteverhältnisses ab. Je nachdem, ob das wirkliche Müssen vorwiegend in den nicht beherrschten Naturgewalten, in der persönlichen Abhängigkeit in Herrschafts- und Knechtschaftsverhältnissen, in der sachlichen Abhängigkeit vom Kapital oder in der Notwendigkeit der Subsistenzproduktion auch bei ihrer bewusst-planmäßigen Kontrolle liegt, variieren die Vorstellungen von dem, was ein erfülltes, von den Widersprüchen des wirklichen Müssens befreites Leben ist, und die ihnen entsprechenden religiösen Bilder.

Ebenso wird von den historischen Bedingungen bestimmt, in welcher Denkform die Überwindung aller Widersprüche konzipiert wird, ob in magischen, mythologischen, metaphysischen, utopischen Kategorien. Mythos und Utopie etwa folgen einer unterschiedlichen Logik. Mythen sind Archetypen der ewigen Wiederkehr oder der Feier der Schöpfung, während Utopien als Entwürfe einer besseren Gesellschaft eine Veränderungslogik innewohnt.[294]

Aber auch die Betonung des utopischen Elements in der religiösen Weltaneignung bedeutet nicht notwendig, dass sie nicht-entfremdenden Charakter hat. Es gibt Utopien der Herrschenden und solche der Unterdrückten, Utopien der von der Macht Verdrängten und solche der zur Herrschaft Strebenden. Die Aufhebung aller gesellschaftlichen Widersprüche kann vorgestellt werden als Perfektionierung der bestehenden Gesellschaft, wie in der biblischen Utopie des guten Königs (Ps 72. 101), als Rückkehr zum „verlorenen Paradies" oder zu einem vergangenen Gesellschaftszustand, wie in der biblischen Utopie der alten Bauerngesellschaft „Jeder unter seinem Weinstock und unter seinem Feigenbaum" (Mi 4,4), oder als Kommen einer qualitativ veränderten Gesellschaft, wie in der biblischen Utopie „des neuen Himmels und der neuen Erde" (Jes 65,17 ff.; Apk 21).[295]

Je nach der spezifischen Lage einer Klasse kann auch die gleiche religiös konzipierte Aufhebung aller Widersprüche in ein unterschiedliches praktisches Verhältnis zu den realen Widersprüchen treten. Die religiöse Vorstellung der „Gleichheit der Kinder Gottes" beispielsweise kann in der Ideologie einer herrschenden Klasse dazu dienen, entweder die realen Unterschiede als unbedeutend zu verschleiern oder sie harmonisierend zu versöhnen („die Gleichwertigkeit der vielen Dienste") oder sie sogar als solche zu rechtfertigen. Für eine völlig unterdrückte Klasse, die keine Möglichkeit zur Veränderung ihrer Situation hat, kann die Gleichheit der Kinder Gottes nur auf wundersame Weise hergestellt werden, entweder innerweltlich (Messianismus) oder außerweltlich (Jenseitsvertröstung), sie verbindet sich daher mit keinerlei historischem Projekt. In der Situation einer gesellschaftlichen Krise kann sich die religiöse Gleichheitsvorstellung einer aufstrebenden Klasse mit dem verändernden Handeln verbinden, entweder in „einer metaphysischen und reformistischen oder einer politischen und revolutionären Richtung", je nachdem ob es sich um „eine bloß konjunkturelle Krise innerhalb derselben Produktionsweise" oder um „eine definitive Krise der gesamten Struktur der Produktionsweise" handelt.[296] Die Aufhebung aller Widersprüche kann daher zu den wirklichen Widersprüchen im Verhältnis der Vertuschung, der Legitimation, der Versöhnung, der Vertröstung und der Überwindung stehen, kann sich mit reaktionären, konservativen, reformistischen und revolutionären gesellschaftlichen Projekten verbinden.

Für die Situation in Lateinamerika hat Pablo Richard die Formen, die das Bewusstsein der Transzendenz annehmen und in denen es sich mit der gesellschaftlichen Praxis verbinden kann, auf „grundlegend zwei Alternativen" gebracht:

„Die eine: das Transzendente und Übernatürliche auf einen abstrakten, absoluten, ahistorischen und apolitischen Bereich zu reduzieren, um die Identität des Transzendenten und Übernatürlichen oberhalb des widersprüchlichen, irrationalen und unmenschlichen Charakters des herrschenden Unterdrückungssystem zu entdecken. Die andere: die Praxis der Befreiung vom herrschenden Unterdrückungssystem zu ergreifen, um seinen widersprüchlichen, irrationalen und unmenschlichen Charakter zu begreifen und zu verändern und in dieser Praxis das Spezifische des Transzendenten und Übernatürlichen zu entdecken. . . .

In der einen Situation vermag die widersprüchliche, unmenschliche und irrationale Praxis des Herrschaftssystems mit dem Transzendenten und Übernatürlichen zu koexistieren, was zwangsläufig die transzendente und übernatürliche Legitimation einer Unterdrückungspraxis einschließt. In diesem Fall ist das, was als transzendent und übernatürlich erscheint, nichts anderes als ein falsches Bewusstsein oder eine falsche Befreiungspraxis. ... In der anderen Situation vermag die Theologie nicht mit der widersprüchlichen, unmenschlichen und irrationalen Praxis des Unterdrückungssystems zu koexistieren und erklärt sie für illegitim. ...

Je mehr die Theologie und die Kirche sich ... die historische Rationalität des Kampfes gegen die Unterdrückung durch das Herrschaftssystem zu eigen machen und Partei auf seiten der Armen und Ausgebeuteten gegen jede Unterdrückungspraxis ergreifen, umso mehr werden die Theologie und die Kirche ihre transzendente und übernatürliche Dimension wieder finden können."[297]

Diese Alternativen sind von ihrem Grundsatz her „antagonistisch und unversöhnbar",[298] während in der Realität „jede ... Glaubensfor(m) ... sowohl Elemente des Protestes gegen Ungerechtigkeit und Impulse zu allen Arten der Befreiung wie auch Elemente der Anpassung an die Ungerechtigkeit, die jeder Art von Befreiung entgegenstehen", enthält,[299] die je nach Herkunft, Lage und Perspekte einer Klasse aktiviert und ausgearbeitet werden.

Es ist deutlich, dass „das Bewusstsein der Transzendenz, das hervorgeht aus dem wirklichen Müssen", in Klassengesellschaften immer nur als religiöses Bewusstsein bestimmter Klassen in bestimmten Situationen existiert. Indem nach und nach die abstrakt-philosophischen Kategorien auf immer weitere historische Bedingungen bezogen werden, verschränken sich die hier vorgelegten religionsphilosophischen Überlegungen mit dem zuvor entwickelten hegemonietheoretischen Ansatz.

Abschließend kann nun die neue religiöse Weltaneignung in Lateinamerika als Religion von gesellschaftlichen Bewegungen und Gesellschaften des Übergangs vom abhängigen Kapitalismus zum Sozialismus charakterisiert werden. Als Widerspiegelung der inneren Transzendentalität des wirklichen Lebens ist sie notwendig verbunden mit dem historischen Projekt einer sozialistischen Gesellschaft, die durch die bewusste Planung des Produktionsprozesses und ihre vorrangige Orientierung an der Befriedigung der Grundbedürfnisse Existenzsicherung und Selbstbetätigung für alle ermöglicht. Als „gesellschaftliche Aneignung des Evangeliums" durch die „Enterbten"[300] entspricht sie in ihrer Form der materiellen Produktionsweise einer sozialistischen Gesellschaft. Indem sie den in den lateinamerikanischen Gesellschaften existierenden Klassenwiderspruch nicht unbewusst in Leib-Seele-, Diesseits-Jenseits-Dualismen widerspiegelt, sondern bewusst macht etwa in der Entgegensetzung von Gott der Reichen und Gott der Armen, Gott-Kapitalfetisch und Gott-Arbeiter und sich ihre Reflexion und ihr Handeln zentral um den Gegensatz

Unterdrückung-Befreiung drehen,[301] erweist sie sich als Religion des gesellschaftlichen Übergangs. Dass eine solche dem Übergang von abhängig-kapitalistischen zu sozialistischen Gesellschaftsformen entsprechende Religionsform entsteht, bedarf dreier Voraussetzungen: erstens der Entwicklung des wissenschaftlichen Sozialismus, zweitens der Existenz einer starken religiösen Tradition in den unterdrückten Klassen und drittens der Krise des abhängigen Kapitalismus und des Entstehens einer Befreiungsbewegung.

Dass die neue religiöse Weltaneignung in Lateinamerika in ihrem Gesellschaftsverhältnis durch eine nicht-religiöse, analytische Sichtweise geprägt ist und die der Befreiungspraxis eigene Rationalität anerkennt, setzt voraus, dass die Entwicklungsgesetze der menschlichen Geschichte erkennbar geworden und in einer wissenschaftlichen Theorie erfasst sind, die zugleich die Theorie der Veränderung der Welt durch die unterdrückten Klassen ist. Diese historische Bedingung unterscheidet sie etwa von der „revolutionären religiösen Anschauungsweise" Münzers, und zugleich macht sie deutlich, dass Marx, wenn er meint, die „sozialen Prinzipien des Christentums (hätten) jetzt achtzehnhundert Jahre Zeit gehabt, sich zu entwickeln, und bedürf(ten) keiner ferneren Entwicklung" (MEW 4,200), die Konsequenzen seiner eigenen Theorie für religiöse Veränderungsprozesse nicht in Rechnung stellt.

Ob in einer Bewegung, die an Existenzsicherung und Selbstbetätigung orientiert ist, die innere Transzendentalität dieses wirklichen Lebens in religiöser oder nicht in religiöser Form widergespiegelt wird, hängt wesentlich auch davon ab, welche Bedeutung die religiöse Aneignung der Welt in der jeweiligen Gesellschaft und insbesondere bei den Mitgliedern dieser Bewegung hat. Nachdem im entwickelten Kapitalismus die „Bourgeoisie ... alle bisher ehrwürdigen und mit frommer Scheu betrachteten Tätigkeiten ihres Heiligenscheins entkleidet" hat (MEW 4, 465), ausgedrückt im bürgerlich-theoretischen Atheismus und im „nur noch ... praktischen Gegensatz" der Arbeiter „zum Gottesglauben" (MEW 18,53 f.), ist es wenig wahrscheinlich, dass in den Bewegungen des Übergangs zum Sozialismus eine religiöse Weltaneignung stattfindet, sich daher auch die gesellschaftlich vorhandenen Religionsformen entsprechend verändern. In abhängig kapitalistischen Ländern hingegen, in denen Re-

197

ligion eine bedeutsame Rolle für die Herstellung des gesellschaftlichen Konsens spielt, erweist sich die Betrachtung des Atheismus als „abstrakten und universellen Wert" als „Erbe des liberal-aufgeklärten bürgerlichen Denkens und nicht (als) politisch-ideologische Forderung der ausgebeuteten Massen in ihrer Konfrontation mit dieser herrschenden bürgerlichen Welt",[302] bleibt daher die religiöse Weltaneignung auch in den Bewegungen der nationalen und sozialen Befreiung in Kraft und verändert sich in ihnen. Welche ideologische Erscheinungsform der Übergang zu einer sozialistischen Produktionsweise annimmt, ist von den prägenden Traditionen der jeweiligen Länder bestimmt.

Dass jahrhundertealte religiöse Traditionen, die eine starke Lebensbejahung beinhalten, aktiviert und fruchtbringend in eine neue Form religiöser Weltaneignung eingebracht werden, geschieht schließlich zu dem Zeitpunkt, in dem die Krise des abhängigen Kapitalismus den tödlichen Charakter des Systems für die großen Bevölkerungsmehrheiten in Lateinamerika sichtbar macht und in dem soziale Bewegungen für eine Gesellschaft entstehen, in der das Leben aller gesichert ist. Nur in der Beteiligung an diesen Bewegungen können die veränderten religiösen Vorstellungen entstehen. Vom Gott, der als vollständiger Erfolg der Befreiungspraxis erlebt wird, zu sprechen, ist kein Resultat des Nachdenkens, sondern eine Frucht der Praxis. Und in dieser befreienden Praxis entsteht ebenfalls die Notwendigkeit, eine wissenschaftliche Gesellschaftsanalyse in die religiöse Weltaneignung zu integrieren. Daher entwickeln sich hier als ein neues Phänomen Gruppen, die ihr Natur- und ihr Gesellschaftsverhältnis nach den wissenschaftlichen Kategorien des Marxismus bestimmen und zugleich die Frage nach dem Sinn des Universums und der menschlichen Existenz in religiösen Kategorien beantworten, das heißt, „die transzendente, spirituelle und utopische Dimension der Befreiung" bejahen.[303]

Wo alle Bedingungen dafür vorhanden sind, dass die innere Transzendentalität des wirklichen Lebens inmitten einer Befreiungspraxis entdeckt und religiös angeeignet wird, gibt es daher Menschen, die wirklich eine Hoffnung wider alle Hoffnung haben, die wirklich an den Gott des Lebens glauben und die deshalb – und vielleicht nicht trotzdem – konsequente Revolutionäre sind.

Anmerkungen

1. Ich folge also Kahl (Freidenkertum, 123) in der Unterscheidung von vier theoretischen Ebenen in der marxistischen Religionsauffassung (der historisch-ontologischen, der erkenntnistheoretischen, der ideologischen und der sozialpsychologischen), halte es aber für sinnvoll, die beiden soziologischen und die beiden philosophischen Fragestellungen jeweils miteinander verbunden zu behandeln.

2. Zitate von Marx und Engels werden im Folgenden, soweit sie sich in der MEW und in den „Grundrissen" finden, im fortlaufenden Text nachgewiesen. Soweit die in der Ausgabe der „Grundrisse" von 1953 veröffentlichten Texte in MEW 42 enthalten sind, werden sie nach der MEW-Ausgabe zitiert.
    Folgen mehrere Zitate aus dem gleichen Band der MEW aufeinander, wird ab dem zweiten Zitat nur die Seitenzahl angegeben.

3. Die Diskussion um Einzelheiten der Gewichtung und Interpretation des „wissenschaftstheoretischen Einschnitts" (Althusser, Marx, 32; vgl. Sève, Marxismus, 76, Anm.) kann hier beiseite gelassen werden. Auf jeden Fall gilt mutatis mutandis auch für das Verhältnis zwischen Marxschem Früh- und Spätwerk, dass die „Anatomie des Menschen ... ein Schlüssel zur Anatomie des Affen" ist (MEW 42, 39).

4. Es ist zu betonen, dass es im Folgenden nie darum geht, die historische Stichhaltigkeit der Engelsschen Ausführungen zu überprüfen, sondern darum, sie auf ihre religionstheoretischen Implikationen hin zu befragen.

5. Hinkelammert, Waffen, 15.

6. Im gleichen Sinn wie bei der Verhältnisbestimmung von Früh und Spätwerk werden im Folgenden die Aussagen der „Grundrisse", in denen die Fetischismusanalyse beim Geld ansetzt, und der „Theorien über den Mehrwert", in denen erst die Fetischform, noch nicht aber der Fetischcharakter des Kapitals entwickelt ist, auf die fertige Fetischtheorie im „Kapital" bezogen. Zur Entwicklung der Ausarbeitung des Fetischismuskonzepts bei Marx vgl. Dussel, concepto, 8-28.

7. Dussel schlägt vor, die Marxsche Fetischismusanalyse nicht nach der genetischen und methodologischen Reihenfolge zu rekonstruieren, in der Marx die ökonomischen Kategorien entwickelt.

Da der sich selbst verwertende Wert „das ontologische Fundament des Fetischismus" (Dussel, concepto, 41) darstelle, sei zunächst der Fetischcharakter des Kapitals im Ganzen und erst danach der aller seiner Bestimmungen herauszuarbeiten (ebd., 37).

8. Zur Einführung in die von Marx verwandten ökonomischen Kategorien und ihre Bestimmungen sei besonders auf Haug, Vorlesungen, verwiesen.

9. Engels spricht den Zusammenhang von Kapitalismus und Monotheismus noch klarer aus: „Erst die moderne bürgerliche Periode und ihr Protestantismus beseitigen die Heiligen wieder und machen endlich Ernst mit dem differenzierten Monotheismus." (MEW 22,471)

10. Mit Hinkelammert (Waffen, 41), gegen Wilsdorf (Was heißt: ..., 107) und Neu (Religionssoziologie, 29f.)

11. Hinkelammert, Waffen, 25; zwei grammatische Bezüge nach dem spanischen Text verändert („... en la cual el hombre ha delegado la decisión sobre su vida o muerte a un mecanismo mercantil, de cuyos resultados ... no se hace responsable"; armas, 20f.).

12. Im Original teilweise lateinisch; Übersetzung der Redaktion (871).

13. Vgl. Goux, Freud, 184.

14. Hinkelammert, Waffen, 28 („höchstes" statt „größtes" Symbol – „símbolo máximo" (armas, 24)). „Verzicht" darf natürlich nicht als individuell-bewusster Akt verstanden werden.

15. Im Original lateinisch; Übersetzung der Redaktion, die dem Luther-Text zu Apk 17,13 und 13,17 folgt (ebd.). Dieser Zusammenhang ist Marx so wichtig, dass er ihn nicht nur in den „Grundrissen" (MEW 42,163 – dort eine abweichende Übersetzung der Redaktion) und zweifach im „Urtext" (Grundrisse, 889,895), sondern sogar in seinem eigenen Inhaltsverzeichnis zu den „Grundrissen" (867) aufführt.

16. Auch dieser Verweis taucht bei Marx durchgängig auf: in den „Grundrissen" (MEW 42,129), im „Urtext" (Grundrisse, 893), in der „Kritik der politischen Ökonomie" (MEW 13, 40.103A), vgl. auch MEW 23,155A.

17. Hervorhebungen im Original.

18. Hervorhebung im Original.

19. Engels ergänzt: Calvins Dogma von der „Gnadenwahl war der religiöse Ausdruck der Tatsache, dass in der Handelswelt der Konkurrenz Erfolg oder Bankrott nicht abhängt von der Tätigkeit oder dem Geschick des einzelnen, sondern von Umständen, die von ihm unabhängig sind."(MEW 22,300).

20. Hervorhebung im Original.
21. Hinkelammert, Waffen, 36.
22. Vidales, cristianismo, 33. 34. 34.
23. Um mögliche Missverständnisse zu vermeiden, sei hier schon angemerkt, dass für Marx die Negation des (Geld-) Fetischs und seiner religiösen Hypostase keineswegs der wahre Christus ist, sondern der im Verein freier Individuen seine gesellschaftlichen Beziehungen beherrschende und bewusst-planmäßig gestaltende Mensch.
24. Mit dieser Formulierung fasst Marx in seinen „Referaten zu meinen eignen Heften" den Kerngedanken des im Folgenden dargestellten Abschnitts der „Grundrisse" zusammen; vgl. Grundrisse, 354.
25. Feuerbach, Wesen, 75.
26. ebd., 48f. 71.
27. ebd., 62. 48.
28. ebd., 71.
29. ebd., 75,.
30. ebd., 46. 67. 32.
31. ebd., 65.
32. Marx, Resultate, 18; Hervorhebungen im Original.
33. ebd., 30.
34. Hinkelammert, Waffen, 41.
35. Bentham: Theoretiker des Utilitarismus; „Bentham" steht hier für das „unveräußerliche Recht" auf „pursuit of happiness" – Eigennutz.
36. Neu's Behauptung, Marx wende sich bei den Forschungsarbeiten zur Kritik der politischen Ökonomie „dem Thema Religion nicht mehr zu, so dass uns der Rückgriff auf eine Marxsche Ableitung der Religion aus dem kapitalistischen Produktionsprozess verwehrt ist" (Neu, Religionssoziologie, 46), ist also unzutreffend.
37. Hervorhebung E.L.
38. Maduro, marxismo, 184, A18.
39. Gegen Steigerwald, Marxismus, 83.
40. So auch Lenin: Die „Wurzel der heutigen Religion" bildet „die Herrschaft des Kapitals in all ihren Formen". „Die soziale Unterdrückung der werktätigen Massen, ihre scheinbar völlige Ohnmacht gegenüber den blind waltenden Kräften des Kapitalismus, der den einfachen arbeitenden Menschen täglich und stündlich tausendmal mehr entsetzliche Leiden und unmenschlichste Qualen bereitet als irgendwelche außergewöhnlichen Ereignisse wie Kriege, Erdbeben usw. – darin liegt heute die tiefste Wurzel der Religion." (LW 15, 408).

41. „(In) den ersten Gesellschaften, wo sich der Staat entwickelt, ... (hat) die Religion ... die dominante Funktion im gesellschaftlichen Leben" (Godelier, marxisme, 232). Wenn Godelier – u. a. in Blick auf den Inka-Staat – die Auffassung vertritt, Religion bilde dort „ein inneres Element der gesellschaftlichen Produktionsverhältnisse" (théorie, 92), so übersieht er, dass die dem Inka-Reich einverleibten Stämme nicht Tribut zahlten, weil sie sich zum Inka-Gott bekehrt hätten, sondern weil sie militärisch unterworfen wurden.

42. Opazo, comprensión, 34.

43. Assmann/Mate, introducción, 30 („la esencia intransparente y no dominada de los fundamentos reales de su vida").

44. Marx, Resultate, 18.

45. Séve, Analyse, 53.

46. Vgl. auch Kahl, Freidenkertum, 122. Wenn Séve darin „eine positive *ideologische* Rolle" (Analyse, 53; Herv. E.L.) sieht, so ist dies nicht ganz korrekt.

47. Neu, Religionssoziologie, 60.

48. Hinkelammert, Waffen, 30.

49. Vgl. Maduro, marxismo, 185, A37, und Kudo/Tovar, crítica, 63.

50. Vidales/Kudo (práctica, 32 f.) und Kudo/Tovar (crítica, 62 f.) betrachten nur die drei erstgenannten Positionen, da sie Engels' Bauernkriegsschrift unberücksichtigt lassen.

51. „Das war die materielle und moralische Lage. ... Kein Ausweg. Verzweiflung oder Rettung in den allerordinärsten sinnlichen Genuss ... . Sonst blieb nur noch die schlaffe Ergebung in das Unvermeidliche. *Aber* in allen Klassen musste es eine Anzahl Leute geben, die, an der materiellen Erlösung verzweifelnd, eine geistige Erlösung als Ersatz suchten...." (MEW 19,303; Hervorhebung E.L.)

52. Religion ist nach dem Sinn sowohl von Engels' Urchristentumsschriften wie von Marx' „Einleitung zur Kritik der Hegelschen Rechtsphilosophie" nicht Opium *oder* Protest, sondern Opium, *weil* illusorischer Protest.

53. Im Original englisch („yeomanry"): Übersetzung von Marx im gleichen Abschnitt.

54. Engels betont ausdrücklich, dass in der Urgesellschaft Religion noch keine Trostfunktion hatte (MEW 21,274).

55. Maduro, marxismo, 186, A41 („un aspecto sincrónico, estructural ... y un aspecto diacrónico, histórico").

56. Vgl. Desroche, marxisme, 77.

57. Maduro, marxismo, 173.

58. Assmann/Mate vertreten, ohne dies zu belegen, die These, Engels'
     Auffassung sei „metaphysischer und dogmatischer" als die „wis-
     senschaftlichere" Religionstheorie von Marx und leiste einer „me-
     chanistischen Interpretation der ökonomischen Determination"
     Vorschub (introducción, 31).

59. Vgl. Gramsci: Die „materiellen Kräfte (wären) ohne Form histo-
     risch nicht konzipierbar ... und die Ideologien ihrerseits ohne die
     materiellen Kräfte nur individuelle Schrullen". Daher dient die
     „Unterscheidung von Form und Inhalt ... nur Lehrbuchzwecken"
     (Marxismus, 95), eben jener Betonung der Hauptprinzipien jen-
     seits der einzelnen historischen Darstellung.

60. Vgl. Klohr, Grundsätze, 14.

61. Diese Unterscheidung von theoretischen und polemischen Aus-
     sagen ist mit äußerster Achtsamkeit zu handhaben, weil sie dazu
     verleiten kann, alle gerade „unbequemen" Aussagen als Polemik zu
     kategorisieren und damit aus der Theorie auszuscheiden. Es ist also
     jeweils im Einzelnen nachzuweisen, inwiefern eine bestimmte
     Aussage nicht mit den Grundsätzen der historisch-materialistischen
     Religionstheorie übereinstimmt.

62. Was Gramsci hinsichtlich der Philosophie sagt, gilt genauso für die
     Religion: „Die philosophische Vergangenheit insgesamt als Wahn-
     sinn zu verurteilen, ist nicht allein ein Irrtum, der einer unge-
     schichtlichen Position entspringt, weil er den anachronistischen
     Anspruch enthält, man habe in der Vergangenheit wie heute denken
     müssen. Vielmehr ist dies Urteil auch ein wahres Residuum an
     Metaphysik, weil es ein zu allen Zeiten und in allen Ländern gültiges
     dogmatisches Denken voraussetzt, nach dessen Maßstäben die
     ganze Vergangenheit zu beurteilen sei." (Philosophie, 230f.)

63. Hervorhebung im Original.

64. Marx in der Diskussion gegen Weitling, nach: Karl Marx, 145.

65. vgl. Desroche, socialismes, 307f., und Kudo/Tovar, crítica, 61.

66. Maduro, religión; hier 67.

67. ebd., „el campo religioso como *producto* de los conflictos sociales"
     (75), „como terreno (relativamente autónomo) de conflictos sociales"
     (123), „como *factor activo* en los conflictos sociales" (163); Herv.
     im Orig.

68. ebd., 85.

69. ebd., 91.

70. ebd., 113.
     Maduro bezeichnet die Erarbeitung religiöser Praktiken und Dis-
     kurse als „religiöse Produktion" oder – ohne erkennbaren Unter-

schied – als „religiöse Arbeit" (131 u.ö.). Jedoch unterscheidet sich von der Arbeit als allgemeiner anthropologischer Kategorie, die die zweckbestimmte, bewusst-planmäßige, auf den Stoffwechsel mit der Natur gerichtete Tätigkeit des Menschen erfasst, Produktion als Arbeit „innerhalb und vermittels einer bestimmten Gesellschaftsform" (MEW 42,23). Will man daher von „religiöser Produktion" sprechen – und „von ‚geistiger Produktion' sprechen wir doch nur in übertragenem Sinne" (Holz, Dialektik, 136) –, so lässt sich dies sinnvoll tun allenfalls im Hinblick auf die Erarbeitung religiöser Praktiken und Diskurse in einer bestimmten Gesellschaftsformation und unter Berücksichtigung des Zusammenhangs der Form dieser Erarbeitung mit der jeweiligen materiellen Produktionsweise.

Weiter noch geht C. Boff, der in seiner wissenschaftstheoretischen Konzeption versucht, den Althusserschen Begriff der theoretischen Praxis auf die Theologie anzuwenden. Unter Praxis versteht Althusser „jeden Prozess der Veränderung einer bestimmten gegebenen Grundmaterie in ein bestimmtes Produkt, eine Veränderung, die durch eine bestimmte menschliche Arbeit bewirkt wird, indem sie bestimmte (‚Produktions'-)Mittel benützt", und unter „Praxis im engeren Sinne: das Moment der Veränderungsarbeit selbst" (Althusser, Marx, 104). Althusser reduziert also Praxis auf Arbeit (vgl. Grimm, Konstitutionsbedingungen, 129f.) und tilgt damit den spezifischen Sinn des Begriffs Praxis als „gesellschaftliche(m) Gesamtprozess der Umgestaltung der objektiven Realität durch die Menschheit" (Philosophisches Wörterbuch, 865). Die bei Althusser angelegte Begriffsverwirrung treibt der sonst so auf begriffliche Rigorosität bedachte C. Boff auf die Spitze: Theologie sei zu verstehen „als eine Praxis, ein Prozess, eine Arbeit, eine Produktion" (C. Boff, Theologie, 77).

Mit der Rede von der „religiösen Produktion" handelt sich Maduro, hierin Bourdieu (Genèse) folgend, in der Beschreibung arbeitsteiliger Gesellschaften für den religiösen Bereich die ganze Terminologie der Warenökonomie ein. „Religiöse Produkte" werden nicht nur hergestellt, auch „angeboten, verteilt und ausgetauscht" (Maduro, religión, 148) – wobei sofort die Frage entsteht, in welchem Sinn es sich dabei um einen Tausch handelt. Dem „religiösen Angebot" steht eine am „religiösen Konsum" interessierte „religiöse Nachfrage" (149) gegenüber usw. Hier wäre zu klären, unter welchen gesellschaftlichen Bedingungen das Marktmodell tatsächlich angemessen zur Beschreibung des religiösen Bereiches ist

(Matthes z.B. führt die Verwendung des Marktmodells durch P.L. Berger auf dessen Orientierung an der gegenwärtigen Gesellschaft der USA zurück (vgl. Berger, Marktmodell, und Matthes, Religion, 102)), und insbesondere, ob dies für die lateinamerikanischen Gesellschaften zutrifft. Anderenfalls bleibt die Verwendung der marktwirtschaftlichen Begrifflichkeit metaphorisch, handelt es sich um „belletristische Phrasen", die „als Ausdrücke von wissenschaftlichem Wert ... albern" sind (MEW 42,215), denn sie dienen keinem tatsächlichen Nachweis der Zusammenhänge zwischen ökonomischen und religiösen Verhältnissen und laufen, schlimmer noch, Gefahr, bestimmte historisch bedingte Strukturen des religiösen Bereichs als allgemeingültig anzusehen.

Vollends fragwürdig ist es, von „religiösem Kapital" und seiner „Akkumulation" zu sprechen, wie Bourdieu (Genèse, 320 u.ö.) dies tut. Erstens sind wesentliche religiöse Inhalte nicht akkumulierbar (Przybylski, Studentenbewegung, 319f.), zweitens setzt der Kapital-Begriff entsprechend die Trennung von „religiösem Kapital" und „religiöser Arbeit" voraus, während bei Bourdieu etwa der Prophet zugleich Besitzer „religiösen Kapitals" und „religiöser Produzent" sein soll, und drittens wäre aufzuzeigen, wie man sich so etwas wie die „Ausbeutung der religiösen Arbeitskraft" vorzustellen hätte.

Auch Hugo Assmann verwendet den ökonomisierenden Sprachgebrauch für den symbolischen Bereich, allerdings durchgängig in gnomischer Form: „der menschliche Kampf, genau als humanisierender Kampf, stellt eine ‚Arbeit' dar, die soziokulturelle ‚Überschüsse', oder, wenn man so will, Symbole und Mythen ‚zur Disposition' erzeugt" (Assmann, teología, 190). „Der Kapitalismus beutet den Menschen nicht nur in seiner materiellen Arbeit aus. Er beutet ihn außerdem in seiner Symbole und Mythen generierenden ‚Arbeit' aus" (190): er eignet sich den „ideologischen Mehrwert" (189) an. Von „Mehrwert", so Assmann, sei zu sprechen, weil es sich erstens um einen „Überschuss" handele, der zweitens von den Herrschenden angeeignet werde (193). Aber diese beiden Kriterien ließen allenfalls von einem „Mehrprodukt" sprechen. Inwiefern es sich um einen Prozess der „Selbstverwertung symbolischen Kapitals" und damit „Mehrwert" handeln könnte, bleibt auch hier unklar.

71.   Vgl. Maduro, religión, 134f.
72.   ebd., 172 („las funciones sociales de una religión pueden variar según la historia, la estructura y la coyuntura de cada sociedad

particular y de cada sistema religioso específico").

73. Kramer, Interpretation, 156.
74. Gramsci, Philosophie, 258.
75. Zu Gramscis Religionskonzeption vgl. Nesti, Gramsci; Portelli, Gramsci; di Nola, Volksreligion; Mottu, Kritik; Hein, Gramsci.
76. Gramsci, Marxismus, 61f.; aus Zensurgründen spricht Gramsci in den Gefängnisheften von „Gruppe" anstelle von „Klasse".
   Zur Hegemonietheorie bei Gramsci vgl. auch Buci-Glucksmann, Gramsci; Opazo, fonction, 242-251; Kramer, Interpretation.
77. Vgl. Maduro, religión, 118f., 177; Opazo, fonction, 250; Vidales, cristianismo, 42.
78. Gramsci, Philosophie, 149.
79. Maduro, religión, 180-182.
80. Bourdieu, Genèse, 329. 330. Bourdieu sieht das als spezifischen Beitrag „der Kirche (und allgemeiner der Religion)" zur Aufrechterhaltung der symbolischen Ordnung (329); weiter unten wird zu zeigen sein, dass so allgemein diese Aussage nicht zutrifft.
81. Vgl. Maduro, religión, 187-189.
82. Gramsci, Marxismus, 165.
83. Dussel, religión, 30 („En la utopía del sistema vigente hay suficiente ambigüedad como para envolver, engañar y atraer buena parte de las necesidades de las clases oprimidas.").
84. Kudo, práctica, 79.
85. Opazo, fonction, 256; Opazo formuliert hier eine klassentheoretische Systematisierung der heuristischen Differenzierung Gramscis, der „einen Katholizismus der Bauern, einen Katholizismus der städtischen Kleinbürger und Arbeiter, einen Katholizismus der Frau und einen Katholizismus der Intellektuellen" unterscheidet (materialismo, 120; vgl. Gramsci, Philosophie, 206).
86. di Nola, Volksreligion, 29.
87. Houtart, champ, 270.
88. Pérez, Feste, 163.
89. Interview des Autors mit Pablo Richard vom 21.7.1981. Die Auffassung, dass eine Konzeption im praktischen Kontext eine völlig andere Bedeutung haben kann als innerhalb der Theorie, hat schon Gramsci nachdrücklich vertreten.
   „Wenn man im Kampf die Initiative nicht ergreifen kann und der Kampf selbst aus einer Reihe von Niederlagen besteht, wird der mechanische Determinismus zu einer erstaunlichen Kraft des moralischen Widerstands, des Zusammenhalts, des obstinaten und geduldigen Durchhaltevermögens. ... Man muss ... hervorheben,

dass der aktive und reale Wille von Schwachen sich in das Gewand des Fatalismus kleidet. Deswegen sollte man immer auf die Fragwürdigkeit des mechanischen Determinismus hinweisen, der als naive Philosophie der Massen und nur als solche ein von innen kommendes Element der Kraft ist, aber zur Ursache von Passivität und blöder Selbstgenügsamkeit wird, sobald er als reflektierte und kohärente Philosophie von Intellektuellen übernommen wird" (Gramsci, Philosophie, 140f.).

90.   Concha, Basisgemeinden, 137.
91.   Vgl. Gramsci, Marxismus, 94f.
92.   Valle, Psychologie, 67f.
93.   Althusser fasst die Kirche wie andere Hegemonie-Apparate als „ideologischen Staatsapparat" auf, der die Funktion hat, die Reproduktion der gesellschaftlichen Beziehungen zu sichern (Ideologie, 119; vgl. 115-130). Diese strukturell-funktionalistische Auffassung wird bei Althusser nicht mit der Theorie des in den ideologischen Staatsapparaten wirkenden Klassenwiderspruchs vermittelt, auch wenn er sein Vorhandensein prinzipiell sieht. Eine solche Vermittlung ist aber notwendig, um die hegemonialen Apparate nicht als bloßes Instrument von Klassenherrschaft, sondern als Ort des Klassenkampfes begreifen zu können. „Im Grunde gibt es keine Theorie der Hegemonie ohne Theorie der Hegemoniekrise ...; keine Analyse der Integration der unteren Klassen in eine herrschende Klasse ohne Theorie der Autonomisierungsweisen und der Klassenkonstitution, die es einer zuvor untergeordneten Klasse gestattet, hegemonial zu werden" (Buci-Glucksmann, Gramsci, 65. vgl. 73f.).
94.   Maduro, religión, 189.
95.   Vgl. dazu Houtart, modes, insb. 94f., 268-272.
96.   Maduro, religión, 102f.; Houtart, análisis, 10.
97.   Houtart, champ, 268.
98.   Vgl. Alvarado, organización, 278.
99.   Kudo, práctica, 170.
100. Houtart, modes, 4.
101. ebd.
102. Vgl. Irarrázaval, religiosidad, 1.
103. Houtart/Lemercinier, conscience, 165.
104. Vgl. Richard, iglesia, estado.
105. Pablo Richard hat dies als Modell der „Christenheit" (cristiandad) bezeichnet und verschiedentlich näher entwickelt; vgl. Richard, iglesia latino-americana, 96-99 u.ö.

106. Houtart, lutte, 217f.; vgl. Camargo, essai, 402.
107. Vanderhoff, Volksreligion, 50.
108. Castillo, Thesen, 86.
109. Mariátegui, factor, 153.
110. Antonio Valdivieso, der dritte Bischof von Nicaragua, wurde, nachdem er die einen Großteil Nicaraguas besitzende spanische Familie Contreras des unerlaubten Sklavenbesitzes angeklagt hatte, am 26.2.1550 von Hernando Contreras umgebracht.
111. Kudo, práctica, 176 („la co-existencia de diversas maneras simbólicas y religiosas de leer las relaciones sociales de producción en una formación social capitalista dependiente; visión precapitalista, capitalista, reformista, anarquista-espontaneísta, clasista, etc").
112. Interview des Autors mit Pablo Richard vom 24.7.1981.
113. Maduro, religión, 196 („le haga percibirse a sí misma como clase subalterna en oposición a las clases dominantes y deseosa - capaz - urgida de superar su propia condición subalterna transformando las relaciones de dominación").
114. Vgl. Maduro, marxismo, 165.
115. Richard, Volksreligion, 144.
116. ebd., 145.
117. Gutiérrez, Macht, 69.
118. Robbe, Marxismus, 161.
119. Dussel, religión, 60.
120. Die Bedeutung der Religion in solchen Fällen hat Lanternari (Freiheitsbewegungen) ausführlich untersucht.
121. Zamora, análisis, 33.
122. Maduro, apuntes, 33.
123. Castillo, Praxis, 59; Zamora, análisis, 33.
124. Houtart, champ, 272.
125. ebd.
126. Vgl. Rubén Dri, in: Iglesia y estado, 37, und Theotonio dos Santos, ebd., 45f. 114.
127. Oscar Arnulfo Romero, Erzbischof von San Salvador, wurde am 24.3.1980 von einer Todesschwadron ermordet.
128. Diese Interpretation hat z.B. Johannes Paul II. in seiner Rede vom 4.3.1983 in Managua vertreten; vgl. „Dank sei Gott ...", 151.
129. gegen Opazo, comprensión, 49, und Cáceres, iglesia, 230-241.
130. Maduro, religión, 188.
131. vgl. ebd., 180-182.
132. Villela, iglesia, 152.

133. Houtart, lutte, 214; Houtart spricht sogar von „gewissen unmittelbaren Interessen" der untergeordneten Klassen (ebd.).
134. C. Boff, influência, 112.
135. Gramsci, Marxismus, 229, anlässlich populistischer Tendenzen in der französischen Literatur.
136. Vgl. Houtart, lutte, 209; Opazo, condiciones, 288.
137. Vgl. MEW 4, 181.
138. Zu dieser Konzeption von Spontaneität vgl. Gramsci, Philosophie, 371.
139. Vgl. C. Boff, Knechtschaft, 118.
140. Dussel, coyuntura, 202.
141. Gramsci, Philosophie, 371, über das Verhältnis von „spontanen" Gefühlen der Massen und sozialistischer („moderner") Theorie.
142. Vgl. Gramsci, Marxismus, 93f. 79.
143. Opazo, condiciones, 300f.
144. Betto, Kirche, 69; vgl. Fernande Reyes Matta, in: Iglesia y estado, 61f.
145. Zamora, análisis, 32.
146. Alvarado, organización, 332.
147. vgl. Richard, Christen, 211; Mariátegui, factor.
148. Interviews des Autors mit Pablo Richard vom 21.5.1984 und vom 21.7.1981.
149. Opazo, condiciones, 303 („La propia lectura del mensaje religioso cristiano se va a realizar desde el ángulo del anuncio de la Vida y a la lucha contra los agentes de la Muerte.").
150. Vanderhoff, Volksreligion, 50.
151. Houtart, modes, 4.
152. Richard, identidad, 98; ders., Identität, 78.
153. Silva, pensamiento, 327.
154. Alvarado, organización, 319.
155. Houtart, champ, 271.
156. Houtart, análisis, 7.
157. Rivera, introducción, 19; vgl. Richard, iglesia latino-americana, 82f., und ders., Identität, 81.
158. Richard, iglesia latino-americana, 78; vgl. Richard/Torres, cristianismo, 59f., und Schlußdokument, 34.
159. Assmann, Glaube, 150f.. Eine Ausnahme findet man bei Gaspar García Laviana, der von „der ersten Gruppe der Kirche" spricht, „die in einer christlichen Revolution kämpft, um ein mörderisches Regime zu stürzen und eine neue Gesellschaft aufzubauen,

in der die christlichen Ideale Gerechtigkeit, Liebe und Frieden gelebt werden" (Brief an seine „Brüder" Bischöfe und Priester, in: Rodríguez, Gaspar, 225).

160. Alvarado, organización, 333; vgl. Houtart, análisis, 11, und C. Boff, influência, 112f.
161. Richard/Torres, cristianismo, 61f.
162. Vgl. Richard, Christen, 208f.; ders., Identität, 83f.; Schlußerklärung, 89f.
163. Schlußerklärung, 90.
164. Richard/Torres, cristianismo, 64 („expresan o celebran su fe (en la comunidad cristiana) en la mediación de esta praxis, como la segura y plena liberación implicada en el éxito de esta praxis").
165. Raúl Vidales, in: Iglesia y estado, 54.
166. Lenin übernimmt Marx' Formulierung „Opium des Volks" (LW 10,71), legt aber an anderen Stellen auch die Konzeption eines „Opiums für das Volk" nahe, wenn er den Katholizismus als Widerspiegelung der „Ausbeutung der Unwissenheit des Volkes durch bestimmte Gesellschaftsklassen" (LW 14,228) bezeichnet oder von „Hochstapler(n)" spricht, „deren Geschäft es ist, das Volk mit religiösem Opium zu betäuben" (LW 14,223).
167. Borge, Die Revolution kämpft…, 96
168. Kahl, Freidenkertum, 126.
169. Assmann, Glaube, 156f.
170. Maduro, religión, 172; Hervorhebungen im Original.
171. Robbe, Marxismus, 177.
172. Kahl, Freidenkertum, 133.
173. Autorenkollektiv, Philosophie, 174.
174. Steigerwald, Marxismus, 161. 84.
175. Kahl, der neuerdings in „Sozialistisches Freidenkertum und marxistisch-christlicher Dialog" eine sich sehr um Differenzierung bemühende Darstellung der marxistischen Religionstheorie vorgelegt hat, konstatiert einleitend, dass „die unterdrückten Massen auch aus der Religion Kraft und Argumentation zum Widerstand, selbst zum Aufstand" schöpfen (Freidenkertum, 117), verspricht anschließend eine Analyse, „die die Tatsachen in ihrer ganzen Widersprüchlichkeit voll zur Kenntnis nimmt, nichts ausblendet, nichts ausklammert" (117), um dann in der Darstellung darauf zurückzufallen, dass „Religion Protest, freilich kein Widerstand" ist (125), geschweige dass er weitergehende theoretische Konsequenzen zieht. Im Lehrbuch der „Marxistisch-leninistischen Philosophie" werden die möglichen theoretischen Konsequenzen durch

eine Verschiebung der Problemstellung umgangen, indem die Autoren feststellen, „daß ungeachtet subjektiver Beweggründe die grundlegenden Probleme der heutigen Menschheit nicht durch eine ‚erneuerte' Religion gelöst werden" (Autorenkollektiv, Philosophie, 174). So richtig dies zweifellos ist, so stellt ein solcher Gedankengang das Problem jedoch so, als sei Religion nur beachtenswert, wenn sie – und gar noch sie allein – die grundlegenden Menschheitsprobleme bewältigt, und verdeckt damit die tatsächliche theoretische Anfrage, dass nämlich die erneuerte Religion „geachtet" der subjektiven Bedingungen – und wie könnte die marxistische Theorie den subjektiven Faktor unbeachtet lassen? – zur Lösung dieser Probleme beitragen kann und dass sie unter bestimmten gesellschaftlichen Umständen dafür nicht nur förderlich, sondern sogar notwendig zu sein scheint. Zu Steigerwald vgl. unten, Einleitung zu Abschnitt 3.

176. Statt „infraestructura" gelegentlich auch „estructura" oder „base", statt „superestructura" auch „supraestructura" oder „sobreestructura".

177. Dussel, religión.

178. ebd., 40. 41.

179. ebd., 42.

180. ebd., 64 („supraestructural una y por ello legitimadora de la dominación", „infraestructural otra y por ello crítica de la dominación").

181. Gutiérrez, comunidades, 20. Zu diesem Gegensatz von „Basis" und „Herrschaft" vgl. auch L. Boff: „Das religiöse Interesse der Basis ist es, eine Legitimierung für das eigene Streben nach Befreiung zu finden und die Herrschaft, die sie erleidet, als unrechtmäßig und widernatürlich zu entlarven." (Neuentdeckung, 64)

182. Dussel, religión, 37 („La responsabilidad del liberador por el pobre oprimido se sitúa debajo (infra) de la estructura del sistema que los exiliados de Egipto organizarán en Palestina"); Hervorhebung im Original.

183. vgl. Tomberg, Basis, 79f.

184. Dussel, religión, 45 („La noción de religión infraestructural quiere indicar la anterioridad de la responsabilidad práctica que se tiene por el oprimido dentro del sistema. Esta anterioridad no es sólo con respecto a la supraestructura de un sistema futuro, sino aun con respecto a su infraestructura.")

185. ebd., 54.

186. ebd., 58.

187. ebd., 54 („. . . la economía tiene una definición cultual . . .").

188. ebd. („... es el fruto de un acto de culto").
189. Dass Dussel in diesem Zusammenhang betont, dass „der Revolutionär, der religiös ist, seine religiöse Haltung ... nicht als unnötige akzidentielle Konnotation mitführt" (ebd.), und an anderer Stelle behauptet, dass „die religiösen Institutionen ... nicht notwendig superstrukturell sind" (ebd., 46), lässt vermuten, dass er ein ökonomistisches Basis-Überbau-Schema und eine mechanistische Widerspiegelungstheorie vor Augen hat und zu überwinden trachtet.
190. ebd., 46.
191. Interview mit Pablo Richard vom 21.5.1984.
192. Interview mit Pablo Richard vom 21.7.1981.
193. Mate/Assmann, introducción, 20f. Eine Auseinandersetzung mit dieser Kritik führt im Rahmen dieser Arbeit zu weit. Es wäre dann zu zeigen, dass Lenin den Leitsatz: „Der Gesichtspunkt des Lebens, der Praxis muss der erste und grundlegende Gesichtspunkt der Erkenntnistheorie sein." (LW 14,137) nicht nur formuliert, sondern in seinen philosophischen Arbeiten auch realisiert hat.
194. Mate/Assmann, introducción, 18; vgl. Hugo Assmann (in: Praxis cristiana, 49): „Das Bewusstsein ist materiell. Die Psychologie in ihrer ganzen Bedeutung ist materiell. Das Funktionieren von allem, das schließt die Fähigkeit zur Freude, die Denkfähigkeit, die wirkliche Fähigkeit, die Schönheit zu genießen, ein, all das ist materiell, weil sich in das materielle Sein der Menschen einschreibt."
195. Mate/Assmann, introducción, 39.
196. Dass es sich um eine Unterscheidung, nicht um eine Trennung handelt, hat Lenin betont: Außerhalb der erkenntnistheoretischen Grundfrage „(darf) diese Gegenüberstellung nicht ‚überschwenglich', übertrieben, metaphysisch sein" (LW 14,244), denn Hegels „Gedanke von der Verwandlung des Ideellen in das Reale ist tief: sehr wichtig für die Geschichte" (LW 38,106).
197. Mate/Assmann, introducción, 42.
198. Assmann, Evangelium, 56.
199. Maduro, marxismo, 96, A78.
200. Nach Dussel kann man bei Fidel Castro „klar die Unterscheidung von super- und infrastruktureller Religion sehen", wenn er heidnische Religion der römischen Herren und Christentum als Religion der Sklaven unterscheidet (Dussel, religión, 59). Jedoch benutzt Fidel Castro keineswegs diese Terminologie, und mir scheint die Erwägung nicht abwegig, dass er dies tut, weil er sie für inadäquat hält.

201. Kuno Füssel hält bei der Frage nach dem „Basis- bzw. Praxisanteil der Religion" (als ob Basis und Praxis gleichbedeutende Termini wären!) und ob es sich „um eine kohärente Weiterentwicklung des marxistischen Instrumentariums" handelt, eine „positive Beantwortung für möglich" (Füssel, Aspekte, 117). Auszuschließen ist das nicht, allerdings scheint mir der hegemonietheoretische Ansatz im Blick auf dieses Anliegen erfolgversprechender als die Suche nach einer „superstrukturellen" und „einer ‚infrastrukturellen Komponente' religiöser Systeme" (ebd.).

202. Interview mit Pablo Richard vom 21.5.1984; wohl nicht umsonst hat Pablo Richard diese Konzeption bisher nur gesprächsweise und nicht in schriftlichen Arbeiten verwandt.

203. Desroche, socialismes, 423. vgl. 423f.

204. Silva, pensamiento, 349.

205. Morales, obras, 93 („... la contradicción inherente a todas las ideologías místicas que como el cristianismo tienen una fuente popular. En la medida en que es expresión de la miseria y una protesta contra ella, bajo una dirección revolucionaria puede convertirse en movimiento eficaz; si falta esa dirección, la clase gobernante hace uso de ella para desviar la atención de los verdaderos problemas y tareas, a manera de consolidar su dominación y la explotación de clase.").

206. Richard, reflexión, 301 („teología intrínseca a los marcos categoriales del pensamiento burgués").

207. Morales, obras, 121 („el carácter clasista de la religión y de la Iglesia"). Ricardo Morales Avilés, führender, im Untergrund lebender Intellektueller der FSLN, wurde am 18.9.1973 von der Nationalgarde gefangen genommen und umgebracht.

208. Vgl. oben, Schluss von Abschnitt 1.2.

209. Vgl. C. Boff, Knechtschaft, 113.

210. Girardi, fe, 30.

211. Cardenal, cristiano, 104.

212. Assmann, Glaube, 178.

213. ebd., 158.

214. In der Neuveröffentlichung der „Einleitung zur Kritik der politischen Ökonomie" zusammen mit dem Manuskript der „Grundrisse" in MEW 42 lautet die Textstelle „... von der künstlerisch-, religiös-, praktisch-geistigen Aneignung dieser Welt" (37), während die Publikation der „Einleitung" in MEW 13 liest: „... von der künstlerischen, religiösen, praktisch-geistigen Aneignung dieser Welt" (633).

215. Assmann/Mate, introduccion, 32 („Lo complicado de la posición marxiana comienza ahora: a pesar de la consideración funcional de la religión ... aplica al problema religioso el 'pensamiento de identidad' entre totalidad y particularidad, entre esencia y fenómeno"; „se esfuerza en sustituir el totalitarismo hegeliano por una dialéctica entre lo universal y lo particular").

216. Vgl. MEW 20,295. Klar bringt Steigerwald dies zum Ausdruck, wenn er schreibt: „Marx und Engels sahen in den späteren Jahren, nachdem das Wesen der Religion geklärt war, ihre Hauptaufgabe darin, den historischen Ursprung der Religion gründlicher historisch-materialistisch zu erklären." (Steigerwald, Marxismus, 88) Als ob Begriffsbildung, Wesensbestimmung nicht die Analyse der konkreten Realität zum wirklichen Ausgangspunkt haben müssten, sondern vorab erfolgen könnten, selbst wenn die wissenschaftliche Darstellung den umgekehrten Weg zu gehen hat (vgl. MEW 42,34-36)!

217. Kudo/Tovar, crítica, 120.

218. Steigerwald, Marxismus, 88.

219. ebd., 103.

220. ebd., 103, vgl. 102f.

221. Gramsci, Philosophie, 261.

222. Ugalde, prólogo, 15. „Logisch ist dies" zwar „kein Problem, denn: Aus Falschem folgt Beliebiges, aus falscher Weltanschauung möglicherweise auch politisch Richtiges" (Steigerwald, Marxismus, 170), aber an der Erklärungskraft solcher adversativer Konstruktionen („revolutionär, obwohl religiös") sind doch gelinde Zweifel angebracht.

223. Hinkelammert, Waffen, insb. 58-68; ders., crítica (Dort nicht in Bezug auf Marx, sondern auf andere Ansätze weiterentwickelt, die Gedankenführung lässt sich jedoch auf die Untersuchung der Marxschen Analysen rückübersetzen.).

224. In den „Mathematischen Manuskripten" spricht Marx davon, dass der Übergang vom Differenzenquotienten zum Differentialquotienten „ohne jede Flause von bloß unendlicher Annäherung" zu vollziehen ist (Marx, Mathematische Manuskripte, 54); der resultierende Differentialquotient $dy/dx = 0/0$ ist ein „transzendentale(s) oder symbolische(s) Unglück" (55). Während im Fall differenzierbarer Funktionen aber der Übergang möglich ist, das „Unglück" daher „seinen Schrecken bereits verloren" hat (55), bleibt er in der Ökonomie unmöglich.

225. Alle Zitate Hinkelammert, crítica, 56.

Der Begriff des Transzendentalen wird hier, Hinkelammert folgend, nicht im Kantschen Sinn eines Apriori jeder Erfahrungserkenntnis gebraucht, sondern auf die aus der Empirie gewonnenen und für ihre Erkenntnis notwendigen Konzeptualisierungen des Unmöglichen bezogen.

226. Hinkelammert beschreibt dieses „dialektische Umschlagen" bei P.L. Bergers Konzept vollkommener Plausibilität (crítica, 50-52) und F.A. Hayeks These perfekter Konkurrenz (60-62).

227. Serrano, lugar, 24; vgl. Hinkelammert, crítica, 26.

228. Hinkelammert, crítica, 26.

229. Hinkelammert, Waffen, 59; Hervorhebungen im Original.

230. ebd.

231. ebd., 60.

232. ebd., 61 (die deutsche Übersetzung bringt „concepto", wie Hinkelammert durchgängig sagt, teils als „Begriff", teils als „Konzept" (vgl. z.B. S. 66 mit Hinkelammert, armas, 63f.).

233. Es steht außer Zweifel, dass Engels, wenn er behauptet, die Möglichkeit dazu „ist da" (MEW 20,264), „vollständig" nicht absolut meint, sondern implizit die Voraussetzung setzt, die auch Marx macht, wenn er von der „volle(n) Entwicklung der menschlichen Herrschaft über die Naturkräfte, die der sog. Natur sowohl wie seiner eignen Natur" (MEW 42,396), als realisierbarem Projekt spricht: „In fact aber, wenn die bornierte bürgerliche Form abgestreift wird, was ist der Reichtum anders, als die im universellen Austausch erzeugte Universalität der Bedürfnisse, Fähigkeiten, Genüsse, Produktivkräfte etc. der Individuen? ... Das absolute Herausarbeiten seiner schöpferischen Anlagen, ohne andre Voraussetzung als die vorhergegangne historische Entwicklung ...?" (395f.)

234. Hinkelammert, Waffen, 64.

235. Die Entgegensetzung des Marxschen und des Engelsschen Ansatzes, die Hinkelammert (Waffen, 64; vgl. crítica, 156) vornimmt, scheint mir ungerechtfertigt. Hinkelammert übersieht sowohl die dialektische Vermittlung, die Marx in den „Grundrissen" zwischen freier Tätigkeit und Produktionsprozess vornimmt, wie auch die Tatsache, dass Engels die freie Entwicklung der menschlichen Kräfte keineswegs „total beiseite" lässt (Waffen, 64), sondern in sein Gesamtkonzept einschließt.

236. Alonso, socialismo, 173.

237. Hinkelammert, Waffen, 62.

238. Hinkelammert, crítica, 26.

239. LW 5,529 f.

240. Hinkelammert, Waffen, 66f.
241. ebd., 65 („materiell", nicht „material"; vgl. ebd., 269).
242. ebd., 67.
243. Hegel, Wissenschaft, 277. 276.
244. ebd., 161.
245. Lenin in seinem Hegel-Konspekt zur Stelle; LW 38,101f.
246. Hegel, Wissenschaft, 172.
247. LW 38,102.
248. Séve, Analyse, 58f.
249. Hinkelammert, Waffen, 63.
250. Assmann, Evangelium, 59f.
251. Hinkelammert, Waffen, 317.
252. Hegel, Wissenschaft, 175.
253. Hinkelammert, crítica, 27o.
254. Hinkelammert, Waffen, 269.
255. Hinkelammert, crítica, 217 („... es muy lógico esperar que volverá a aparecer el sentido explícitamente religioso de la vida").
256. Vgl. ebd., 218. Überhaupt betrachte ich hier, der marxistischen Tradition folgend und im Hinblick auf Lateinamerika, als Religion faktisch das Christentum; Ausweitungen auf andere Religionen liegen nicht in der Absicht dieser Arbeit.
257. Hinkelammert, Waffen, 271.
258. Gramsci, Philosophie, 198.
259. Dussel, religión, 22 („utopía de reconciliación universal"); vgl. Assmann/Mate, introducción, 33.
260. Lewada, Religion, 37.
261. ebd., 36.
262. Hinkelammert, crítica, 262 („en plenitud la satisfacción de todas las necesidades, la posibilidad de vivir plenamente el ritmo de la vida compartiendo todo con todos").
263. Hinkelammert, Waffen, 298.
264. Schlußerklärung, 92 (span: irrupción, 17); „fraternidad" gebe ich statt mit „Brüderlichkeit" mit „Geschwisterlichkeit" wieder.
265. Hinkelammert, crítica, 260 („Por tanto, la imaginación trascendental se hace consistente si explícitamente imagina una tierra sin muerte, y este hecho atestigua su caracter trascendental.").
266. Richard, reflexión, 306 („En la racionalidad de la fe todo puede ser superado, incluso la muerte.").
267. Einen analogen Gedanken hat Gramsci für den Marxismus (den er in den Gefängnisheften aus Zensurgründen als „Philosophie

der Praxis" umschreibt) im Blick auf den „Sprung ins Reich der Freiheit" entwickelt:

„Aber wenn auch die Philosophie der Praxis ein Ausdruck der geschichtlichen Widersprüche, mehr noch: sogar deren vollendetster, weil bewusster Ausdruck, so bedeutet das, daß auch sie mehr der ‚Notwendigkeit' zuzuordnen ist und nicht der ‚Freiheit', die es noch nicht gibt und geschichtlich gesehen noch nicht geben kann. Wenn also bewiesen wird, daß die Widersprüche verschwinden werden, schließt das ein, daß auch die Philosophie der Praxis verschwinden, aufgehoben werden wird: im Reich der ‚Freiheit' können das Denken, die Ideen nicht mehr auf dem Boden der Widersprüche und der Notwendigkeiten des Kampfes entstehen." (Gramsci, Philosophie, 197)

268. Interview mit Pablo Richard vom 21.5.1984.
269. Hinkelammert, Waffen, 269.
270. Hinkelammert, crítica, 272 („... Dios no es primordialmente una construcción objetiva a la cual uno se acerca con la pregunta: existe Dios? sino que es alguien que está presente en cuanto los sujetos se tratan como sujetos. Es decir, la presencia de Dios se actúa; la relación primordial no es entre un hombre-sujeto y un Dios-sujeto, sino entre hombres-sujetos que al tratarse como tales obran la presencia de Dios.").
271. Richard, reflexión, 304; vgl. Gutiérrez, Befreiungspraxis, 412, und Dussel, Herrschaft, 403.
272. Hinkelammert, crítica, 272 („...por analogía hay que hablar necesariamente del Dios-sujeto").
273. Interview mit Pablo Richard vom 21.5.1984; vgl. Hinkelammert, Waffen, 270.
274. Hinkelammert, crítica, 217f.
275. Ugrinowitsch, Fragen, 43f.
276. Hinkelammert, crítica, 274 („en cuanto el hombre no se conoce a sí mismo crea un Dios que refleja una falsificación del hombre, y si se conoce a sí mismo, crea un Dios que refleja el hombre en lo que realmente es.").
277. Hinkelammert, Waffen, 63.
278. Kahl (Freidenkertum, 124) geht ebenfalls davon aus, dass ein nur verkehrtes Bewusstsein unmöglich ist, sortiert dann aber fein säuberlich das richtige Bewusstsein ins Töpfchen des Wissens und das falsche Bewusstsein ins Kröpfchen des Glaubens.
279. Robbe gelangt ebenfalls zu der Erkenntnis, dass der Entfremdungszusammenhang auch in religiösen Ideen und Institutionen „in ent-

scheidenden (!!) Punkten überwunden werden" kann (Robbe, Marxismus, 171). Wenn er fortfährt, dass aber „seine absolute Aufhebung ... innerhalb der Religion unmöglich" ist (ebd.), so trifft er sich genau mit dem religiösen Bewusstsein, das davon ausgeht, dass die absolute Aufhebung der Entfremdung mit dem Verschwinden der Religion zusammenfällt – im Reich Gottes.

280. Hinkelammert, crítica, 275 („En la visión teológica aparece ahora Dios que crea al hombre según su imagen de una manera tal, que el hombre, sin conocimiento directo de Dios, busca a Dios creándose imágenes de él según su propia imagen. Pero, creado según la imagen de Dios, la búsqueda de Dios por la creación humana de imágenes de Dios, tiene que tender a la imagen del Dios verdadero en el grado en el cual el hombre logra una imagen y realización de esta imagen de sí misma, que corresponde con lo que el hombre es.")

281. Richard, Christen, 208.

282. Vgl. MEW EB 1,581; MEW 1,543.

283. Morales, obras, 78. Der Text wurde zwischen 1968 und 1971 geschrieben; Ricardo Morales Aviles revidierte wenig später die Auffassung, dass jede religiöse Strömung zu bekämpfen sei.

284. Marsch, Philosophie, 37f.

285. Dussel, religión, 51.

286. Gramsci, Philosophie, 194.

287. Füssel, Aspekte, 118.

288. Hinkelammert, Waffen, 271 („christlichen" statt „religiösen" nach dem span. Text; vgl. armas, 271).

289. Interview mit Pablo Richard vom 24.7.1981.

290. Kahl, Freidenkertum, 133.

291. Richard, Theologie, 46.

292. LW 14, 137. 138.

293. Girardi, lucha, 253.

294. Vgl. Eliade, Mythos; Houtart, modes, 21 f.

295. Vgl. Pixley, utopías; Serrano, lugar, 33f.; Dussel, religión, 46; Gramsci, Marxismus, 246.

296. Silva, pensamiento, 361.

297. Richard, iglesia latino-americana, 27f. (vgl. ders., Theologie, 42-44).

298. Richard, Theologie, 43.

299. Pico, Christen, 111.

300. Gutiérrez, Befreiungspraxis, 418.

301. Richard, Theologie, 33.

302. Richard, iglesia latino-americana, 89 („heredera del pensamiento burgués liberal-ilustrado y no una exigencia política-ideológica de las masas explotadas en su enfrentamiento con ese mundo burgués dominante").
303. Richard, iglesia que nace, 48; vgl. Houtart, Christen, 191.

Literatur

Alonso, Tejada, Aurelio: Socialismo y utopismo. Un análisis desde la experiencia cubana. In: Esperanza. S. 171-187

Althusser, Louis: Ideologie und ideologische Staatsapparate. Aufsätze zur marxistischen Theorie. Hamburg / Westberlin 1977

Ders.: Für Marx. Frankfurt a.M. 1968

Alvarado, Napoleón: La organización del proletariado agrícola y el problema de las formas de conciencia religiosa. In: Fe. S. 243-320

Aragón, Rafael und Eberhard Löschcke: Die Kirche der Armen in Nicaragua. Frankfurt a.M. u.a. 1996

Assmann, Hugo: Das Evangelium des Technologismus. Technologie und Macht aus der Sicht der Theologie der Befreiung. In: Befreiungstheologie. S. 50-68

Ders.: Der Glaube der Armen im Kampf gegen die Götzen. In: ders. u.a.: Die Götzen der Unterdrückung und der befreiende Gott. Münster 1984. S. 149-194

Ders: Teología desde la praxis de la liberación. Ensayo teológico desde la América dependiente. 2. Aufl. Salamanca 1976.

Ders. und Reyes Mate: Introducción. In: Karl Marx und Friedrich Engels: Sobre la religión. Hg. v. Hugo Assmann und Reyes Mate. Salamanca 1974, S. 11-37

Autorenkollektiv: Marxistisch-leninistische Philosophie. Frankfurt a.M. 1979

Basisgemeinden und Befreiung. Lesebuch zur Theologie und christlichen Praxis in Lateinamerika. Hg. v. Antonio Reiser und Paul Gerhard Schoenborn. Wuppertal 1981

Befreiende Theologie. Der Beitrag Lateinamerikas zur Theologie der Gegenwart. Hg. v. Karl Rahner, Christian Nodehn und Hans Zwiefelhofer. Mit Beiträgen von Leonardo Boff u.a., Stuttgart u.a. 1977

Befreiungstheologie als Herausforderung. Anstöße – Anfragen – Anklagen der lateinamerikanischen Theologie der Befreiung an Kirche und Gesellschaft hierzulande. Hg. v. Horst Goldstein. Mit Beiträgen von Rogério I. de Almeida Cunha u.a.. Düsseldorf 1981

Berger, Peter L.: Ein Marktmodell zur Analyse ökumenischer Prozesse. In: IJRS 1 (1965). S. 235-249

Betto, Frei: Die Kirche, die aus dem Volk entsteht. In: Nicaragua: Revolution, S. 60-71

Ders.: Nachtgespräche mit Fidel. Freiburg (Schweiz) 1987

Boff, Clodovis: A influência política das comunidades eclesiais de base. In: Religião e Sociedade 1979, Heft 4, S. 95-119

Ders.: Gegen die Knechtschaft des rationalen Wissens. Ein neues Verhältnis zwischen der Wissenschaft der Theologen und der Weisheit des Volkes. In: Befreiungstheologie. S. 108-138

Ders.: Theologie und Praxis. Die erkenntnistheoretischen Grundlagen der Theologie der Befreiung. München / Mainz 1983

Boff, Leonardo: Die Anliegen der Befreiungstheologie. In: Theologische Berichte VIII. Wege theologischen Denkens. Zürich / Einsiedeln / Köln 1979, S. 71-103

Ders.: Die Neuentdeckung der Kirche. Basisgemeinden in Lateinamerika. 2. Aufl., Mainz 1980

Borge Martínez, Tomás: Die Revolution kämpft gegen die Theologie des Todes. Reden eines führenden Sandinisten zur Aufgabe der Christen im neuen Nicaragua. Freiburg (Schweiz) / Münster 1984

Bourdieu, Pierre: Genèse et structure du champ religieux. In: RFS 12 (1971), S. 295-334

Buci-Glucksmann, Christine: Gramsci und der Staat. Für eine materialistische Theorie der Philosophie. Köln 1981

Cáceres, Jorge u.a.: Iglesia, política y profecía. Juan Pablo II en Centroamérica. San José 1983

Camargo, Procopio: Essai de typologie du catholicisme brésilien. In: Soc Comp 14 (1967). S. 399-422

Capitalismo: violencia y anti-vida. Hg. v. Elsa Támez und Saúl Trinidad. 2 Bände. San José 1978

Cardenal, Fernando: Como cristiano revolucionario encontré un nuevo camino. Interview von Pedro Francisco Lizardo. In: nicaráuac 5 (April-Juni 1981). S. 99-108

Castillo, Fernando: Befreiende Praxis und theologische Reflexion. In: Theologie aus der Praxis des Volkes. Neuere Studien zum lateinamerikanischen Christentum und zur Theologie der Befreiung. Hg. v. Fernando Castillo. München/Mainz. S. 13-61

Ders: Thesen zum Verhältnis „Kirche und Volk". In: Volksreligion. S. 83-87

Christen und Revolution. Die Beziehung zwischen Staat und Kirche in den sozialistischen Ländern der Dritten Welt. Hg. v. Klaus Schimpf und Clarita Müller-Plantenberg. Kassel/Berlin 1982

Concha, Miguel: Die Kirchlichen Basisgemeinden und die Kirche, die aus dem Volk entsteht. In: Nicaragua: Revolution. S. 134-137

„Dank sei Gott und der Revolution". Christen in Nicaragua. Hg. v. Dorothee Sölle und Horst Goldstein. Reinbek bei Hamburg 1984

Desroche, Henri: Marxisme et religions. Paris 1962

Ders.: Socialismes et sociologie religieuse. Textes de Friedrich Engels traduits et présentés avec le concours de G. Dunstheimer et M.L. Letendre. Paris 1965

Dussel, Enrique: El concepto de fetichismo en el pensamiento de Marx. Elementos para una teoría general marxista de la religión. In: CrSoc 23 (1985). Nr. 85, S. 7-59

Ders.: Coyuntura de la praxis cristiana en América Latina. Hacia una división internacional del trabajo teológico. In: Praxis cristiana. S. 191-231

Ders.: Herrschaft – Befreiung. Ein veränderter theologischer Diskurs. In: Conc(D) 10 (1974), S. 396-407

Ders.: Religión. México D.F. 1977

Eliade, Mircea: Der Mythos der ewigen Wiederkehr. Düsseldorf 1953

La esperanza en el presente de América Latina. Hg. v. Raúl Vidales und Luis Rivera Pagán. San José 1983

Fe cristiana y revolución sandinista en Nicaragua. Hg. v. IHCA. Managua 1979

Feuerbach, Ludwig: Das Wesen des Christentums. Gesammelte Werke. Hg. v. Werner Schuffenhauer. Band 5. Berlin 1973

Füssel, Kuno: Über einige Aspekte des Marxismusverständnisses der Kongregation für die Glaubenslehre. Ein verwunderter, kritischer Kommentar. In: Das Lehramt der Kirche und der Schrei der Armen. Hg. v. Hermann-Josef Venetz und Herbert Vorgrimmler. Freiburg (Schweiz) / Münster 1985, S. 105-136

Girardi, Giulio: Fe en la revolución, revolución en la cultura. Managua 1983

Ders.: La lucha popular de Sandino: del realismo a la utopía. In: Esperanza, S. 219-254

Ders.: Marxismus und revolutionäre religiöse Erfahrungen. In: Das Argument 26 (1984), S. 871-880

Godelier, Maurice: Marxisme, anthropologie et religion. In: Epistémologie et marxisme. Paris 1972, S. 209-265

Ders.: Vers une théorie marxiste des faits religieux. In: LV(L) 23 (1974), Heft 117/118, S. 85-94

Goux, Jean-Joseph: Freud, Marx. Ökonomie und Symbolik. Frankfurt a.M. / Berlin / Wien 1975

Gramsci, Antonio: Marxismus und Literatur. Ideologie, Alltag, Literatur. Hg. v. Sabine Kebir. Hamburg 1983

Ders.: Il materialismo storico e la filosofia di Benedetto Croce. Quaderni del carcere 1. Turin 1966

Ders.: Philosophie der Praxis. Eine Auswahl. Hg. v. Christian Riechers. Frankfurt a.M. 1967

Grimm, Bodo: Konstitutionsbedingungen, Inhalt und Funktion der Theorie Louis Althussers. Köln 1980

Gutiérrez, Gustavo: Befreiungspraxis, Theologie und Verkündigung. In: Conc(D) 10 (1974), S. 408-419

Ders.: Comunidades cristianas de base. In: CrSoc 18 (1980), Heft 2, S. 14-25

Ders.: Die historische Macht der Armen. München / Mainz 1984

Haug, W.F.: Vorlesungen zur Einführung ins Kapital. 2. Aufl., Köln 1976

Hegel, Georg Wilhelm Friedrich: Wissenschaft der Logik. Erster Teil. Sämtliche Werke. Hg. v. Hermann Glockner. Band 4. Stuttgart 1958

Hein, Bernd: Antonio Gramsci und die Volksreligion. In: Volksreligion. S. 156-164

Hinkelammert, Franz J.: Las armas ideológicas de la muerte. 2. rev. u. erw. Aufl. San José 1981

Ders.: Crítica a la razón utópica. San José 1984

Ders.: Die ideologischen Waffen des Todes. Zur Metaphysik des Kapitalismus. Freiburg (Schweiz) / Münster 1985

Holz, Hans Heinz: Dialektik und Widerspiegelung. Köln 1983

Houtart, Francois: Análisis marxista y fe cristiana. In: Puebla 5 (1983), Nr. 21, S. 5-15

Ders.: Christen im Übergang zum Sozialismus. In: Christen. S. 188-196

Ders.: Religion et champ politique. Cadre théorique pour l'etude des sociétés capitalistes périphériques. In: SocComp 24 (1977). S. 265-272

Ders.: Religion et lutte des classes en Amérique Latine. In: SocComp 26 (1979). S. 195-236

Ders.: Religion et modes de production précapitalistes. Brüssel 1980

Ders. und Geneviève Lemercinier: Conscience religieuse et conscience collective en Amérique Centrale. In: SocComp 30 (1983), S. 153-174

Iglesia y estado en América Latina. Mit Beiträgen von Theotonio dos Santos u.a.. México D.F. 1979

Irarrázaval, Diego: Religiosidad y lucha nicaragüense a través de la historia, hasta la coyuntura actual. Informes CAV 5-6. Managua 1981

La irrupción de los pobres en la iglesia. Documentos del Congreso Internacional Ecuménico de Teología (São Paulo, Brasil, 20 de Febrero al 2 de Marzo 1980). San José o.J.

Kahl, Joachim: Sozialistisches Freidenkertum und marxistisch-christlicher Dialog. In: Freidenker. Geschichte und Gegenwart. Hg. v. Joachim Kahl und Erich Wernig. Köln 1981, S. 113-135

Karl Marx. Biographie. Hg. v. Institut für Marxismus-Leninismus beim ZK der KPdSU. Berlin 1973

Klohr, Olof: Theoretische Grundsätze und Aufgaben der Soziologie der Religion. In: Religion, S. 13-32

Kramer, Annegret: Gramscis Interpretation des Marxismus. Die Bestimmung des Verhältnisses von Basis und Überbau als ,historischer Block'. In: Betr.: Gramsci.Philosophie und revolutionäre Politik in Italien. Hg. v. Hans Heinz Holz und Hans Jörg Sandkühler. Köln 1980. S. 148-186

Kudo, Tokihiro: Práctica religiosa y proyecto histórico II. Estudio sobre la religiosidad popular en dos barrios de Lima. CEP 33. Lima 1980

Ders. und Cecilia Tovar: La crítica de la religión. Ensayo sobre la conciencia social según Marx. CEP 21. 2. Aufl., Lima 1980

Lanternari, Vittorio: Religiöse Freiheits- und Heilsbewegungen unterdrückter Völker. Neuwied / Berlin o.J. (1966)

Lenin, Wladimir Iljitsch: Werke. Nach der 4. russ. Ausgabe hg. v. Institut für Marxismus-Leninismus beim ZK der SED. 40 Bände. Berlin 1961-1969

Lewada, J.A.: Die Religion als Gegenstand der soziologischen Forschung. In: Religion, S. 32-39

Löschcke, Eberhard: Auf dem Weg zur Religion des Lebens. Christen im Befreiungskampf Nicaraguas und die marxistische Religionstheorie. Bochum 1988

Maduro, Otto: Marxist Analysis and Sociology of Religions. An Outline of International Bibliography up to 1975. In: SocComp 22 (1975), S. 410-479

Ders.: Apuntes epistemológico-políticos para una historia de la teología en América Latina. In: Materiales para una historia de la teología en América Latina. San José 1981, S. 19-38

Ders.: Marxismo y religión. 2. Aufl., Caracas 1981

Ders.: Religión y lucha de clases. Caracas 1979

Mariátegui, José Carlos: El factor religioso. In: Siete ensayos de interpretación de la realidad peruana. Havanna 1975 (zuerst 1928), S. 143-173

Marsch, Wolf-Dieter: Philosophie im Schatten Gottes. Hg. v. Hartmut Przybylski und Michael Schibilsky. Gütersloh 1973

Marx, Karl: Grundrisse der Kritik der politischen Ökonomie. Hg. v. Marx-Engels-Lenin-Institut Moskau. Berlin (1953), 2. Aufl. 1974

Ders.: Mathematische Manuskripte. Hg. v. Wolfgang Endemann. Kronberg / Taunus 1974

Ders.: Resultate des unmittelbaren Produktionsprozesses. Das Kapital. I. Buch. Der Produktionsprozess des Kapitals. VI. Kapitel. 4. Aufl., Frankfurt a.M. 1974

Ders. und Friedrich Engels: Werke. Hg. v. Institut für Marxismus-Leninismus beim ZK der SED. 39 Bände und 1 Ergänzungsband in 2 Teilen. Berlin 1956-1971, Band 42, Berlin 1983

Marxismus und Christentum. Hg. v. Ferdinand Reisinger und Günter Rombold. Linz 1983

Mate, Reyes und Hugo Assmann: Introducción. In: August Bebel u.a.: Sobre la religión II. Hg. v. Hugo Assmann und Reyes Mate. Salamanca 1975, S. 11-42

Matthes, Joachim: Religion und Gesellschaft. Einführung in die Religionssoziologie I. Reinbek bei Hamburg 1967

Morales Avilés, Ricardo: Obras. No pararemos de andar jamás. Hg. v. Instituto de Estudio del Sandinismo. 2. Aufl. Managua 1983

Mottu, Henri: Theologische Kritik und Religion des Volkes. In: Genf '76. Ein Bonhoeffer-Symposion. Bearb. v. Hans Pfeifer. München 1976, S. 68-94

Nationale Leitung der FSLN: Offizielles Kommuniqué zur Religionsfreiheit. In: Befreiung findet hier und jetzt statt. Zur Praxis der Theologie in Nicaragua. Hg. v. Informationsbüro Wuppertal e. V.. Wuppertal 1982. S. 61-66

Nesti, Arnaldo: Gramsci et la religion populaire. In: SocComp 22 (1975), S. 343-354

Neu, Rainer: Religionssoziologie als kritische Theorie. Die marxistische Religionskritik und ihre Bedeutung für die Religionssoziologie. Frankfurt a.M. / Bern 1982

Nicaragua: Revolution und christlicher Glaube. Hg. v. Dienste in Übersee. Frankfurt a. M. 1982

Nola, Alfonso M. di: Volksreligion – Herausforderung an Christen und Marxisten. In: Orien. 41 (1977), S. 28-32

Opazo Bernales, Andrés: Hacia una comprensión teórica de la religión de los oprimidos. In: Estudios Sociales Centroamericanos 11 (1982), Nr. 33, S. 11-58

Ders.: Las condiciones sociales de surgimiento de una Iglesia popular. In: Estudios Sociales Centroamericanos 11 (1982), Nr. 33, S. 273-310

Ders.: La fonction de l'Eglise dans la lutte pour l'hégémonie. In: SocComp 26 (1979), S. 237-260

Pérez Valle, Eduardo: Feste feiert jeder gern. In : Nicaragua. Vor uns die Mühen der Ebene. Hg. v. Carlos Rincón und Krista Tebbe. Wuppertal 1982. S. 163-166

Philosophisches Wörterbuch. Hg. v. Georg Klaus und Manfred Buhr. 2. durchpag. Bände. 8., berichtigte Aufl., Berlin 1972

Pico, Juan Hernández: Christen und Macht im heutigen Nicaragua. Methodologische Anmerkungen zur Bestimmung dieses Verhältnisses. In: Nicaragua: Revolution. S. 111-120

Ders.: Marxismus und Christentum heute. In: Nicaragua: Revolution. S. 121-128

Pixley, Jorge V.: Las utopías principales de la Biblia. In: Esperanza. S. 313-330

Portelli, Hugues: Gramsci y la cuestión religiosa, Barcelona 1977

Praxis cristiana y producción teológica. Materiales del encuentro de teologías celebrado en la Comunidad teológica de México (8 al 10 de octubre 1977). Hg. v. Jorge V. Pixley und Jean-Pierre Bastian. Salamanca 1979

Przybylski, Hartmut: Von der Studentenbewegung ins Gemeindepfarramt. Eine historisch-empirische Längsschnittstudie zur Sozialisation evangelischer Theologen im Beruf. Frankfurt a.M. / Bern / New York 1985

Religion und Atheismus heute. Ergebnisse und Aufgaben marxistischer Religionssoziologie. Hg. v. Olof Klohr. Berlin 1966

Richard, Pablo: Die Christen und die Kirche in den revolutionären Prozessen. In: Christen, S. 197-213

Ders.: Cristianos por el Socialismo. Historia y documentación. Salamanca 1976

Ders.: Identidad eclesial en el proceso revolucionario. In: Apuntes para una teología nicaragüense. Encuentro de teología. Managua-Nicaragua. 8-14 de septiembre de 1980. Managua/San José 1981. S. 91-103

Ders.: Kirchliche Identität im revolutionären Prozess. In: Nicaragua: Revolution, S. 72-84

Ders.: Iglesia, estado autoritario y clases sociales en América Latina. In: Capitalismo. Band 1. S. 153-173

Ders.: La iglesia latino-americana entre el temor y la esperanza. Apuntes teológicos para la década de los años 80. San José 1980

Ders.: La iglesia que nace en América Central. In: Cristianismo y liberación. Hg. v. Cayetano de Lella. Band 1. México D.F. 1984. S. 17-54

Ders.: Reflexión teológica sobre la dimensión utópica de la praxis. In: Esperanza. S. 299-311

Ders.: Lateinamerikanische Theologie der Befreiung. Ein kritischer Beitrag zur europäischen Theologie. In: Konferenz Europäischer Kirchen: Europäische Theologie herausgefordert durch die Weltökumene. Genf 1976, S. 32-49

Ders.: Volksreligion und Politik. In: Nicaragua: Revolution, S. 142-147

Ders. und Esteban Torres: Cristianismo, lucha ideológica y racionalidad socialista. Salamanca 1975

Rivera Mendizábal, Roberto: Introducción. Revolucionarios no creyentes y cristianos revolucionarios en Nicaragua: profundización en la alianza estratégica. In: Fe. S. 9-27

Robbe, Martin: Marxismus und Religionsforschung. In: IJRS 2 (1966), S. 157-182

Rodríguez García, Manuel: Gaspar vive. San José 1981

Schlußdokument des Ersten Lateinamerikanischen Kongresses „Christen für Sozialismus" (23.-30.4.1972 in Santiago/Chile). In: Christentum und Sozialismus. Vom Dialog zum Bündnis. Hg. v. Dorothee Sölle und Klaus Schmidt. Stuttgart / Berlin / Köln / Mainz 1974, S. 27-35

Schlußerklärung des Internationalen Ökumenischen Theologie-Kongresses von São Paulo, 20.2.-2.3.1980 (EATWOT IV). In: Herausgefordert durch die Armen. Dokumente der Ökumenischen Vereinigung von Dritte-Welt-Theologen 1976-1983. Freiburg / Basel / Wien 1983, S. 85-106

Serrano López, Augusto: Un lugar para las utopías. O los caminos de la razón negativa. In: Esperanza, S. 3-41

Séve, Lucien: Marxistische Analyse der Entfremdung. Frankfurt a.M. 1978

Ders.: Marxismus und Theorie der Persönlichkeit. 3. Aufl., Frankfurt a.M. 1977

Silva Gotay, Samuel: El pensamiento cristiano revolucionario en América Latina y el Caribe. Implicaciones de la teología de la liberación para la sociología de la religión. 2. Aufl., Río Piedras (Puerto Rico) 1983

Steigerwald, Robert: Marxismus – Religion – Gegenwart. Berlin 1973

Tomberg, Friedrich: Basis und Überbau. Sozialphilosophische Studien. Neuwied/Berlin 1969

Ugalde, Luis: Prólogo. In: Maduro, religión. S. 7-19

Ugrinowitsch, D.M.: Methodologische Fragen der marxistischen Religionssoziologie. In: Religion, S. 39-48

Valle, Edênio: Psychologie und Volksreligiosität. Elemente für eine pastorale Reflexion in Brasilien. In: Volksreligion, S. 54-75

Vanderhoff, Francisco: Die Volksreligion im sozialen und ökumenischen Kontext Lateinamerikas. In: Volksreligion. S. 40-53

Vidales, Raúl: Cristianismo anti-burgués. Teología de la liberación – teología de la vida. Teología de la dominación – teología de la muerte. San José 1978

Ders. und Tokihiro Kudo: Práctica religiosa y proyecto histórico. Hipótesis para un estudio de la religiosidad popular en América Latina. CEP 13. Lima 1975

Villela, Hugo: Iglesia y democracia en América Latina. Algunas consideraciones a partir de la situación chilena. In: Capitalismo. Band 2, S. 137-157

Volksreligion – Religion des Volkes. Hg. v. Karl Rahner, Christian Modehn und Michael Göpfert. Stuttgart/Berlin/Köln/Mainz 1979

Wach, Joachim: Religionssoziologie. Tübingen 1951

Wilsdorf, Till: Was heißt: „... die Kritik der Religion ist im wesentlichen beendigt"? Ein Versuch zur Bestimmung erkenntnistheoretischer Aspekte der Marxschen Religionskritik. Berlin 1972

Zamora, Rubén: Análisis sociopolítico de la iglesia como institución social y su incidencia en la política. In: Movimientos apostólicos en América Central y su incidencia en lo sociopolítico. V. encuentro regional de Justicia y Paz, México, Centroamérica y Las Antillas. Belize, 18.-22. August 1975. Hg. v. Secretaría regional de Justicia y Paz. San Salvador 1975. S. 21-37

Zander, Ruth: Religion im Urteil der marxistischen Philosophie – neue Tendenzen, neue Aspekte. In: JK 42 (1981), S. 136-143

Hartmut Przybylski

Religion und Moral in der Kritischen Theorie Max Horkheimers

Erinnerungen aus Anlass seines 30. Todesjahres*

> *„Aber Religion wird unmodern. Positives über sie zu sagen, macht unter zeitgemäßen Intellektuellen einen schlechten Eindruck, im Gegensatz zu den Jahrhunderten, in denen sie infrage zu stellen, größten Muts bedurfte."*[1]

> *„Nachgrade stimmen sie (die Theologen, d. Verf.) bei jeder Gottesleugnung ihr Tedeum an, weil sie wenigstens Gottes Namen gebraucht."*[2]

Einleitung

Kritische Theorie, nach dem Zweiten Weltkrieg wieder in Frankfurt etabliert, hatte bis zum Ende der 60er-Jahre in Hörsälen, Oberseminaren, esoterischen Diskussionszirkeln, Festvorträgen und – von wenigen Buchausgaben abgesehen – in einer Fülle von gar nicht oder nur sehr schwer greifbaren Zeitschriftenaufsätzen ein – gemessen an ihrem ursprünglichen Selbstverständnis – mehr als kümmerliches, rein akademisches Dasein gefristet.

---

* Vgl. Hartmut Przybylski, Das Problem der Religion in der Kritischen Theorie. In: W.-D. Marsch, Plädoyers in Sachen Religion, Gütersloh 1973, S. 179-191

Die Studentenbewegung unternahm dann den Versuch, diese Theorie beim Wort zu nehmen und sie unmittelbar in politische Praxis zu überführen. Die Häupter der Kritischen Theorie, durch öffentliche Kritik der Anstiftung zu Unruhe, Aufstand und Revolution bezichtigt, gerieten unter Rechtfertigungsdruck. Im Vorwort zur 1968 erschienenen Neupublikation von Horkheimers Aufsätzen aus den 30er-Jahren hieß es daher: *„Aus Kritischer Theorie Konsequenzen für politisches Handeln zu ziehen, ist die Sehnsucht derer, die es ernst meinen; jedoch besteht kein allgemeines Rezept, es sei denn, die Notwendigkeit der Einsicht in die eigene Verantwortung. "*[3]

Für Horkheimer wurde damit politische Veränderung zur Privatangelegenheit eines jeden einzelnen und Adorno verlegte sich darauf, dass Praxis überhaupt auf unabsehbare Zeit vertagt sei. Die Studenten fühlten sich im Stich gelassen. Horkheimer und Adorno wurden – in ihrer Terminologie – zu Angepassten, Scheißliberalen, Verrätern an der eigenen Theorie, zu praxisfernen, spätbürgerlichen Spekulanten in Sachen Kultur und Gesellschaft. Zunehmend gewann die Unterscheidung zwischen früher (das heißt wahrer) Kritischer Theorie und Alters- oder Spätphilosophie (mit dem Geruch von Senilität) an Bedeutung. Man gewöhnte sich in den Auseinandersetzungen daran, die eine, gewissermaßen als Norm und Dogma gegen die andere als deren Pervertierung auszuspielen.

Als Zeichen und Ausdruck dieser Pervertierung galten unter anderem die Äußerungen Horkheimers, des eigentlichen Vaters der Kritischen Theorie und Mitbegründers der Frankfurter Schule zum Thema Religion, Theologie, Metaphysik und Moral. Es handele sich hier, so einige Interpreten, um „quasi-religiöse Resignation", um „Beschwörung von Religion und Theologie" anstelle wahrhafter Kritik des Spätkapitalismus, um eine geheimnisvolle, nicht mehr nachvollziehbare, ja gefährliche Metamorphose von „dialektischer Theorie" zu „dialektischer Theologie".[4]

Was die einen mit Bestürzung, Enttäuschung und Unverständnis erfüllte, andere zu der Behauptung verleitete, es schon immer gewusst zu haben, dass Kritische Theorie nichts anderes sei als Krypto-Theologie, erfüllte wieder andere mit Freude und Genugtuung: *„Es ist ein Zeichen der Hoffnung, daß bei dem Begründer der Frankfurter Schule, bei Max Horkheimer, ein Bewußtsein über den Zusammenhang zwischen dem*

Glauben an Gott und der geschichtlichen Macht eines sich an die Wahrheit bindenden und ihr verpflichteten Gewissens meldet. Horkheimer, der sich am wenigsten der Einsicht in den dialektischen Zusammenhang von Metaphysik und Geschichte entzogen hatte, blieb es nicht verborgen, daß mit dem Verlust des Glaubens an Gott eine verbindliche Theorie der Wahrheit wie ihrer praktischen Verwirklichung sinnlos und gegenstandslos wurden. "[5]

Spiegelredakteure triumphierten: „Horkheimer gibt der Möglichkeit Gottes Raum!". Theologisch Gebildete und theologisch gebildete Laien stellten eilfertig kleine handliche Kästchen bereit, in welche die nun endlich entdeckte „theologia occulta" nach ihrer Beförderung ans Licht, ihrer Sezierung und Präparierung gesteckt werden konnte. Die schnell gefundenen Etiketten lauteten: „theologia naturalis" (an Karl Rahner erinnernd) – „eine einzige Theodizee" – „negative Theologie" (ein von Horkheimer selbst gewählter Terminus auf eine Suggestivfrage von Spiegelredakteuren hin) – „Theologie der Trauer" und so fort ...[6]

Die nachfolgenden Ausführungen wollen versuchen, ein wenig Klärung in diese offensichtliche Begriffsverwirrung zu bringen.

I.

Wenn auf den ersten Blick auch feststeht, dass bestimmte Thesen und Auffassungen zu den verschiedensten Problembereichen, zu denen sich Horkheimer in seinen letzten Lebensjahren geäußert hat, seinem Denken über die gleichen Sachverhalte etwa in den 30er-Jahren widersprechen, so zeigt sich darin nicht etwa ein Mangel der Kritischen Theorie, sondern vielmehr Konsequenz und Treue im Blick auf die eigenen Voraussetzungen.

Kritische Theorie hat einen historisch sich verändernden Gegenstand und ein historisch sich veränderndes Subjekt. Neben den logischen (Dialektik) gibt es daher auch historische Phasen der Theorie. Infolge des ständigen Wandels der Gesellschaft kommt es notwendig zu einer Verlagerung der Akzente in Bezug auf die Wichtigkeit einzelner Momente und zur Differenzierung alter Einsichten und Urteile. Somit sind zumindest vom Selbstverständnis der Kritischen Theorie her, Kontinuität und Wandel für eine sinnvolle Beurteilung der Spät- oder Altersphilosophie Max Horkheimers keine eindeutig tauglichen Kategorien.[7] Es stellt sich vielmehr die Frage nach dem objektiven Wandel der wirtschaftlichen und soziokulturellen Verhältnisse, die eine Veränderung der Theorie in diesem oder jenem Punkt notwendig machen. Die objektive Begründung einer verstärkten Hinwendung zu Problemen der Erziehung, der Familie, des Einzelnen, der Religion und Moral[8] liegt in der von Horkheimer als sicher ausgemachten Entwicklungstendenz der modernen Industriegesellschaften zur „verwalteten Welt". Gegen deren fatalste Konsequenz, die Liquidation der Autonomie des Einzelnen, muss Kritische Theorie daher heute zu Felde ziehen.

Kritische Theorie bedeutet kein geschlossenes System, kein harmonisches Gebäude logisch aufeinander folgender Sätze, keine bestimmte Methode, die, losgelöst vom jeweils gemeinten, historisch sich ständig verändernden Gegenstand als abgezogener Lehrgehalt darzustellen oder anzueignen wäre. Es gibt nicht *die* Kritische Theorie, es gibt nur Kritische Theorie als Theorie im Vollzuge; es gibt Beispiele für Kritische Theorie. Ihr Darstellungsprinzip ist indirekt, ist Denunziation des Falschen, bestimmte Negation. Sie sperrt sich gegen jede Art positiven Denkens, vielmehr setzt sie voraus die Dislozierung von Wirklichkeit und Wahrheit, von Erscheinung und Wesen. Sie kämpft gegen den falschen Schein von Erlösung, Versöhnung und Identität in Wirklichkeit und Begriffsbewegung. Sie ist interessiert am Kleinen, Unscheinbaren, Wehrlosen. Ausdruck dessen ist die literarische Form, in der sie ihre Gegenstände präsentiert: Essay, Vortrag, Aufsatz, Aphorismus und Monographie.

Kritische Theorie hat Darstellungsprobleme. Einmal muss sie sich, will sie wahrhaft kritisch sein, der Integration in den von ihr denunzierten Verdinglichungsprozess und allgemeinen Verblendungszusammenhang der spätbürgerlichen Warengesellschaft entziehen und dabei dennoch die Gefahr der Esoterik subjektivistischer Evokation vermeiden. Zum anderen ist sie bei der Darstellung des Zerfallsprozesses der bürgerlich-kapitalistischen Gesellschaft, bei dem Versuch, den Verlust von Sinn auszudrücken, den die Welt mit zunehmender Technisierung, Automatisierung und Bürokratisierung erleidet, auf eine Sprache angewiesen, die eben diesen

Sinn voraussetzt. Horkheimer hat dergleichen Probleme mit seiner brillianten, differenzierten und doch verständlichen Diktion in hervorragender Weise gemeistert. Kritische Theorie erhält daher ihre Faszination nicht zuletzt von seiner sprachlichen Gestaltungskraft, von seiner Fähigkeit zu Wortspiel und Bonmont, von seiner sprachlichen Originalität. Im Folgenden haben die Zitate daher eine doppelte Funktion: Einmal sollen sie Argumentation und Gedankengänge stützen und sichern und zum andern gleichzeitig Beispiele für ein Stück Kritischer Theorie im sprachlichen Vollzuge bieten.

Kritische Theorie bedeutet: *„Theorie des historischen Verlaufs der gegenwärtigen Epoche.“*[9] Sie zielt ab auf die philosophische Deutung des kollektiven Schicksals der Menschen. Sie *„… hat sich daher um solche Phänomene zu bekümmern, die nur im Zusammenhang mit dem gesellschaftlichen Leben der Menschen verstanden werden können: um Staat, Recht, Wirtschaft, Religion, kurz um die gesamte materielle und geistige Kultur der Menschheit überhaupt.“*[10]

Von Anfang an also gehört Religion als kulturelles Phänomen zum Gegenstandsbereich von Kritischer Theorie. Im Laufe der Zeit wandelt sich dann dieses hier noch rein formal begründete Interesse an Religion zu der Einsicht in die Notwendigkeit ihrer Erhaltung. Diese „Wende" ist für Horkheimer objektiv begründet, geschichtlich notwendig. Sie verführt ihn jedoch nicht zu einer blinden, mit der philosophischen und theologischen Tradition und dem Stand moderner wissenschaftlicher Erkenntnis nicht vermittelten Apologie von Religion. Im Gegenteil. Seine Position bleibt auch hier kritisch. Sich bewusst in den Ideenzusammenhang der großen philosophischen Tradition von Lessing über Kant und Hegel bis zu Schopenhauer einreihend, versucht Horkheimer Probleme des neuzeitlichen Emanzipationsprozesses im Bereich der Religionsphilosophie wieder aufzugreifen, übergangene und verdrängte Aporien (zum Beispiel die zwischen Christentum und Moderne, speziell die zwischen Glaube und Wissen, Vernunft und Offenbarung, Sinn und Leiden) neu aufzuzeigen und nach möglichen Lösungen, die zu einer Entschärfung oder gar zu einer Aufhebung oder Beseitigung dieser Aporien führen könnten, zu suchen.

Ein guter, moderner, ein auf dem neuesten Stand der Diskussion sich befindender, entmythologisierter Theologe bekommt regelmäßig und schon beinahe selbstverständlich eine theologische Gänsehaut, wenn von Religion, Metaphysik oder den so genannten „letzten Fragen" (Leid, Tod, Sinn, Schuld und so weiter) die Rede ist. Man fühlt sich dabei meist recht unsanft an jene Zeiten erinnert, als man sich noch des Ideologieverdachtes vor allem von Seiten der Philosophie und Soziologie zu erwehren hatte. Dieser Streit gilt heute als ausgekämpft. Die gefundene Formel oder besser Parole, in der sich das Resultat zusammenfassen lässt, lautet: „Religionsloses Christentum". Es gibt keine metaphysische Brücke zu Gott, keinen Anknüpfungspunkt. Gott ist der Ferne, der ganz Andere. Man mag Religion, egal was man sich darunter vorstellt, ruhig als Ideologie, als falschen Schein bekämpfen; das Christentum ist nicht betroffen, denn es ist keine Religion.

Die gesellschaftskritischen Theologen hingegen fürchten sich aus einem anderen Grund vor den so genannten letzten Fragen. Ihnen gilt Religion als Synonym für abstrakte Innerlichkeit, schlechte, weil mit den Problemen der Wirklichkeit nicht vermittelte bürgerliche Subjektivität. Religion bedeutet ihnen Privatheit, Gefühl, Irrationalität, das nur mich Angehende, je Meinige, das Für-mich. Es fehlt der gesellschaftliche Bezug.

Gegenstand und Theorie stehen in Wechselwirkung, sie sind nicht voneinander abzulösen. Eine derartige Verschiebung im Gegenstandsbereich, wie sie Horkheimers zunehmendes Interesse an einem Sektor des kulturellen Ganzen, nämlich der Religion darstellt, bleibt nicht ohne Auswirkungen auf die Theorie. Die Theorie nimmt Aspekte ihres Gegenstandes in sich auf, es vollzieht sich so etwas wie eine religiöse oder theologische Engführung. Das Ganze geschieht jedoch nicht in der Art, dass bestimmte Theologumena adaptiert, neu in die Theorie hinein genommen werden, sondern vielmehr so, dass gewissermaßen durch die Anstrengung des Begriffs, durch die Arbeit am Objekt, substanzielle, von Anfang an zur Kritischen Theorie gehörige Voraussetzungen, sich letztlich als theologische (oder zumindest als theologisch interpretierbar) erweisen.

II.

Was bedeutet bei Horkheimer nun Religion? Ausgeführte Definitionen in Richtung einer kollektiven Bezeichnung (alle Religionen umfassend) finden sich in seinen Aufsätzen nicht. In den allgemeinsten Formulierungen ist Religion für Horkheimer Überbauphänomen, Oberflächenerscheinung der Geschichte; nicht rationalen Ursprungs. Hervorgegangen (historisch) und immer wieder neu entstehend aus naturhaft, triebmäßigen sozialen Zusammenhängen. Ihre jeweilige Gestalt ist abhängig von den menschlichen Verhältnissen (sie ändert sich mit ihnen), das heißt, von der Art und Weise, wie die Menschen sich zu einem bestimmten historischen Zeitpunkt ihren Lebensunterhalt verschaffen. Sie ist Reflex der Verhältnisse, will sagen, die Verhältnisse reflektieren sich in ihr. Religion spiegelt gesellschaftliche Realität, sie ist: *„... psychische Verarbeitung irdischer Begebenheiten."*[11] Dabei wirkt sie, gewissermaßen in einem Rückkopplungsprozess als verändernde Realität auf die gesellschaftlichen Verhältnisse zurück: *„... sie gewinnt dabei ihre eigene Gestalt, die auf die seelische Veranlagung und das Schicksal der Menschen wiederum zurückwirkt und im Ganzen der gesellschaftlichen Entwicklung eine Realität bildet."*[12] Ein Beispiel für solch eine Rückkopplung ist in ihrer Verstärkerfunktion zu sehen: *„... verstärkt die Religion selbst die Tendenz zur religiösen Verarbeitung der Erlebnisse, indem sie das Individuum von Kind an dazu präformiert und die den jeweiligen Erfordernissen angepaßten Methoden bereitstellt."*[13]

Bestimmter formuliert: Religion ist Reflex der schlechten Wirklichkeit und gleichzeitig „Protestation" gegen die schlechten irdischen Verhältnisse: *„Im Gottesbegriff war lange Zeit die Vorstellung aufbewahrt, daß es noch andere Maßstäbe gebe, als diejenigen, welche Natur und Gesellschaft in ihrer Wirksamkeit zum Ausdruck bringen. Aus der Unzufriedenheit mit dem irdischen Schicksal schöpft die Anerkennung eines transzendenten Wesens ihre stärkste Kraft. ... In der Religion sind die Wünsche, Sehnsüchte und Anklagen zahlloser Generationen niedergelegt."*[14] Hieraus ergibt sich ein Doppeltes: Einmal gewinnt Religion im Fortgang der Geschichte immer wieder die Funktion von Ideologie, das heißt, sie verschleiert objektiv die wahre Natur der auf Gegensätzen aufgebauten Gesellschaft, indem sie die Massen für den von ihnen im gesellschaftlichen Leben geforderten Triebverzicht ideell entschädigt. Zum andern aber, und darin liegt für Horkheimer ihr Positives, sperrt sich Religion gegen den Versuch der Instrumentalisierung, das heißt dagegen, sie bewusst als politisches Mittel zur Errichtung und Stabilisierung von Herrschaft einzusetzen.

Religion historisch verstehen heißt für Horkheimer vor allem auf Inhalte zu rekurrieren, auf die theoretischen wir praktischen Lehren und Ideen der jeweiligen Religion. Es gibt weder *die* Religion, noch *das* Verständnis von Religion. So ist denn im Folgenden, taucht der Terminus Religion auf, nur noch von einer bestimmten Religion die Rede. Werden Islam oder Judentum nicht explizit genannt, so meint der Begriff Religion ausschließlich die christliche Religion. Im gesamten Werk Max Horkheimers findet sich nicht eine Stelle, wo Religion und Christentum als Gegensätze aufgefasst werden.

Religion kann, als konkrete begriffen, nicht isoliert, sondern nur im Zusammenhang mit dem Ganzen der Erkenntnis und „... *der Analyse der gesamten historischen Situation beurteilt* "[15] werden. Was das bedeutet, sei an einem längeren Zitat verdeutlicht: „*In der Literatur der katholischen Gegenrevolution in Frankreich, bei Bonald und de Maistre, in den Schriften des katholischen Royalisten Balzac ist mehr eindringende Analyse der bürgerlichen Gesellschaft zu finden als bei den gleichzeitigen Kritikern der Religion in Deutschland. Die Gläubigen Victor Hugo und Tolstoi haben das Grauen der bestehenden Zustände großartiger dargestellt und schärfer bekämpft als die aufgeklärten Gutzkow und Friedrich Theodor Vischer. In der Praxis des täglichen Lebens können Bestrebungen, die sich am dialektischen Denken orientieren, zum zeitweiligen Zusammengehen mit religiös gerichteten Gruppen und Tendenzen und in radikalen Gegensatz zu antireligiösen führen. Der historische Aufgabenkreis, der für eine illusionslose und vorwärts gerichtete Haltung in der Gegenwart maßgebend ist, stellt die Menschen nicht primär aufgrund ihrer religiösen Entscheidung einander gegenüber. Das bestimmte, freilich theoretisch zu explizierende Interesse an gerechten Zuständen, welche die freie Entfaltung der Menschen bedingen, an der Abschaffung von Verhältnissen der Unfreiheit, die der Menschheit gefährlich und unwürdig sind,*

oder das Fehlen dieses Interesses ermöglicht heute eine raschere Kenn-
zeichnung von Gruppen und Individuen als ihr Verhalten zur Religion. "[16]
Mit anderen Worten: Gesellschaftskritik, ausgehend vom Interesse an
vernünftigen Zuständen, impliziert nicht notwendig auch Religionskritik.
In bestimmten historischen Situationen, zur Bewältigung bestimmter historischer Aufgaben kann es sich herausstellen, dass die Alternative religiös – antireligiös nicht trennscharf ist. Weitergeführt bedeutet das: Ideen,
auch religiöse, sind in ihrer geschichtlichen Rolle (dieselben Ideen können
zu einer Zeit Fortschritt und in einem anderen geschichtlichen Augenblick
Verhinderung von Fortschritt bedeuten) und in ihrer jeweils unterschiedlichen Bedeutung für einzelne gesellschaftliche Gruppen zu begreifen:
„Die moralischen und religiösen Vorstellungen pflegen ... den gesell-
schaftlichen Gruppen in höchst verschiedener Weise zugute zu kommen
und erfüllen daher auch im psychischen Haushalt ihrer Mitglieder ganz
verschiedene Funktionen; die Ideen Gottes und der Ewigkeit können zur
Rechtfertigung von Schuldgefühlen oder zur Hoffnung eines elenden
Lebens dienen. "[17] Sie sind nicht von vornherein als unwirksam, als etwa
vom vulgärmaterialistischen Standpunkt aus gesehen, bloß Abgeleitetes,
Bedingtes, als unbedeutender Reflex der Materie abzutun – auch dann
nicht, wenn sich gemessen am Stand der Wissenschaft ihre Unvereinbarkeit mit fortgeschrittener Erkenntnis herausgestellt hat.

Diese differenzierte Auffassung von Religion bewahrt Horkheimer vor
einer unkritischen Antihaltung im Namen abstrakter Natur oder eines ebenso abstrakten Gesellschaftsverständnisses. Religion ist für ihn weder Produkt der schlechten Absicht einzelner Individuen (gegen das Argument
des Priesterbetrugs) noch eine Funktion kognitiven Denkens oder des
Gefühls freischwebender, mit geschichtlicher Realität nicht vermittelter
Individuen. Es gilt vielmehr theoretisch-historisch, den Begriff Religion in seinem dialektischen Doppelcharakter von Wissen und Aberglaube, Erkenntnis und Ideologie am Ganzen der menschlich-gesellschaftlichen Praxis zu entfalten. Das bedeutet: Religion in Dogma, praktischer Handlungsanweisung und Kultus ist zu verstehen und zu beur-
teilen einmal am Widerspruch von Lehre und eigener Lebenspraxis (zum
Beispiel der Widerspruch von Nächstenliebe, Feindesliebe und Inquisi-
tion), zum anderen in ihrer Konvergenz beziehungsweise Divergenz zum

herrschenden gesellschaftlichen Lebensprozess, in dem die Menschen immer noch nicht ihre sozialen Beziehungen selbst gestalten (Gesellschaftsprozess als blinde Naturgeschichte – zu fragen wäre, was trägt Religion bei zur Stabilisierung dieses Verhältnisses oder was leistet sie in Bezug auf eine mögliche Emanzipation vom Zwang der Gesellschaft als zweiter Natur) und drittens kann Religion nur verstanden und beurteilt werden, wenn ihr Erkenntnisstand, ihr Anspruch auf Wahrheit in Beziehung gesetzt wird zum historisch jeweils erreichten Niveau wissenschaftlicher Erkenntnis überhaupt.

Der letzte Aspekt ist allerdings nicht so zu verstehen, als sei für Horkheimer die Wissenschaft (hier Naturwissenschaft) in Methode, Erkenntnis und Praxis die alleinige Richtschnur. Vielmehr gilt ihm auch die Wissenschaft als eine soziale Veranstaltung, so dass sich auch in ihr alle Widersprüche der Gesellschaft spiegeln: *„Die wissenschaftlichen Erkenntnisse teilen das Schicksal der Produktivkräfte und der Produktionsmittel anderer Art: das Maß ihrer Anwendung steht im argen Mißverhältnis zu ihrer hohen Entwicklungsstufe und zu den wirklichen Bedürfnissen der Menschen. "*[18] Es fehlt der Wissenschaft eine zureichende Begründung ihrer Aufgabenstellung, vor allem aber mangelt es ihr an der Erkenntnis des Zusammenhanges, dem sie sich selbst verdankt und von dem die Richtung ihrer Arbeit abhängt, nämlich der Gesellschaft. Das Problematische der Wissenschaft, in gleicher Weise gilt das auch für die Religion, liegt nicht so sehr in ihren möglichen falschen Urteilen „... *als vor allem in dem, wovor sie die Augen verschließt. "*[19]

Die Zukunft von Religion entscheidet sich anhand von Kriterien, die sich im Zusammenhang des theoretischen und praktischen Fortschritts entwickelt haben. Im Jahre 1935 schrieb Horkheimer: *„Es ist eine vergebliche Hoffnung, daß die aktuellen Diskussionen in der Kirche Religion erwecken werden, wie sie in ihrem Anfang lebendig war; denn der gute Wille, die Solidarität mit dem Elend und das Streben nach einer besseren Welt haben ihr religiöses Gewand abgeworfen. Die Haltung der Märtyrer ist nicht mehr das Dulden, sondern die Tat, ihr Ziel ist nicht mehr ihre eigene Unsterblichkeit im Jenseits, sondern das Glück der Menschen, die nach ihnen kommen, und für das sie zu sterben wissen. Der bloße geistliche Widerstand ist ein Rad im Getriebe des totalen Staats. Die wahre*

Nachfolge ... führt nicht zur Religion zurück. ... Die Menschheit verliert auf ihrem Wege die Religion, aber dieser Verlust geht nicht spurlos in ihr vorüber. Ein Teil der Triebe und Wünsche, die der religiöse Glaube bewahrt und wach gehalten hat, werden aus ihrer hemmenden Form gelöst und gehen als produktive Kräfte in die gesellschaftliche Praxis ein. Und selbst die Maßlosigkeit der zerstörten Illusion gewinnt in diesem Prozeß eine positive Form und wandelt sich in Wahrheit um. In einer wirklich freiheitlichen Gesinnung bleibt jener Begriff des Unendlichen als Bewußtsein der Endgültigkeit des irdischen Geschehens und der unabänderlichen Verlassenheit der Menschen erhalten und bewahrt die Gesellschaft vor einem blöden Optimismus, vor dem Aufspreizen ihres eigenen Wissens als einer neuen Religion."[20]*

Wie wir wissen, fand die erhoffte Errichtung einer vernünftigen Gesellschaftsordnung bis heute nicht statt. Im Gegenteil. Aus diesem Grunde beendete Horkheimer 1971 seine Rede zur Verleihung des Lessing-Preises mit den Sätzen: *„Aufklärung ist in Positivismus umgeschlagen. Lessing hätte, wenn er heute lebte, solche Dialektik erkannt und von Religion zu erhalten gesucht, was selbst in Kirchen aus Konformismus zuweilen vergessen wird. Wir dürfen glücklich sein, ihn zu verehren.*"[21]

III.

Theologie meint bei Horkheimer Dogmatik, religiöses Gedankengebäude, das System, die Behauptung besonderen Wissens (Offenbarung). Sie ist daher stets eine im Streit mit wissenschaftlicher Erkenntnis sich befindende Position. Theologie kann ferner bedeuten: die Christliche Religion. Als Wissenschaft ist sie für Horkheimer nur denkbar, sofern sie sich darauf beschränkt, Historie darzustellen. Mit Theologie kann darüber hinaus ein Denken etikettiert werden, das mit dem Bestehenden und seinen Erscheinungsformen im individuellen und gesellschaftlichen Leben sich nicht zufrieden gibt, einen transzendenten Grund, einen absoluten Halt sucht, der dem Ganzen Sinn und Bedeutung verleiht. Theologie kann auch sein Gehorsam: die Übereinstimmung des individuellen Lebens mit der Forderung des Absoluten. Theologie und Metaphysik sind zuweilen Synonyma ebenso wie Theologie und Ideologie. Und schließlich benennt Horkheimer bestimmte Funktionen, welche Theologie immer wieder in der Vergangenheit ausgeübt hat und auch heute noch ausübt. Eine von ihnen ist die Vermittlung von Christentum und Herrschaft; Theologie ist die Rationalisierung dieser Vermittlung: *„Zwischen dem Gebot des Evangeliums und der Macht hat seit je Theologie vermittelt. Angesichts der klaren Worte des Stifters bedurfte es gewaltigen Scharfsinns. Ihre Kraft bezog Theologie aus dem Umstand, daß dem Recht des Stärkeren, dem Naturgesetz sich anzupassen hat, was auf Erden dauern soll. Vereinbarkeit von Christentum und Herrschaft, die Herstellung eines befriedigenden Selbstbewußtseins bei den Oberen und Unteren für ihre Arbeit in der bösen Realität, war ihre unerläßliche Leistung.“*[22]

Dem stehen Aussagen gegenüber, in denen Horkheimer gewissermaßen als Betroffener die theologischen Implikate seiner eigenen Theorie äußerst vorsichtig und zurückhaltend ausspricht. Da dieser Komplex noch ausführlicher behandelt wird, sei hier nur auf das Theologieverständnis bezogen Folgendes genannt: Theologie bedeutet für Horkheimer auch Stiftung von Sinn, Bedingung der Möglichkeit verantwortlichen (moralischen) Handelns schlechthin: *„... Ohne jede theologische Basis ist der Satz, daß Liebe besser sei als Haß, nicht zu begründen“*[23] Theologie ist das *„... Bewußtsein dafür, daß die Welt Erscheinung ist, daß sie nicht die absolute Wirklichkeit, das Letzte ist. Theologie ist – ich drücke mich bewußt vorsichtig aus – die Hoffnung, daß es bei diesem Unrecht, durch das die Welt gekennzeichnet ist, nicht bleibe, daß das Unrecht nicht das letzte Wort sein möge.“*[24]

Theologie ist das Medium, in dem Transzendierung der schlechten Wirklichkeit als theoretische sich vollzieht. Trauer, Sehnsucht, Hoffnung, das sind die Vokabeln, auf die sich kritisches Denken zusammenzieht. Jedoch gerät hier Horkheimer nicht in die Gefahr einer zu einfachen Adaption theologisch-dogmatischen Gedankenguts. Das Negative bleibt, erkennbar an der von Horkheimer selbst gewählten Bezeichnung „Negative Theologie“[25], das bestimmende Moment. Sein Plädoyer für konstruktiven Zweifel[26], sein Antidogmatismus und die immer wieder an jedem Gegenstand sich vollziehende Entlarvung des Positiven als des schönen

Scheins, lassen erkennen, dass das Kritische der Kritischen Theorie, die „bestimmte Negation" durchaus erhalten bleibt. Das Bestehende wird in seiner Veränderbarkeit erkannt und auch die Notwendigkeit von Veränderung ist deutlich. Allein reale Möglichkeiten politisch-gesellschaftlichen Wandels zeichnen sich nicht mehr ab.

Die historisch bedingte Trennung von Theorie und Praxis wird von Horkheimer zementiert, indem er sie aus der historischen Wirklichkeit in die theoretische Ebene transponiert, wobei mit Hilfe theologischer Vokabeln nur scheinbar neue Bewegungen zwischen diesen beiden Begriffen und Möglichkeiten zur Überwindung ihrer Trennung frei gespielt werden. Kritische Theorie gerät letzten Endes zur Vision, zur Prophetie: *„In kühnen Träumen scheint mir, es könnte einmal so werden, daß eine Art mit Theologie verbundener Gesinnung sich entfalte, in der die Menschen es als ihre wesentliche Aufgabe ansehen, zusammenzustehen, damit niemand mehr hungere, damit jeder ein anständiges Heim habe, damit auch in notleidenden Ländern keine Epidemien mehr herrschen. Die Menschen würden versuchen, ihre Probleme als endliche Wesen gemeinsam zu lösen und die Existenz nicht nur länger, sondern auch schöner zu machen. Ja, ich gehe so weit, zu denken, daß sich die Solidarität schließlich sogar auf die anderen Kreaturen ausdehnen könnte. Diese Gedanken sind mindestens so sehr in der Theologie wie in der Wissenschaft verwurzelt, aber die Vorstellung des Ziels würde eine enge Zusammenarbeit zwischen Wissenschaft und Theologie bedingen."*[27]

In diesen Zusammenhang gehört schließlich auch Horkheimers Auseinandersetzung mit der Metaphysik. Für Horkheimer ist Metaphysik ein Ausläufer der Religion. Sie ist der Versuch, mit dem Schwund des allgemeinen Ansehens von Offenbarung, das heißt, nach dem Verlust der allgemeinen gesellschaftlichen, kirchlich vermittelten Integrationskraft des Christentums Kategorien des Glaubens rational zu begründen. Mithilfe natürlicher (jedermann zugänglicher) Erkenntnismittel zu den letzten Gründen, wie zum Beispiel Substanz, Seele, Unsterblichkeit, Wesenheit und so weiter vorzudringen, ist das, wozu imstande zu sein Metaphysik vorgibt. Sie geht aus von der Einheit, der großen Totale. Das Einzelne, das empirisch Gegebene, ist Bedingtes, Abgeleitetes, aus einer selbständigen, allgemeinen Seinsordnung allein erst zu Begründendes. Die gedachte höhere Einheit, als in sich geschlossenes Ganzes, ist zugleich – zumindest in vielen Systemen – werthaltig, das heißt, sie wird, wenn nicht gar als „summum bonum" so doch als Gesetzgebung, als Norm, die eine entsprechende Ausrichtung des individuellen Verhaltens fordert (so zum Beispiel „werde, der du bist" als Anpassung an den intelligiblen Grund) betrachtet.

Hier zeigt sich die Beziehung der Metaphysik zur Theologie. Was in der Theologie jedoch stimmig ist, nämlich die Tatsache, dass nur ein Gott als persönlicher Forderungen zu stellen vermag und dass nur ein bewusster Wille so eindeutig sein kann, dass sich die Richtigkeit eines Lebens an ihm messen lässt, verwässert in den Kategorien der Metaphysik zur Forderung des Absoluten, des Seins und so weiter, demgegenüber das Subjekt dann auch nicht mehr wie in der Theologie gehorsam ist, sondern echt, wahr, angemessen, eigentlich oder wesentlich. Metaphysik gilt für Horkheimer als gescheitert. Identitätsdenken (Versöhnung) ist erkenntnistheoretisch sowie historisch-praktisch gründlichst desavouiert: *„Mit der absoluten Philosophie, die sich über den Unterschied der erkennenden Subjekte und über die Lügenhaftigkeit des Wissens hinweg setzt, mit der Geschichtsphilosophie, die das Seiende aus einem Geist begreifen will oder denken will, ist es vorbei."*[28] Die Versöhnung ist nicht wirklich und die Wirklichkeit nicht versöhnt: *„Der Geist vermag sich weder in der Natur noch in der Geschichte wieder zu erkennen, denn selbst wenn der Geist nicht bloß ein fragwürdiges Abstraktum wäre, so wäre er nicht identisch mit der Realität."*[29] Metaphysik ist Kaschierung der schlechten Verhältnisse, ist Ausdruck gesellschaftspolitischer Resignation: *„Das Zeichen, daß sich eine gesellschaftliche Schicht mit ihrem Los abgefunden hat, ist das Bewußtsein ihrer Angehörigen von der metaphysischen Bedeutung ihrer Daseinsweise."*[30] Was in der Metaphysik als Loblied auf den Sinn des Leidens, der Opferbereitschaft und Entsagung gesungen wird, ist in Wirklichkeit die Verneinung eigener Interessen, ist Anpassung und Gehorsam. Der Mensch ist bloß Mittel, nicht Zweck, ist als Instrument fungibel für jeden beliebigen Zweck. Metaphysik unterschiebt der schlechten Wirklichkeit einen Sinn, doch dieser Sinn ist nicht wirklich.

Demgegenüber weist Horkheimer jeglichen Metaphysikverdacht bezüglich seiner eigenen Theorie entschieden zurück: *„Die materialistische Theorie schließt ihrer Natur nach solche Konsequenzen aus (Deduktion* *alles einzelnen aus einer letzten Wirklichkeit: hier Materie) ... Das Prinzip, welches sie als Wirklichkeit bezeichnet, taugt nicht dazu, eine Norm abzugeben. Die Materie ist an sich selbst sinnlos, aus ihren Qualitäten folgt keine Maxime für die Lebensgestaltung: weder im Sinn eines Gebots noch eines Musterbildes.* "[31] Es gibt nur die eine, nicht-göttliche Wirklichkeit. In reiner Diesseitigkeit gilt für Horkheimer lediglich die Hoffnung auf die irdischen Möglichkeiten des Menschen. Aus dem Bewusstsein der *„... Unaufhebbarkeit der unbedingten Endgültigkeit des eigenen und fremden Todes ... müssen die Menschen ihre verzweifelten Kräfte schöpfen, ... deren sie bei ihrer geschichtlichen Tätigkeit bedürfen."*[32]

Wenn auch der Kampf um eine bessere gesellschaftliche Ordnung, wie Horkheimer meint, in den 30er-Jahren sich von einer übernatürlichen Begründung gelöst hat und die materialistische Theorie einzig und allein die der Veränderung von Praxis adäquate Theorie ist, so gilt ihm doch – angesichts des zunehmend an Einfluss gewinnenden Positivismus – Metaphysik in ihrer historischen Funktion nicht ausschließlich als negativ. Sie ist damals für ihn immerhin auch: *„Ausdruck des Ungenügens an dem, was der Mensch jetzt gilt und von sich erfährt."*[33] Metaphysik ist nicht nur barer Unsinn, nicht einfach krasse Reaktion: *„So gibt es andererseits metaphysische Schriften, in denen mehr Einsicht in die Realität enthalten ist als in den Werken der den Bedürfnissen der Gegenwart angepaßten Fachwissenschaft."*[34] Vor allem ist ein Gegensatz von Wissenschaft und Metaphysik, der einmal fortschrittlich war, angesichts der Entwicklung modernen wissenschaftlichen Denkens, das sich immer mehr nur an das Gegebene hält, nur Tatsachen erkennt und damit das Bestehende anerkennt als Ganzheit dessen, „was der Fall ist", ist ein solcher Gegensatz also – wie von der Wissenschaft behauptet – heute überhaupt nicht mehr auszumachen. Im Gegenteil. Wissenschaft, die sich nur noch ans Bestehende als letzte Wirklichkeit hält, schlägt um in Metaphysik und riegelt sich so gegen die tatsächlichen Verhältnisse und ihre Widersprüche ebenso ab wie diese.

Alles, was über das Bestehende hinausweist, ist nicht nur im pejorativen Sinne Metaphysik, Religion, Theologie, Dichtung, transzendenter Glaube oder irrationalistische Spekulation (wie der Positivismus Glauben machen will) – und all das, was als Religion, Theologie, Metaphysik, Dichtung und so weiter sich darstellt, ist nicht von vornherein Verklärung des Bestehenden: *„Sie* (die Empiristen, d. Verf.) *verwirren heillos die Fronten und schimpfen jeden einen Metaphysiker oder Dichter* (zu ergänzen wäre sinngemäß: einen Theologen, d. Verf.)*, gleichviel ob er die Dinge in ihr Gegenteil verkehrt oder sie beim Namen nennt. Aber auch den Dichter* (zu ergänzen: Metaphysiker und Theologen, d. Verf.) *muß eine Philosophie verkennen, welche die Logik mit Logistik und Vernunft mit Physik verwechselt, denn sein Ziel braucht nicht nur die Dichtung* (zu ergänzen: Metaphysik und Theologie, d. Verf.) *zu sein, sondern die Wahrheit, und es könnte leicht eintreten, daß eine Dichtung* (Metaphysik, Theologie, d. Verf.)*, die sich ebenso sauber an ihre Grenzen hält wie es nach dem Positivismus das Erkennen tun soll, angesichts des Grauens dieser Tage ebenso verstummt, wie die unmittelbar betroffene Wissenschaft. "*[35]

IV.

„… , ich meine, daß die Theologie in der Behauptung dessen, was Gott tut und wie er ist, nicht zuletzt, wie er die Menschen nach ihrem Tode behandelt, zu weit gegangen und dadurch in einen logisch gar nicht notwendigen Konflikt mit der Wissenschaft geraten ist. "[36]

Wichtig für Horkheimer ist die Unterscheidung zwischen subjektiver und objektiver Vernunft, die Auffassung also, nach der Vernunft nicht nur das subjektive Bewusstsein der Menschen, sondern auch das objektive Sein bestimmt. Vernunft ist gewissermaßen das Subjekt und Objekt gemeinsame. Subjektive Vernunft, von je schon aus auf Naturbeherrschung und Unterdrückung des Menschen, degeneriert im Verlaufe der historischen Entwicklung immer mehr zu einem reinen Instrument. Vernunft wird neutralisiert, wird zum stumpfsinnigen Apparat, der nur noch zum Registrieren von Fakten dient und nur noch das Verhältnis von Mitteln und Zwecken reguliert: *„Die subjektive Vernunft verliert alle Spontaneität, Produktivität, die Kraft, Inhalte neuer Art zu entdecken und geltend* *zu machen – sie verliert, was ihre Subjektivität ausmacht.* "[37] Subjektive Vernunft sanktioniert den Prozess der Entfremdung von Subjekt und Objekt durch Anpassung.

Zur entscheidenden Kategorie wird der Nutzen: *„Der Nutzen ist eine gesellschaftliche Kategorie – ihn hat Vernunft in der Klassengesellschaft im Auge. Sie ist die Weise, wie das Individuum in ihr sich durchsetzt oder anpasst, wie es seinen Weg macht. Sie begründet die Unterordnung des einzelnen unter das Ganze, soweit seine Macht nicht ausreicht, es zu seinen Gunsten zu verändern, soweit das Individuum allein verloren ist.* "[38]

Auch die obersten sittlichen Werte werden zu subjektiven, ebenso die Ideen wie das höchste Gut, die Bestimmung des Menschen oder der Gedanke an die Verwirklichung höchster Ziele, – allesamt Begriffe, die seit je die Erinnerung daran wach hielten, dass das Ganze mehr ist als die Summe aller Einzelinteressen. Das bedeutet: Objektive Vernunft ist im Verschwinden begriffen. Das Festhalten an ihr gilt subjektiver Vernunft als bloße Ideologie, als restlos rückständig. Für Horkheimer bleibt allein Kants „Kritischer Weg": *„Kants Maxime ,der Kritische Weg ist allein noch offen', die sich auf den Konflikt zwischen der objektiven Vernunft des rationalistischen Dogmatismus und dem subjektiven Denken des englischen Empirismus bezog, gilt treffender noch von der gegenwärtigen Situation. Da die isolierte subjektive Vernunft in unserer Zeit überall triumphiert, mit fatalen Ergebnissen, muß die Kritik notwendigerweise mehr mit dem Nachdruck auf der objektiven Vernunft geführt werden ...* "[39] Das heißt: Kritische Theorie kämpft grundsätzlich gegen die falschen Ansprüche von Wirklichkeit und Ideologie, verlagert aber das Schwergewicht ihres Angriffs je nach Einsicht in die historische Notwendigkeit. In der Gegenwart liegt der Akzent auf der *„... Denunziation dessen, was gegenwärtig Vernunft heißt.* "[40]

Vernunft zielt auf Wahrheit. Eine neben der Vernunft des Menschen bestehende Fähigkeit zur Wahrheit existiert nicht. Das Gefühl kommt als Ausdruck „zufälliger Subjektivität" nicht in Betracht. Es ist zwar im Stande, Gegenstand und Wissen momentan zur Deckung zu bringen, jedoch lediglich in begriffsloser Unmittelbarkeit. Begriffliches Denken ist endliches, unabgeschlossenes und unvollendetes Denken. Es gibt keine Erkenntnisse und keinen Besitz absoluter Wahrheit. Wahrheit ist immer nur negativ als relative zu gewinnen: „... *Aus den Trümmern falscher Absoluta.*"[41] Es bleibt die unaufhebbare Spannung, die Diskrepanz, das Unversöhnte von Endlichem und Unendlichem, Geist und Wirklichkeit, Diesseits und Jenseits. Die Hypostasierung von Offenbarung (in der Theologie) und Vernunft (in der Aufklärung) als jeweils ausschließliches Medium, in dem Erkenntnis des Ganzen, des Unendlichen, der Totalität sich vollzieht, unterschlägt die Abhängigkeit menschlicher Geistesanstrengungen von Geschichte und dem gesellschaftlich bedingten Schicksal der Menschen. Wahrheit bricht nicht von oben herein als ein für allemal gültige, sondern sie ist endlicher Wille, endliche Anstrengung des Begriffs, menschliche Tätigkeit; Tätigkeit, bei der Subjekt und Objekt sich historisch ständig verändern. Wahrheit ist Fragment.

Letzten Endes geht es Kritischer Theorie aber nicht um absolute oder relative Wahrheit, sondern „... *um die Änderung der bestimmten Verhältnisse, unter denen die Menschen leiden ...*"[42] Deshalb befindet sie auch niemals allgemein und a priori über ein bestimmtes Wissen, sondern fragt nach seinem historisch bestimmbaren Sinn und Wert für den Prozess tatsächlicher Veränderung: „*Nicht was der einzelne glaubt und von sich denkt, nicht das Subjekt an sich selbst, sondern das Verhältnis der Vorstellungen zur Realität entscheidet über die Wahrheit, und wenn einer sich einbildet, der Abgesandte Gottes oder der Retter eines Volkes zu sein, so entscheidet nicht er darüber, nicht einmal die Mehrzahl der Mitmenschen, sondern das Verhältnis seiner Behauptungen und Akte zum objektiven Tatbestand der Rettung.*"[43]

Absolute Versöhnung gibt es für Horkheimer aber selbst dann nicht, wenn ein gesellschaftlicher Zustand hergestellt ist, der den Begriff von Vernunft (als Versöhnung von subjektiver und objektiver) erfüllt, ein Zustand, der sich dadurch bestimmt, dass die Menschen einander als Zweck ernst nähmen und nicht wie bisher ein jeder bloß zum Mittel des anderen diente. Wäre so die Herrschaft des Menschen über den Menschen abgeschafft und auch sein Verhältnis zur Natur ein anderes (nicht mehr nur durch Ausbeutung bestimmt), so heißt es dennoch bei Horkheimer: „*Sogar in einer frei sich selbst bestimmenden Gesellschaft müßte die wenn auch noch so allmählich sich verändernde Natur einen der Identität widerstrebenden Faktor bilden.*"[44]

Auch die Religion bleibt vom Entwicklungsprozess der Vernunft zur instrumentellen nicht verschont. Nach dem Verlust der allgemeinen Gültigkeit von Offenbarungswissen, der in Theologie, Kunst, Wissenschaft und Politik gleichermaßen gültigen und anerkannten objektiven Wahrheit, nach dem Aufbrechen der Spannung also zwischen Wissenschaft und dogmatischer Theologie, dem Auseinandertreten von Religion und Philosophie, versuchten zunächst Luther und später dann die großen rationalistischen Systeme der Philosophie den mit der Religion gesetzten Anspruch auf objektive Wahrheit zu erhalten.

Dieses Unternehmen misslingt gänzlich. Schon Luthers Ausweg aus dem logischen Dilemma von richtig und falsch im Rückgriff auf ein drittes, nämlich Gottes Wort und das irrationalistische Moment der Gnade und des Glaubens gibt den Versuch auf, theologisches und säkulares Wissen noch miteinander zu vermitteln. Der Glaube wird zur reinen Privatangelegenheit, zur Funktion bloßer Innerlichkeit. Der Weltlauf gestaltet sich unabhängig davon nach eigenen, jedoch nicht einsehbaren Gesetzmäßigkeiten. Gott bleibt zwar der Schöpfer, aber seine Wege sind so wunderbar wie die Wege kapitalistischer Warenzirkulation.

Im Protestantismus trennt sich die objektive Vernunft von der Religion. Religion passt sich dem Trend zur subjektiven Vernunft an und gibt schließlich de facto ihren totalen Anspruch auf: „... *Die Religion wurde so lange eines klaren bestimmten Inhalts beraubt, formalisiert, angepaßt, spiritualisiert, in die innerste Innerlichkeit der Subjekte verlegt, bis sie sich mit jedem Handeln und jeder öffentlichen Praxis vertrug, die in dieser atheistischen Wirklichkeit gang und gäbe war.*"[45]

Gleichwohl übersieht Horkheimer nicht, dass der subjektive Vernunftbegriff weitaus humaner und toleranter ist als der objektive. Vernunft wird zur „versöhnlichen Haltung". Dennoch bleibt für ihn der Glaube ein unzulässiger, weil unzureichender Versuch, die tatsächlichen Widersprüche zu überwinden; Glaube bedeutet die Stilllegung aller Bemühungen, die darauf abzielen, die wirklichen Verhältnisse grundlegend zu verändern. Zu einem Zeitpunkt, zu dem sich alle rationalen Begründungen zur Aufrechterhaltung der bestehenden gesellschaftlichen Ordnung als nicht mehr recht wirksam herausgestellt haben, leistet der Glaube jedoch ausreichende Motivation zu gesellschaftlich notwendigem Gehorsam und Triebverzicht. Die gesellschaftliche Funktion des Protestantismus „... *harmoniert mit der Wirksamkeit der Zweck setzenden Vernunft.* "[46] Die Wirklichkeit ist für den Christen nur Objekt, in ihren Zwecken nicht einsehbar, bloßes Mittel, Durchgangsstadium zum Reiche Gottes. Natürlich weiß Horkheimer, dass im Glauben auch eine Möglichkeit liegt, sich über Eigeninteresse und Nutzen zu erheben. Diese Möglichkeit – die von Fall zu Fall immer wieder in der Geschichte realisiert wurde – steht jedoch nicht der Tatsache entgegen, dass das Prinzip des Glaubens mit dazu beigetragen hat, die Zwecke des Bestehenden immer weiter zu verfestigen. Typisch für den Protestantismus ist seine Haltung zum Denken, welches er verwirft, wenn es zur bestehenden Ordnung in Gegensatz gerät und welches er duldet, sofern und so lange es als Kulturgut neutralisiert bleibt. Glaube ist aber aufs Wissen angewiesen und zeugt somit davon, dass er sich seiner Sache nicht ganz gewiss ist. Glaube ist Ausdruck verlorener Gewissheit, der Schleier über dem Unversöhnten: *„Aber der Glaube ist ein privativer Begriff: er wird als Glaube vernichtet, wenn er seinen Gegensatz zum Wissen oder seine Übereinstimmung mit ihm nicht fortwährend hervorkehrt. Indem er auf die Einschränkung des Wissens angewiesen bleibt, ist er selbst eingeschränkt. Den im Protestantismus unternommenem Versuch des Glaubens, das ihm transzendente Prinzip der Wahrheit, ohne das er nicht bestehen kann, wie in der Vorzeit unmittelbar im Wort selbst zu finden und diesem die symbolische Gewalt zurückzugeben, hat er mit dem Gehorsam aufs Wort, und zwar nicht aufs heilige, bezahlt. Indem der Glaube unweigerlich als Feind oder Freund ans Wissen gefesselt bleibt, perpetuiert er die Trennung im Kampf, sie zu überwinden: Sein Fanatismus ist das Mal seiner Unwahrheit, das objektive Zugeständnis, daß, wer nur glaubt, eben damit nicht mehr glaubt. Das schlechte Gewissen ist seine zweite Natur. Im geheimen Bewußtsein des Mangels, der ihm notwendig anhaftet, des ihm immanenten Widerspruchs, die Versöhnung zum Beruf zu machen, liegt der Grund, daß alle Redlichkeit der Gläubigen seit je schon reizbar und gefährlich war. Nicht als Überspannung, sondern als Verwirklichung des Prinzips des Glaubens selber sind die Greuel von Feuer und Schwert, Gegenreformation und Reformation, verübt worden. Die Paradoxie des Glaubens entartet schließlich zum Schwindel, zum Mythos des 20. Jahrhunderts und seine Irrationalität zur* *rationalen Veranstaltung in der Hand der restlos Aufgeklärten, welche die Gesellschaft ohnehin zur Barbarei hinsteuern.* "[47]

Ebenso wenig aber wie der Glaube ist die Vernunft in der Lage, den objektiven Anspruch von Religion und damit von Wahrheit überhaupt aufrecht zu erhalten. Die Versuche der großen Systeme rationalistischer Philosophie, die Angriffe auf die Religion im Namen der objektiven Vernunft führen schließlich zur Abschaffung schon des Gedankens an so etwas wie objektive Wahrheit. Das Unternehmen, Religion auf eine rationale Grundlage zu stellen, scheitert. Religion wird in ihrem Anspruch relativiert, in ihrer Bedeutung eingeschränkt und schließlich neutralisiert, so dass sie, vom Positivismus geduldet, nur noch als Kulturgut ihr gesellschaftlich immer irrelevanter werdendes Dasein fristet. Vernunft als objektive ist dem Gedanken nach und tatsächlich aus der Wirklichkeit ausgewandert. Die formalisierte, zweckrationale subjektive Vernunft triumphiert. Die Ideen Glück, Freiheit[48], Sinn, Bedeutung, einmal Ansprüche der objektiven Vernunft, werden ebenso entsubstanzialisiert und zu bloß verbalen Zeichen degradiert wie die entsprechenden Ideen der Religion, zum Beispiel Gott, Seele und Unsterblichkeit[49] zu bloßen Reizvokabeln werden, mit denen sich beliebig hantieren lässt. Schließlich wird klar, dass sie nichts mehr bedeuten, dass sie zwar anerkannt bleiben, aber niemanden mehr zu irgendetwas verpflichten. Mit Vernunft lässt sich ebenso alles begründen, wie mit dem Hinweis auf die Offenbarung; die Vernunft ist als „... *Medium ethischer, moralischer und religiöser Einsichten* "[50] ebenso gründlich desavouiert wie der Glaube. Es erhebt sich die Frage: Wie kann Vernunft, die in ihrer Substanz doch einmal die Idee des Menschen beinhaltete, wie kann diese Vernunft so weit pervertieren, dass sie schließlich sogar im Stande ist, Auschwitz zu rechtfertigen? Die Antwort liegt im Vernunftbegriff selbst, in der gegenseitigen Hypostasierung von subjektiver und objektiver Vernunft.

Trotz dieser Einsichten hält Horkheimers Philosophie am Begriff der objektiven Vernunft und damit an dem der objektiven Wahrheit fest; und zwar nicht in affirmativer Weise – dies wäre reiner Obskurantismus –, sondern in kritischer Absicht. Weil auch Religion an objektiver Wahrheit interessiert ist, versucht Horkheimer, den vom Positivismus – im guten

Einvernehmen mit der Theologie – stillgestellten Konflikt von Religion und Philosophie (Wissenschaft) wieder in Gang zu bringen. Eine am objektiven Begriff der Vernunft orientierte Philosophie, vom Interesse an einem besseren Ganzen geleitet, muss notwendigerweise „... *im Hinblick auf den Inhalt der etablierten Religion eine positive oder negative Stellung beziehen.* "[51]

Der Vorteil, den die Religion aus dem Prozess ihrer Neutralisierung gewann, ist übrigens nur ein scheinbarer: „*Die Formalisierung der Vernunft bewahrte sie* (die Religion, d. Verf.) *vor jedem ernstlichen Angriff von Seiten der Metaphysik oder philosophischer Theorie, und diese Sicherheit scheint sie zu einem äußerst praktischen gesellschaftlichen Instrument zu machen. Zur gleichen Zeit bedeutete jedoch ihre Neutralität, daß ihr wirklicher Geist dahinschwindet, ihre Bezogenheit auf die Wahrheit,* ... "[52] An anderer Stelle heißt es noch deutlicher: „*Der faule Frieden zwischen Wissenschaft und Glauben als verschiedenen Fächern, eines für das Vorwärtskommen, für Wirtschaft, Politik und Landesverteidigung, kurz, die Wirklichkeit, das andere für die Seele, bedeutet die Resignation der Theologie.* "[53] Religion überlebt im Subjektiven als Freizeitbeschäftigung und spielt an Schule und Hochschule eine das Konzert der so genannten realen Fächer begleitende nicht recht notwendige, zurzeit aber noch geduldete Rolle. Ebenso beschränkt und wahrscheinlich nur von kurzer Dauer ist ihre positive gesellschaftliche Funktion: „*Religion erscheint zur Zeit als existenzberechtigt, da sie durch die Kirchen und Gemeinden Menschen zusammenhält, in der Freizeit halbwegs angenehm beschäftigt, der Isolierung entgegenwirkt. Ihren Lehren zu glauben, gewährt noch vielen einen tröstlichen Rückhalt ohne allzu großes Risiko. Nicht wenige der Dienste, die von Geistlichen und ihren Organisationen der Gesellschaft erwiesen werden, könnten an säkulare Institutionen übergehen, und bei den Funktionen, die sie noch ausüben, tritt das streng Theologische häufig zurück.* "[54]

Das Problem, das sich für Horkheimer angesichts dieser Überlegungen stellt, ist folgendes: Wie und in welcher Weise kann gegenwärtig der der Religion immanente Gedanke an die objektive Wahrheit erhalten werden, ohne dass der Konflikt Religion – Wissenschaft neutralisiert (die Religion spricht ihre Wahrheiten mit ihren Erkenntnismitteln aus und die Wissenschaft ebenso; beide haben aber nichts miteinander zu tun) oder zugunsten des einen oder anderen einseitig aufgehoben wird.

Horkheimers Philosophie bietet hier keine befriedigende Lösung, sondern zeichnet lediglich in der Negation unausgesprochen ein Bild dessen, was sein sollte. War Kritische Theorie in den 30er-Jahren noch davon überzeugt, dass Religion allein dadurch adäquat zu bewahren sei, dass ihre Ideen im Zuge politischer Veränderung praktisch würden (Aufhebung von Religion), so sieht sie in den 60er-Jahren ihre Aufgabe darin, von Religion zu erhalten (durch den Gedanken an sie) was unter den oben genannten Bedingungen immer möglich ist. Man kann Horkheimers Verfahren sicherlich mit Begriffen wie „agnostisch", „antidogmatisch", „negativ-theologisch" in Bezug auf Detail und System belegen, jedoch wird erst am Beispiel deutlich, was gemeint ist. Horkheimer zitiert aus einer Schülerzeitschrift: *„Wie wir sehen, werden im Reich Gottes immer mehr Menschen gefoltert, ermordet, vergewaltigt, läßt man sie hungern, ersticken, verbrennen. Wie wir meinen, zwingt sich jedem, der redlich denkt, eine Folgerung auf: Der Gott, der einst ‚alles so herrlich regierte, den meine Seele lobte, der mich auf einer grünen Aue führte', ist abwesend, krank, verreist, tot. Einen Gott, der alles aufs Beste bestellt in Auschwitz und im Warschauer Ghetto, in Vietnam, im New Yorker Negerviertel, gibt es nicht mehr. Er hat seine Arbeit nicht erledigt. Seine Stelle ist offen. Die Zukunft ist offen."* Horkheimer fährt dann fort: *„Die Worte Gott und Seele sind von den jungen Autoren negiert. Ihre Revolte ist Kennzeichen, aber mir scheint, die Negation enthielte mehr Treue zu ihrem Sinn, mehr Sehnsucht nach der vergangenen Bedeutung, als viele der positiven Bekenntnisse zum sogenannten Gedankengut."*[55]

Einzig durch Negation, durch bewussten Zweifel und konsequente Kritik an den überlieferten Ideen lässt sich heute redlicherweise der objektive, über das Gegebene hinausweisende Gedanke der Religion durchhalten.[56] Andernfalls würden angesichts des absoluten Primates der subjektiven Vernunft in der gegenwärtigen Gesellschaft, bei positiver Behauptung der mit Religion einmal verbundenen Absoluta, diese selbst zu Mitteln, für subjektive Zwecke beliebig verwertbar. Der Weg zurück, die Rettung der Ideen durch Rekurs auf ihre ursprüngliche Bedeutung ist jedenfalls nicht mehr möglich: „*Je mehr diese künstlichen Renaissancen bestrebt sind, den Buchstaben der ursprünglichen Lehren unverletzt zu erhalten, desto mehr verzerren sie den ursprünglichen Sinn; denn die Wahrheit kommt zustande in einer Entwicklung von Ideen, die sich ändern und einander widerstreiten. Der Gedanke bleibt sich weitgehend dadurch treu, daß er bereit ist, sich zu widersprechen, wobei er – als immanente Wahrheitsmomente – die Erinnerung an die Prozesse bewahrt, denen er sich verdankt.*"[57] Das Festhalten an Dogmatik zeitigt nur das Unwahre, das Falsche. Dogmatik ist der Versuch, das Überholte an die veränderte Gegenwart anzupassen.

Alle, auch die ernst gemeintesten Ansätze, die religiösen Ideen unkritisch in die Moderne hinüberzuretten sind zum Scheitern verurteilt. So zum Beispiel auf katholischer Seite der Neuthomismus: „*Aber eine solche Harmonie* (von naturwissenschaftlicher Erkenntnis und dogmatischen Einsichten, d. Verf.) *ist heute unmöglich und der Gebrauch, den die Neuthomisten von Kategorien wie Ursache, Zweck, Kraft, Seele, Entität machen, ist notwendig unkritisch. Während für Thomas diese metaphysischen Ideen höchste wissenschaftliche Erkenntnisse darstellten, hat sich ihre Funktion in der modernen Kultur völlig verändert.*"[58] Für Horkheimer ist der Neuthomismus nichts anderes als der „*... Versuch einer oberflächlichen Synthese an sich unvereinbarer Elemente.*"[59]

Ebenso wenig gelingt es auf evangelischer Seite, den offenen Widerspruch zur Wissenschaft zu überwinden. Noch am ehesten dazu in der Lage wäre nach Horkheimers Meinung Paul Tillichs religiöser Sozialismus. Doch bleibt ihm Tillichs Versuch, die Idee durch symbolische Deutung zu retten, fragwürdig und unzulänglich. Sie ist für Horkheimer „*... ein verzweifelter Ausweg ohne die Verzweiflung sich einzugestehen.*"[60]

Ist symbolische Redeweise Ausflucht aus dem Dilemma, dass das Vergangene so, wie es überliefert ist, heute nicht mehr gesagt werden kann, dennoch aber gesagt werden soll (Verkündigungsauftrag), so gilt: „*Was ist ein Symbol, von dem niemand weiß, was es symbolisiert,* (zum Beispiel das Symbol Himmel weist auf ‚den da droben' und kann, bleibt es unbestimmt, Gott meinen oder einen Regierungsbeamten, d. Verf.) *was ist eine Flagge, die vielleicht ein Land, vielleicht etwas ganz anderes bedeuten soll – ein Stück Tuch und eine Stange. Wenn das im Symbol Vermeinte sich denken läßt, läßt es sich ausdrücken, sonst wird das Symbol zum Zeichen für alles und nichts.* "[61]

Auch bei Tillich ist – wie sehr Horkheimer ihn sonst schätzen mag – das Problem nicht adäquat behandelt, sondern die Widersprüche sind nur notdürftig verkleistert. Ein Ausweg, der kein Ausweg ist: *„ Um dasselbe zu bedeuten, bedarf das Überkommene immer wieder einer der Zeit je eigenen, ihr gemäßen und zugleich widersprechenden Gestalt.* "[62] Den Widerspruch zu artikulieren – auch auf die Gefahr hin, rückschrittlich, nicht auf der Höhe der Zeit zu sein – das ist das Schwierige, zumal in einer Zeit, wo Anpassung nicht nur das Normale ist, sondern in Kürze vielleicht das einzig Denkbare sein wird.

In dieser Antifortschrittshaltung liegt ein konstitutives Element Horkheimerscher Philosophie: sein Konservatismus. Ist den Positivisten Theologie (Religion) nicht fortschrittlich genug, (nicht konsequent genug in der Anwendung rationaler Methoden), so ist sie Horkheimer in ihrer vordersten Front zu fortschrittlich und das heißt, für ihn: zu angepasst an das positivistische Ideal von Wissenschaftlichkeit. Nur der Konservative ist der wahre Progressive und nur der Progressive ist der wahre Konservative. Doch bedeutet Konservativismus für Horkheimer nicht unkritische Affirmation, sondern das zu Erhaltende von Religion und Theologie gibt es für ihn immer nur ex negativo : *„ Wenn die Tradition, die religiösen Kategorien, ... nicht als Dogmen, nicht als absolute Wahrheit vermittelt werden, sondern als die Sehnsucht derer, die zu wahrer Trauer fähig sind, eben weil die Lehren nicht bewiesen werden können und der Zweifel ihnen zugehört, läßt theologische Gesinnung, zumindest ihre Basis, in adäquater Form sich erhalten. ... Den Zweifel in die Religion einzubeziehen, ist ein Moment ihrer Rettung.* "[63]

V.

Der Satz: Leben zu bewahren, ist besser als Leben zu vernichten, ist rational nicht begründbar. Normative Aussagen lassen sich aus deskriptiven nicht schlüssig herleiten. Es existiert kein ein für allemal gültiges System normativer Sätze. Normen sind Reflex wandelbarer Bedürfnisse im Zusammenhang des gesellschaftlichen Entwicklungsprozesses. Demgegenüber gibt es aber so etwas wie einen Anspruch aller Menschen auf Glück, der nicht zu rechtfertigen und nicht zu begründen ist. Dieser Gedanke vom Anspruch des Einzelnen auf bestmögliche Verwirklichung seiner selbst enthält seit je auch die Vorstellung vom Glück des Ganzen. Moral ist orientiert am Menschen, sie will ihn nicht nur als Mittel, sondern als Zweck. Sie ergibt sich aus der Not der Gegenwart und nicht etwa aus irgendeiner Offenbarung.

In den 30er-Jahren erscheint Horkheimer Moral nicht nur theoretisch ohne Wurzeln, sondern auch in der gesellschaftlichen Realität: „... *Die Zahl der Länder, in denen noch nicht alle Ideen, die auf Steigerung des Glücks der Individuen gehen, verpönt sind, verringert sich immer mehr; es zeigt sich, daß der Zeitraum, in dem die bürgerliche Welt Moral erzeugte, zu kurz gewesen ist, um der Allgemeinheit in Fleisch und Blut überzugehen. Nicht nur die weltliche Moral allein, sondern selbst was vom Christentum, der ihr vorausgehenden zivilisatorischen Macht, an Güte und Menschenliebe im Lauf der Generationen in die Seele eingedrungen war, sitzt so wenig tief, daß in einigen Jahrzehnten auch diese Kräfte verkümmern können.*"[64]

Moral ist psychische Verfassung, ist Gefühl, welches Liebe impliziert. „*Aber diese Liebe betrifft nicht die Person als ökonomisches Subjekt oder als einen Posten im Vermögensstand des Liebenden, sondern als das mögliche Mitglied einer glücklichen Menschheit.*"[65] Moral erscheint konkret in doppelter Gestalt: Einmal in Form von Mitleid als Reaktion des moralischen Gefühls auf die gesellschaftlich bedingte, immer noch vorhandene Spaltung der Interessen, als Reaktion darauf, dass der Mensch immer noch nicht als Subjekt seine Geschicke selbst bestimmt, sondern sie als Objekt in der Art eines blinden Naturgeschehens erleidet. Leid und Tod der Menschen werden vielleicht einmal in einem besseren gesellschaftlichen Ganzen als nicht mehr so drückend empfunden werden wie heute; Moral mag ihren Existenzgrund im Verlauf der geschichtlichen Entwicklung der Menschheit verlieren, das Mitleid wird bleiben, so lange bis auch die Natur erlöst sein wird.

Ist Mitleid am Glück des Einzelnen interessiert, so zielt die andere Form, in der sich Moral für Horkheimer artikuliert, nämlich Politik, auf das Glück der Allgemeinheit. Ihre geschichtliche Konkretisierung geschieht – wie die des Mitleids – im Bewusstsein der absoluten Endlichkeit des Menschen, seiner „transzendentalen Obdachlosigkeit"; sie wird nicht als Gehorsam bezüglich einer als absolut anerkannten Forderung eines Sicherheit vor Elend und Tod garantierenden transzendenten Wesens verstanden: „… *Das Leben der Gesellschaft als gewolltes Resultat gemeinsamer Arbeit der einzelnen geht nicht auf die freie Anerkennung einer ewigen Bestimmung zurück, erfüllt keinerlei Sinn.* "[66]

Moral muss sich geschichtlich konkretisieren: „*Nicht allein, wie die Menschen etwas tun, sondern was sie tun ist wichtig: Gerade wo alles auf dem Spiel steht, kommt es weniger auf die Motive* (zum Beispiel Pflicht, guter Wille, Gewissen, Interesse und so weiter, der Verf.) *derer an, die dem Ziel nachstreben, als darauf, daß sie es erreichen.* "[67] Der Mangel an Tat, wenn nur die Gesinnung redlich ist, wird nicht durch einen guten Gott kompensiert. Er bleibt, was er ist, nämlich ein Mangel. Was auf Erden nicht an Sicherheit vor Tod und Elend zu erreichen ist, ist niemals zu erreichen.

Konnte Horkheimer in den 30er-Jahren noch mit einer gewissen Hoffnung auf Verwirklichung vom Ausgleich des allgemeinen und besonderen Interesses in einem von der Basis her anders strukturierten gesellschaftlichen Ganzen reden, so verlagerte sich sein Interesse in den 50er- und 60er-Jahren zunehmend in Richtung auf das Schicksal des einzelnen Subjekts. Angesichts der herrschenden Entwicklungstrends in der Gesellschaft, den Einzelnen durch zunehmende Bürokratisierung und Kollektivierung letzten Endes als autonomes Subjekt zu liquidieren, angesichts dieser Situation ist es unsinnig, noch von Interessenspaltung oder überhaupt von Interessensunterschieden zu reden. Es gilt vielmehr, den Einzelnen überhaupt erst zu befähigen, seine Interessen zu erkennen, sie zu artikulieren und konkret wahrzunehmen. Moral ist in dieser Gesellschaft nicht etwa aufgehoben (also überflüssig), sondern droht abgeschafft zu werden. Humane Entscheidungen werden durch umfassende totale Verwaltung ersetzt, aus Moral und Unmoral wird normal und unnormal. Unter Berücksichtigung der Tatsache, dass Horkheimer an der Endlichkeit und totalen Verlassenheit des Menschen festhält, bedeutet für ihn heute Moral, dem Endlichen und Zeitlichen, dem Menschen in seinem Elend gegen das unbarmherzige Ewige – „… *keine Not wird je in einem Jenseits kompen-siert.* "[68] – beizustehen. Moral ist der emphatische Protest gegen den Zeit-geist, gegen die öffentlich geduldete, gesellschaftliche Ausrottung des Einzelnen als freien verantwortlichen Träger seiner Handlungen. Moral ist Solidarität, ist Nächstenliebe. Sie ist weder evident, noch rational be-gründbar, sondern einzig und allein theologisch herzuleiten. Gott ist nicht Postulat der praktischen Vernunft, sondern Moral ist Resultat der Postu-late Gottes. Alle Moral geht logisch und historisch auf Theologie zurück, als der „… *Sehnsucht danach, daß der Mörder nicht über das unschul-dige Opfer triumphieren möge.* "[69]

Ein besseres Ganzes ist gegenwärtig nicht herstellbar, jedoch der Gedan-ke daran kann und muss bewahrt bleiben einzig durch Erinnerung an Religion beziehungsweise Theologie. Dass es einen Gott gibt, ist nicht gewiss; selbst wenn es ihn gäbe, könnte nichts Sicheres über ihn ausge-sagt werden. Dennoch ist das Wissen um die Verlassenheit und Endlichkeit des Menschen und um die Relativität der Welt nach Horkheimer nur mög-lich „durch den Gedanken an Gott". Gott, das Absolute, das ganz Andere, hat Korrektivfunktion gegenüber allem Endlichen, welches versucht, sich als Unendliches aufzuwerfen (zum Beispiel Staat, Nation, Kollektiv, Kirche und so weiter). Moral ist ohne eine – zumindest gedankliche – An-nahme göttlicher Gebote undenkbar: „*Wie sehr ein zivilisiertes, sozial zweckmäßiges, humanes Verhalten faktisch auf Erziehung und aus ihr resultierende psychologische Faktoren zurückgehen mag – ohne Vor-aussetzung der Gültigkeit des göttlichen Gebots, sind Nächstenliebe, Ehrlichkeit, Verantwortungsbewußtsein logisch nicht besser begründet als Haß, die Hilfe für Leidende nicht besser als Unterdrückung …* "[70]

Und an anderer Stelle heißt es: „*Der Glaube, Liebe sei besser als Haß, Güte besser als Grausamkeit, und zwar nicht im Sinne der geschickteren Taktik, sondern aus sich selber besser, wird durch gar nichts anderes als die kulturelle Tradition, am Ende das Wort der Schrift, begründet. Soweit das Strafrecht nicht dagegen ist, kann Infamie so rational sein wie Ehrlichkeit. Mit der letzten Spur Theologie verliert der Gedanke, daß der Nächste zu achten, gar zu lieben sei, das logische Fundament.* "[71]

Ohne Bezug auf Transzendentes wird Moral zur Sache von Geschmack und Laune. Auch eine der letzten Äußerungen Horkheimers geht in die angezeigte Richtung: „*Da Moral ohne Hinweis auf allgemein verbind-liche, letzten Endes göttliche Gebote nur schwer zu begründen ist, ...* "[72]

Das bedeutet, richtiges Tun – und zum richtigen Tun gehört die Theorie der Mitmenschlichkeit –, das heißt, solidarisches Verhalten der Menschen ist nur möglich, sofern in Zukunft die einst affirmativ angeeigneten theologischen Kategorien in Form der Trauer[73] – negativ also – bewahrt werden. Durch die Negation wird das kritische Element in Religion beziehungsweise Theologie allein adäquat aufgehoben: „*Ein unkritischer Rekurs auf Religion ... ist heute so fragwürdig wie der Rückzug auf die schönen Gemälde und Kompositionen der Klassik, so verlockend ein derartiger Zufluchtsort auch erscheinen mag.* "[74] Religion ist aber heute – das wurde schon erwähnt – ebenso vom Untergang bedroht wie der Einzelne, zu dessen Rettung sie aufgeboten wird. Das Verschwinden des Einzelnen, der Familie und der Religion sind parallele Vorgänge. Religion muss sich anpassen, um überleben zu können; als angepasste verliert sie ihr Eigenes. Diesen Vorgang spricht kritische Philosophie aus, indem sie die Anpassung von Theologie als notwendige darstellt und zugleich als falsche denunziert und damit die Ursachen für den Rückgang und den Mangel an Moral in der Religion selbst festmacht.

Horkheimer gibt ein Beispiel für misslungene Modernisierung von Religion: „*Solange in Philosophie und Religion als das Höchste, das summum bonum, nämlich Gott, erschien, war Gott, war dieser höchste Begriff ein Geistiges, Gütiges, und es ist der Gegensatz offenbar geworden zwischen der Welt, wie sie ist und jenem Gütigen, das dann auf die verschiedenste Weise erklärt werden muß. Indem man aber nun die Möglichkeit gefunden hat, in der Philosophie* (und auch in der Theologie, der Verf.) *zum entscheidenden Begriff das Sein anstatt Gott zu machen, kann man von diesem höchsten Begriff gar nicht mehr erwarten, daß er sinnvoll wäre, sondern es muß ganz unabhängig von den Wünschen jener Philosophen dieser Begriff des Seins dazu dienen, die Sinnlosigkeit selbst in irgendeiner Weise zu begründen, die in der Realität Platz greift. Es ist nicht mehr die Spannung zwischen einem Geistigen und der Wirklichkeit da, sondern glorifiziert wird ein undurchdringliches, sinnloses Sein.* "[75]

Das Sein ist abstrakt, es verwischt die Differenz von Mensch und Natur, es ist untauglich für die Begründung einer bestimmten moralischen Handlung. Das Prinzip der Mitmenschlichkeit zum Beispiel lässt sich aus ihm nicht eindeutig gewinnen. Das Sein erübrigt moralisches Handeln. Entgegen dieser Tendenz kommt es heute darauf an, die absolute Differenz von Gott und Welt, von Geist und Wirklichkeit, von Begriff und Gegenstand unbedingt durchzuhalten. Die Versöhnung ist realiter noch nicht vollzogen, die Erlösung hat noch nicht stattgefunden. Auferstehung ist die noch unrealisierte Möglichkeit des Kreuzes. Nur durch das Aufrechterhalten dieser Spannung lassen sich moralische Impulse gewinnen, die darauf abzielen, wirklich vorhandenes Leid und Elend zu vermindern.

Aber auch der Gedanke an die richtigere Wirklichkeit unterliegt der Gefahr, abstrakt zu werden. So positiv zum Beispiel der Begriff der christlichen Liebe auch sein mag – es reicht allein nicht aus, ihn nur zu reklamieren: *„Damit die Konsequenz aus ihr* (der christlichen Liebe, d. Verf.), *im Denken wie im Handeln kein bloßer Zufall bleibt, ist es notwendig, die begrifflichen Momente, die in ihr als dem Prinzip beschlossen sind, bewußt zu machen. Was der Begriff bedeutet, tritt hervor, wenn er in der realen Situation, in der er sich bewähren soll, als deren Theorie sich auseinanderlegt. Von christlicher Liebe wäre auszuführen, wie heute unter ihrem Horizont die Welt sich darstellt, in welcher Richtung sie in der Gesellschaft wirken kann* (zum Beispiel Liebe durch Strukturen, d. Verf.), *nicht zuletzt, wie weit sie sich negieren muß, um sich auszudrücken, geschweige denn, die Kraft zu finden, sich durchzusetzen. Indem die Theorie entworfen wird, wirkt sie auf das eigene Prinzip zurück, bestimmt es näher und verändert es. Selbst der Wille, daß keiner mehr hungern und Unrecht leiden soll, ist noch abstrakt, wenn auch bereits konkreter als die leere Rede von den Werten, von deren ewiger Bedeutung und vom echten Sein.“*[76]

So verstanden kann christliche Liebe, als „der Gedanke an eine richtigere Wirklichkeit“ sich für Horkheimer sowohl in der Theorie von Marx und Engels als auch in der Psychoanalyse Freuds, kann sie sich in gleicher Weise in nihilistischen Werken wie in theologischen Entwürfen artikulieren – ebenso wie sie wohl zuerst in den „aufreizenden Reden des Stifters“ der christlichen Religion Gestalt gewonnen hat. Demnach ist das, was

Liebe, Mitmenschlichkeit, Nächstenliebe oder Solidarität wirklich bedeuten, nicht nur eine Frage von Theologie – obwohl allgemeine Plausibilität und Anerkennung der genannten Begriffe eigentlich nur durch eine theologische Fundierung erreichbar ist. Das bedeutet: Für Horkheimer ist die richtige Praxis letztendlich nicht rational zu begründen. Moralische Gebote gehören nicht zum Bestand der Vernunft. *„Der kategorische Imperativ kennzeichnet zivilisierte Mentalität, keineswegs Vernunft schlechthin."*[77]

Darüber hinaus gibt es für Horkheimer noch eine andere Triebfeder moralischen Handelns: *„Wir können nur handeln mit dem inneren Gefühl, daß es einen Gott gibt. Aber das ist nicht die einzige Quelle der Moral. Ich kann auch für einen Menschen etwas Gutes tun in der bewußten oder unbewußten Erwartung, daß mein persönliches Handeln ihm gegenüber mein eigenes Leben schöner macht."*[78] Schopenhauers Einsicht in den in jedem Endlichen sich bejahenden Willen (Lust) als das Innerste der Welt liegt hier zugrunde; also auch ein irrationalistisches Prinzip. Im Grunde geht Horkheimer an dieser Stelle mit Luther einig, indem er dessen Abneigung gegen die „Hure Vernunft" in folgender Weise interpretiert: *„Luther hatte die Vergeblichkeit der rationalistischen Versuche* (nämlich das rechte Verhalten allgemein aus Vernunft zu begründen, der Verf.) *schon vorausgesehen."*[79]

VI.

„Wie aktiv das individuelle Ich auch sein mag, für sich genommen ist es eine Abstraktion, und wer es in seiner Isolierung zum Prinzip oder inneren Haltung verdinglicht, macht aus ihm nur einen Fetisch."[80] Bei Horkheimer findet sich kein statisches Verständnis vom Menschen. *„Vom Wesen des Menschen können wir freilich nur sprechen, sofern es sich äußert. Endgültigkeit in den Äußerungen über das Wesen des Wirklichen überhaupt widerspricht dem Wahrscheinlichkeitscharakter aller Voraussagen über tatsächliche Ereignisse."*[81]

Von der Natur des Menschen reden heißt, von der Gesellschaft reden, aber auch von der außermenschlichen Natur. Es gibt keinen dieser Begriffe ohne die Bestimmung des anderen, sie stehen zueinander in einem dialektischen Verhältnis: *„Die Gesellschaft hat ihre eigenen Gesetze, ohne deren Erforschung die Menschen ebensowenig zu begreifen sind, wie die Gesellschaft ohne die Individuen und diese wieder ohne die außermenschliche Natur.“*[82] Der Entwicklungsstand des Einzelnen hängt ab vom Entwicklungsstand der Gesellschaft, ebenso vom Stand der Naturerkenntnisse. Die Idee und die Realisierung des voll entwickelten, voll entfalteten Einzelnen ist identisch mit der Idee und der Realisierung des voll entwickelten Ganzen. Folglich bedeutet Emanzipation des Einzelnen – geknüpft an Begriffe wie Freiheit, Glück, Spontaneität, Phantasie, Mündigkeit und so weiter – nicht Emanzipation von der Gesellschaft, sondern Veränderung der Gesellschaft, Abschaffung ihrer nicht notwendigen Zwänge, kurz, die Herstellung des richtigen gesellschaftlichen Ganzen. Das Glück des Einzelnen ist erst dann wahres Glück, wenn es sich im Glück des Allgemeinen aufgehoben weiß.

Der Gang der äußeren Geschichte zeigt jedoch, dass die Menschheit heute von diesem Ziel entfernter ist denn je. Trotz einer ungeheuren Entwicklung der Produktionsmittel, trotz Technisierung und Automatisierung, trotz Verbesserung der Produktionsverhältnisse, trotz Befreiung der Menschen von der Vorstellung, dass die Eigentumsverhältnisse so wie sie nun einmal sind, von Gott gewollt sind, trotz all dem hat der von Marx vielleicht noch erwartete Übergang vom Reich der Notwendigkeit in das Reich der Freiheit nicht stattgefunden. Im Gegenteil: *„Die Gesellschaft scheint unter der gegenwärtigen Wirtschaftsweise so blind wie die bewußtlose Natur.“*[83] Die objektive Vernunft, das heißt, vor allem, die ihr einmal inhärenten Ideen vom richtigen, will sagen vernünftigen Ganzen, kennt gegenwärtige Zwecke nur noch Industrie, Technik, Wachstum und Profit. Vernunft wird zum reinen Instrument: Alles gerät ihr zum Objekt, auch der Mensch. Das Gesetz der Ökonomie ist das „Ding an sich“ der Moderne. Der Mensch passt sich ihm an, alle Menschen werden einander gleich, jedoch nicht in der Weise, dass der höchste Anspruch der Maßstab für alle wäre, sondern so, dass das Geringste, das, was gewissermaßen allen gleich zukommt, als letzte Norm gilt: die nackte Existenz. Der Einzelne erhält sich, indem sich seine Bedeutung reduziert. Er wird zum Echo seiner Umgebung. In der Gruppe oder im Kollektiv versucht er durch Anpassung, Nachahmung und Wiederholung zu überleben: *„Es ist ein Überleben, das durch das älteste biologische Mittel des Überlebens zustande kommt, nämlich nur Mimikry. "*[84] Der Einzelne ist nicht mehr Subjekt der Vernunft, er erkennt sich selbst nicht als ein solches und wird nicht als solches erkannt. Die Idee der Selbstverwirklichung ist subjektiv wie objektiv aufgegeben, erlaubt ist lediglich die Ausfüllung vorgestanzter, nach industriellen Zwecken ausgerichteter Standards. Das Besondere, sollte es dennoch hin und wieder als Ausnahme der Regel auftreten, wird unterdrückt. Niemand und Nichts entzieht sich in der modernen Massengesellschaft dem Gesetz der Verdinglichung: *„Im 20. Jahrhundert ist das Objekt des Gelächters nicht die konform gehende Menge, sondern vielmehr der Sonderling, der es immer noch wagt, autonom zu denken. "*[85] Das, was vergangene Epochen mit Subjekt, Person oder Subjektivität im positiven Sinne gemeint haben, droht gegenwärtig völlig zu verschwinden. Das Individuum degeneriert *„... zu einer bloßen Zelle funktionalen Reagierens. "*[86] Der Einzelne, der zu anderen Menschen nur noch nach den Spielregeln des Marktes, nur noch durch Kauf und Verkauf in Beziehung tritt, wird zum sozialen Atom, wird austauschbar und fungibel: *„Während sich der Einzelne in früherer Zeit nur als Teil gleichsam organischer Wesenheiten sah, die seinem Leben Sinn gaben und in seinen Handlungen und Vorstellungen ständig gegenwärtig waren, tendieren die Individuen in der Tat heute dahin, jene sozialen Atome zu werden, zu denen die bürgerliche Revolution nach Ansicht ihrer Kritiker die Gesellschaft pulverisiert habe. In dieser Zeit der Massengesellschaft ist der Mensch einsam. Sein Name, der einst mit einem bestimmten Ort, einer Vergangenheit und einer Bestimmung verknüpfte, ist zu einer Erkennungsmarke, einem bloßen Etikett geworden; seine Individualität zu einer Reihe von Eigenschaften und Fähigkeiten. Der Neutralität des Etiketts entspricht die Fungibilität des Etikettierens. "*[87]

Ein Selbst, das lohnte erhalten zu werden, gibt es nicht mehr. Das Individuum zieht sich zusammen, wird reine Physis. Die einmal als wirklich erachtete Freiheit und Autonomie entlarvt sich als Schein. Das schlechte Allgemeine erfährt das Individuum heute in Form seiner eigenen Nichtigkeit. Sinnlosigkeit und Fremdheit werden zu Grundkategorien menschlicher Erfahrung heute: *„Für wen soll eine Handlung nützlich sein, wenn* *das biologische Einzelwesen nicht mehr als identisches Ich seiner selbst sich bewußt wird. Der Körper hat in den verschiedensten Lebensaltern ohnehin nur fragwürdige Identität. Die Einheitlichkeit des individuellen Lebens war nicht natürlich, sondern begrifflich, also gesellschaftlich vermittelt. Indem nun diese vermittelte Einheitlichkeit geschwächt wird, verändert die Sorge des Individuums um seine eigene Erhaltung ihren Sinn. Alles, was der Höherbildung und Entfaltung des Menschen diente, die Freude an Einsicht, das Leben in Erinnerung und Vorblick, die Lust an sich selbst und anderen, sowohl Narzißmus als Liebe, werden gegenstandslos.* "[88]*

Der Gesellschaft schwindet das Subjekt ihrer Veränderung. Jeder Gedanke über den Erfolg und den Profit hinaus ist diskreditiert. Es gibt nur noch diese eine Dimension, sie allein ist es, die zählt. Der Unterschied zwischen Produktion und Kultur ist eingeebnet, ebenso auch derjenige von Immanenz und Transzendenz, es existiert lediglich die Reproduktion des immer Gleichen.

So weit die Situation, wie Horkheimer sie sieht. Dabei gilt es festzuhalten, dass diese Entwicklung nicht umkehrbar ist. Eine Beschwörung präindustrieller Zustände ist genauso ideologisch wie die Beteuerung, dass alles ja gar nicht so schlimm sei – beides dient der Rechtfertigung der schlechten Verhältnisse. Rückzug in die reine Innerlichkeit des Elfenbeinturms vermag das Problem des Individuums ebenso wenig zu lösen, wie das verbale Festhalten an Ideen, die einmal nicht nur aus Gründen der Zweckrationalität Gültigkeit besaßen. Glück zum Beispiel ist heute nichts anderes als die Abwesenheit besonderen Unglücks, bedeutet oft kaum mehr als die Banalität normaler, moderner Lebensführung.

Wahrhaft Individuelles gibt es hingegen nur als Negatives, nur in der Verneinung von Individuellem. *„Die wirklichen Individuen unserer Zeit sind die Märtyrer, die durch Höllen des Leidens und der Erniedrigung gegangen sind bei ihrem Widerstand gegen Unterwerfung und Unterdrückung, nicht die aufgeblähten Persönlichkeiten der Massenkultur, die konventionellen Würdenträger. Diese unbesungenen Helden setzten bewußt ihre Existenz als Individuen der historischen Vernichtung aus, die andere unbewußt durch den gesellschaftlichen Prozeß erleiden. Die namenlosen Märtyrer der Konzentrationslager sind die Symbole einer*

Menschheit, die danach strebt, geboren zu werden. Aufgabe der Philo-
sophie ist es, was sie getan haben, in eine Sprache zu übersetzen, die
gehört wird, wenn auch ihre vergänglichen Stimmen durch Tyrannei
zum Schweigen gebracht wurden. "[89]

Die bisher angedeuteten Gedanken Horkheimers zum Zerfallsprozess
des neuzeitlichen Individuums mögen für unseren Zusammenhang genü-
gen. Weit stärker interessiert uns die Rolle, die nach Auffassung Horkheimers dabei die Religion, vor allem der Protestantismus gespielt hat. Darüber
hinaus soll gezeigt werden, wie Horkheimer versucht, die Kategorie des
Individuums in neuer Weise, nämlich theologisch zu begründen.

Für Horkheimer ist der Protestantismus die menschenfeindliche Seite
des bürgerlichen Humanismus, der – freilich historisch notwendige – „Humanismus für die Massen". Reformation ist die, gemessen an den schon
vollzogenen Veränderungen des wirtschaftlichen Unterbaus (im 13. und
14. Jahrhundert) asynchron verlaufene Anpassung des religiösen Überbaus. Den zur weiteren wirtschaftlichen und gesellschaftlichen Entwicklung notwendigen Triebverzicht der Massen, die Ableitung und Umlei-
tung ihrer wahren Bedürfnisse zu bewerkstelligen, das war die geschichtliche Aufgabe, die die Reformation zu erfüllen hatte und auch erfüllte. Ihr
Mittel war die religiöse Erneuerung, die religiöse Introversion: *„Sie erzeug-*
te den maschinenhaften Fleiß und die lenkbare Solidarität, ... Der theo-
kratische Irrationalismus Calvins enthüllt sich schließlich als die List
der technokratischen Vernunft, die ihr Menschenmaterial erst zu prä-
parieren, ja zu produzieren hatte. Elend und qualifizierte Todesstra-
fen allein reichten nicht aus, die Arbeiter zum Fortschritt ins Indus-
triezeitalter anzutreiben. Mittels der erneuerten Religion wurde der Schre-
cken durch die Sorge um Weib und Kind ergänzt, in welcher die mora-
lische Selbständigkeit des verinnerlichten Subjekts eigentlich besteht.
Am Ende behalten die Menschen als rationale Form der Selbsterhaltung
die freiwillige Fügsamkeit übrig, die so indifferent gegen den politischen
wie gegen den religiösen Inhalt ist. Durch sie verliert das Individuum die
Freiheit, ohne sie das Dasein im totalitären Staat. Die Autonomie des
Individuums entfaltet sich zu dessen Heteronomie. "[90] Und an anderer
Stelle heißt es: *„Der Protestantismus war die stärkste Macht zur Aus-*

breitung der kalten, rationalen Individualität. Vorher wurde im Bild des Kreuzes das Zeichen zugleich noch als Marterwerkzeug sinnlich unmittelbar angeschaut. Die protestantische Religiosität aber ist bilderfeindlich. Sie hat das Marterwerkzeug als unvertilgbaren Antrieb in die Seele des Menschen gesenkt, unter dem er nun die Werkzeuge der Aneignung von Arbeit und Lebensraum produziert. Die schlechte Verehrung der Dinge ist gebrochen, das Kreuz verinnerlicht, aber die Wirklichkeit, die dafür entstand, ist nun erst recht von den Dingen abhängig. Anstelle der Werke um der Seligkeit Willen trat das Werk um des Werkes, der Profit um des Profites, die Herrschaft um der Herrschaft Willen; die ganze Welt wurde zum bloßen Material ... Auch die protestantische Religion mag Opium fürs Volks gewesen sein, aber ein Opium, durch das es jenen vom Rationalismus verordneten Eingriff ertragen hat: Die industrielle Revolution an Leib und Seele. "[91]

Reformation bedeutet für Horkheimer seelische Erneuerung, Kampf gegen das Böse im Allgemeinen, innere Befreiung und nicht so sehr äußere Umwälzung, Veränderung der Eigentumsverhältnisse oder gar Revolution. Nach außen ging sie mit der Macht, wie wohl sie sich theoretisch davon abhob. Sie propagierte von ihren Kanzeln nicht nur das Evangelium, sondern zugleich auch die bürgerlichen Tugenden wie Gehorsam gegen die Obrigkeit, Opferbereitschaft, Liebe zur Arbeit, Achtung vor dem Gesetz und so weiter. Für diesen Zwang, den sich anzutun die Massen gezwungen waren, mussten sie in gewisser Weise entschädigt werden. Dies geschah dadurch, dass ihnen fortwährend vor allem durch die Predigt vorgehalten und eingeschärft wurde, wie furchtbar es denen ergeht, die nicht bereit sind, den geforderten Verzicht zu leisten. Anpassung, sogar durch Androhung und Ausübung von Gewalt – heute in sublimer Form ein Grundgesetz unserer Gesellschaft – war dem Protestantismus schon früh vertraut. Gottesdienste wurden – man hatte die heilsame Wirkung solcher Massenveranstaltungen schnell erkannt, gewissermaßen verordnet. In den sächsischen Generalartikeln von 1557 heißt es zum Beispiel: *„So sollen auch diejenigen, so an Fest- und an Sonntagen Vor- und Nachmittag (sonderlich aber auf den Dörfern) die Predigt versäumen und sich zuvor bei den Pfarrherren und Richtern ihres Ortes ihrer vorhabenden notwen-*

digen Geschäfte halber nicht entschuldigen, mit ziemlicher Geldbuße, oder wenn sie kein Vermögen haben, mit dem Halseisen an der Kirche oder anderem Gefängnis bestraft werden. "

Auch die mit der Reformation verbundenen Prinzipien der Geist- und Lustfeindlichkeit dienten dazu, die weltliche Befriedigung der tatsächlichen Bedürfnisse durch eine entsprechende, auf Veränderung ausgerichtete Politik zu verhindern. Kurz: Die Reformation hat den modernen, angepassten, kalten, zweckrational denkenden, gleichgültigen, fantasielosen Typus Mensch präformiert und ihn so weit manipuliert, dass er sich vorzumachen imstande ist, selbst in der Gefängniszelle noch ein freier Mann zu sein.

Diese negative Bewertung der Reformation bildet jedoch nur die eine Seite in den Überlegungen Horkheimers. Die Reformation hat auch – zumindest auf der Ebene der Theologie – ein mehr an Freiheit und Selbständigkeit für den Einzelnen gebracht. Die in der Reformation entdeckte Weltlichkeit der Welt war die Voraussetzung für die Stärkung der menschlichen Macht über die Natur, war die Bedingung der Möglichkeit von wirtschaftlichem und auch gesellschaftlichem Fortschritt. Ohne Verinnerlichung und Spiritualisierung, ohne Sublimation ist Fortschritt undenkbar. Die geforderte Verinnerlichung brachte für das Individuum eine neue Dimension: *„Die Idee der Selbsterhaltung wird in ein metaphysisches Prinzip überführt, daß das ewige Leben der Seele garantiert; gerade durch die Abwertung seines empirischen Ichs erlangt das Individuum eine neue Tiefe und Komplexität. "*[92] Und: *„Dennoch erhöhte gerade die Verinnerlichung die Individualität. Indem es sich verneint, indem es das Opfer Christi nachahmt, erlangt das Individuum gleichzeitig eine neue Dimension und ein neues Ideal, an dem es sein Leben auf Erden ausrichtet. "*[93] Und eine letzte positive Äußerung: *„Gerade durch die Verneinung des Willens zur Selbsterhaltung auf Erden zugunsten der Erhaltung der ewigen Seele bestand das Christentum auf dem unendlichen Wert eines jeden Menschen, eine Idee, die sogar nichtchristliche oder antichristliche Systeme der abendländischen Welt erfüllte. "*[94]

Das Prinzip der Verinnerlichung entfaltet sich historisch als ein dialektisches: Einmal bedeutet es, als Aufgabe der Selbsterhaltung, Anpassung an die schlechte Wirklichkeit durch Unterdrückung der vitalen Instinkte; zum anderen aber liegt im Verzicht auf Selbsterhaltung zugleich auch der Verzicht auf die Unterdrückung des Anderen. Wo das Selbst des Menschen sich nicht behauptet oder durchsetzt, kann das Andere, als der andere Mensch oder die Natur sich voll entfalten. Gleiches gilt im Blick auf die Abhängigkeit des Christen von Gott, seinen Gehorsam nur ihm gegenüber, sein Gewissen – was ihre geschichtliche Realisation anbelangt, erscheinen diese Momente ebenfalls nicht nur negativ. Immer hat sich Widerstand gegen empirische wie gedankliche Unfreiheit, gegen geistige und physische Unterdrückung und Ausbeutung auch auf Gott und das Gewissen berufen und ganz ernst gemacht mit Luthers Satz: *„Ein Christenmensch ist ein freier Herr über alle Dinge und niemand Untertan. "*

Freiheit vollzieht sich nach Horkheimer durch theoretische wie praktische Denunziation bestehender Unfreiheit: Sie meint sowohl die Freiheit des Gedankens und des Willens als auch die empirische Freiheit (Handlungsfreiheit) und geht damit über die Idee der religiösen Freiheit hinaus. Einig ist sie mit religiöser Freiheit aber an dem Punkt, wo sie den Menschen an seine Bedingtheit, Abhängigkeit und Begrenztheit erinnert, wo sie den Menschen davor bewahrt, die Idee der Freiheit zum Fetisch zu machen. Im Hinweis der Religion darauf, dass der Mensch Geschöpf Gottes ist, dass er daher niemals sein kann wie Gott, im Hinweis darauf, dass er sterblich ist, liegt ihr Positives.

Ebenso steht es mit dem Begriff der Gleichheit: *„Auch das erneuerte Christentum* (durch die Reformation, d. Verf.) *ist keine blanke Anbetung von Macht und Erfolg, wenn auch einige seiner Tendenzen diese Gesinnung gefördert haben; es enthält vielmehr im Gottesbegriff die Idee der Indifferenz des Menschen gegen die sozialen Unterschiede und weist über die Verhältnisse der Klassengesellschaft hinaus. "*[95] Vor Gott sind alle Menschen gleich, jedoch nicht in negativer Weise, nicht gleich vor einer transzendenten Macht, die alle Unterschiede einebnet. Vielmehr bleibt in der Auffassung von der Unsterblichkeit der Einzelseele, des Begriffs vom Menschen als „imago dei" und der Lehre vom Tod Jesu als Sühnopfer für die gesamte Menschheit das Besondere des je Einzelnen erhalten. Das Gleiche gilt auch für die christliche Gemeinde. Ecclesia meint nicht ein Kollektiv, in dem der Einzelne zugunsten einer abstrakten Allgemeinheit geopfert wird, sondern auch hier geht es vorab um den Einzelnen in seiner individuellen Besonderheit.

Die bisherigen Ausführungen sind nun nicht in der Weise aufzufassen, als ginge es Horkheimer um eine irrationale Abstützung für wertvoll erachteter alteuropäischer Ideen durch simplen Rekurs auf Theologie. Es wurde bereits darauf hingewiesen, dass – wenn überhaupt – die einzige Möglichkeit, theologisches Gedankengut heute aufzunehmen und zu bewahren, darin besteht, sich der religiösen Ideen antidogmatisch, also in negativer Weise zu erinnern. Das geschieht bei Horkheimer vor allem im Blick auf die Zukunft des Individuums. Ausgangspunkt dabei ist, dass der gegenwärtig zu konstatierende Prozess der Liquidation des Einzelnen parallel verläuft zu der immer stärker sich ausbreitenden Bedeutungslosigkeit von Religion und Theologie und dem Verfallsprozess der Familie. Von daher lassen sich Horkheimers Überlegungen zu Sachverhalten und Institutionen verstehen, die dem Einzelnen vielleicht noch einen gewissen Schutz gegen die allgemeine Barbarei, gegen Manipulation und Unterdrückung zu bieten vermögen. Zentral werden für ihn die durch Familie und Religion in wechselseitiger Durchdringung vermittelten Kategorien des Gewissens und der Innerlichkeit. Die Frage lautet nicht mehr: Wie ist das Individuum, das Subjekt, der Einzelne positiv zu begründen, unter welchen Voraussetzungen gesellschaftlicher Art ist diese Idee am besten zu realisieren – sondern gegenwärtig kann es einzig und allein nur darum gehen, die letzten Reste noch vorhandener Individualität vor ihrer völligen Ausrottung zu bewahren. Es hat wenig Sinn, von praktischer Veränderung der Verhältnisse zu reden, wenn der Menschheit mit der Idee des Subjekts auch der Gedanke an eine bessere Gesellschaft allmählich abhanden kommt. Philosophie bewahrt die notwendigen Bedingungen zur Rettung des Individuums indem sie deren Verlust ausspricht: *„Mit der fortschreitenden Auflösung der Familie, der Verwandlung des Privatlebens in Freizeit und der Freizeit in geistlose Verrichtungen, die bis ins Letzte kontrolliert sind, in die Freuden von Sportplatz und Kino, von Bestseller und Radio, verschwindet auch die Innerlichkeit. ... Mit der Fähigkeit zu solcher Flucht aber, die weder in Slums noch in modernen Siedlungen* *gedeiht, erlischt auch die Macht des Subjekts, eine andere Welt zu gestalten, als die, in welcher es lebt.* "[96]

Und an anderer Stelle heißt es: „*Während die Familie als Ideologie zugunsten eines repressiven Autoritarismus wirkt, zeigt sich deutlich, daß die Familie als Realität die verläßlichste und erfolgreichste Geginstanz gegen den Rückfall in die Barbarei ist, von dem jedes Individuum während seiner Entwicklung bedroht wird.* "[97] In der Familie kann Interesse an der Entfaltung und am Glück des anderen, bergende Liebe, Interesse an besseren menschlichen Zuständen und so weiter erfahren werden. Hier hat der Mensch zumindest noch die Chance, nicht nur funktional, sondern auch als Zweck ernst genommen zu werden. Dabei gilt für Horkheimer folgender Zusammenhang: „*Religion, Theologie und Familie sind zutiefst miteinander verbunden. Man denke nur daran, daß etwa in der Theologie das Absolute, Gott, sehr häufig Vater genannt wird.* "[98] Erst der Gedanke an ein Anderes vermittelt den Gedanken an den Anderen, seine Erhaltung und sein Glück. Oder umgekehrt: „*Wenn die liebende Mutter oder ein weibliches Wesen, das sie zu ersetzen vermag, dem Kind am Anfang wahrhaft beigestanden hat, kann Christentum in seinem Leben sich verwirklichen.* "[99]

Ohne die Freiheit des Einzelnen gibt es kein Christentum – und ohne Christentum laufen wir Gefahr, den Gedanken an die Freiheit, das Glück und den Wert des Einzelnen zu verlieren. Ohne die Sehnsucht nach dem Absoluten verliert der Mensch letzten Endes seine Autonomie. „*Mit dem Rückgang der Theologie wird die Welt der Nummern schlechthin gültig.* "[100]

VII.

„*Gegenstand der Anklage in einem Theodizeeprozeß ist das, was der menschlichen Vernunft in ihrer unmittelbaren Welterfahrung als zweckwidrig erscheint ... Angeklagt ist die göttliche Welteinrichtung und Regierung bzw. derjenige Gott, der angesichts des Zweckwidrigen in der Welt als weiser, gütiger, gerechter und heiliger Schöpfer und Regierer der Welt unglaubwürdig geworden ist. Ankläger, Verteidiger und Richter in*

einem Theodizeeprozeß ist dieselbe Instanz: die menschliche Vernunft.
Diese hat demnach ihre eigenen Anklagepunkte als unbegründet zurück-
zuweisen. Die Vernunft soll in einem Theodizeeprozeß zeigen, daß im
Blick auf das wie auch immer im einzelnen interpretierte, zweckvoll
geordnete, harmonische und vernünftige Ganze, das, was der mensch-
lichen Vernunft zunächst in der unmittelbaren Welterfahrung als zweckwi-
drig erschien, in Wirklichkeit die conditio sine qua non bzw. die
kleinstmögliche technische Unvollkommenheit der besten aller mögli-
chen Welten ist. Die Vernunft hat die Aufgabe, das Übel und das Böse in
der Welt in seiner notwendigen Funktion für das Ganze einsichtig zu
machen und als Argument der Anklage zu widerlegen. "[101]

Horkheimers Perspektive ist nicht die der Totalität. Der tatsächliche
Unterschied von Glück und Leiden kann nicht durch eine Kategorie, wie
etwa die der Unendlichkeit verwischt werden. Geschichte ist zwar grundsätzlich als Heilsprozess interpretierbar, faktisch bleibt sie jedoch das, was
sie ist: hauptsächlich Tod, Elend, Blut, Tränen, Unterdrückung, Krieg. Es
gibt keine Rechtfertigung von Geschichte, auch keine Instanz, etwa einen
gütigen Gott, der angesichts des Elends der Welt von der Vernunft freige-
sprochen werden könnte: *„Die After-Theologie scheint uns weit eher*
in der Theologie selbst zu bestehen, sofern diese die Idee der höchsten
Wesenheit, Liebe und Gerechtigkeit zum Herrn der Geschichte degra-
diert. Die unmögliche Leistung, diesen Widersinn dennoch glaubhaft zu
machen, wird von der Theodizee erwartet, ... "[102]

Am Tod erweist sich die Ohnmacht jeder Theodizee. Er ist durch nichts
zu rechtfertigen, nicht kompensierbar, durch nichts aufzuheben. Er ist das
absolut Letzte, das Ende. Der Mensch ist eingeschlossen in absolute
Endlichkeit. Was ihn durchherrscht, ist einzig und allein das Gefühl gren-
zenloser Verlassenheit. Es gibt keinen gnädigen Schöpfergott, keine ewige
Wahrheit, keine sinnstiftende Instanz, obwohl das Bedürfnis nach einer
solchen absoluten Ordnung, die Hoffnung auf einen Ausgleich für all das
irdische Leid und Elend in einem Jenseits durchaus verständlich ist: *„Das*
Leben der meisten Menschen ist so elend, der Entbehrungen und De-
mütigungen sind so zahlreiche, Anstrengungen und Erfolge stehen meist
in einem so krassen Mißverhältnis, daß die Hoffnung, diese irdische
Ordnung möchte nicht die einzig wirkliche sein, nur zu begreiflich ist. "[103]

Die Annahme einer solchen transzendenten Ordnung trübt jedoch den Blick für die das Elend und das Unglück tatsächlich bedingenden Verhältnisse, dafür nämlich, dass die Ursachen des gesellschaftlichen Leidens vor allem in der Ökonomie, das heißt, in den Eigentumsverhältnissen zu suchen sind. Nicht eine transzendente Macht gilt es angesichts des Leidens zu rechtfertigen, sondern es kommt vielmehr darauf an, gerade in der Annahme einer solchen Instanz eine Projektion zu sehen, die die Menschen verhindert, die wirklichen Ursachen des Elends durch geschichtliche Anstrengungen zu beseitigen. Nicht einmal das bei dem Versuch, gesellschaftlich bedingtes Leid abzuschaffen neu verursachte Leid ist als notwendiges oder sinnvolles zu rechtfertigen: *„Daß die Geschichte eine bessere Gesellschaft aus einer weniger guten verwirklicht hat, daß sie eine noch bes-sere Gesellschaft in ihrem Verlauf verwirklichen kann, ist eine Tatsache; aber eine andere Tatsache ist es, daß der Weg der Geschichte über das Leiden und Elend der Individuen führt. Zwischen diesen beiden Tatsachen gibt es eine Reihe von erklärenden Zusammenhängen, aber keinen rechtfertigenden Sinn.“*[104]

Von daher sind alle Unternehmungen verständlich, die versuchen, absolute Gerechtigkeit durch einen einmaligen Akt unmittelbar zu verwirklichen. *„ Wer vor dem Leiden und dem Tod, so weit sie durch menschliche Einrichtungen bedingt sind, Geduld fordert, muß bedenken, daß die allgemeine Geduld, die gegenüber dem geschichtlichen Gange besteht, ein wesentlicher Grund für die Notwendigkeit zu warten ist.“*[105] Der Antrieb zur Veränderung der schlechten gesellschaftlichen Verhältnisse erwächst aus ihnen selbst, geht hervor aus der Erfahrung der Menschen von der Unwiederbringlichkeit des Glücks und resultiert aus dem Wissen um die Unaufhebbarkeit und Endgültigkeit des eigenen und fremden Todes: *„Die vernünftige Arbeit zur Bekämpfung des Todes, das produktive Verhalten, das sich aus dem horror vacui ergibt, ist die bewußte solidarische Arbeit zur Verbesserung der menschlichen Verhältnisse, zur Entwicklung alle Angriffe auf Not und Krankheit.“*[106]

Aber nicht nur die Leiden und das Elend der gegenwärtigen Menschheit, sondern auch das durch Historie zu erinnernde und zu vergegenwärtigende Elend vergangener Epochen gilt es aufzunehmen, so dass beide Momente zusammengenommen zur „Produktivkraft für eine bessere Gesellschaft" werden können. Allerdings bliebe selbst in einer vernünftigeren Gesellschaftsordnung, in der ein sinnvoller Ausgleich zwischen Einzel- und Gesamtinteresse den Stellenwert des Todes verändern würde, dieser ein nicht aufhebbares, ein nicht wegzudiskutierendes Phänomen.

Es liegt ein pessimistischer Zug, ein Moment von Trauer in dem Gedanken daran, dass Unrecht und Leiden vergangener Geschlechter, der menschliche Tod und das Leiden der Natur nicht wieder gutzumachen oder aufzuheben sind. Es bleibt ein metaphysischer Rest. Kein positiver, der sich damit tröstete, dass es nun einmal so sein muss und gewissermaßen zur Einrichtung dieser Welt gehört – sondern es bleibt ein Bedauern, ein Moment aktiver Trauer, das aus sich heraustritt und schöpferische Kräfte freisetzt, um wenigstens die irdischen Möglichkeiten des Menschen zu verwirklichen. Dieser Gedanke ist konstitutiv für das gesamte Werk Horkheimers. Jedoch findet sich in seinen späten Überlegungen eine entscheidende Akzentverlagerung. Der pessimistische Zug wird immer beherrschender, Resignation erscheint als unausweichliche Konsequenz: *„Je heller der Gedanke ist, desto mehr treibt er zur Abschaffung des Elends, und doch ist die Versicherung, das sei der letzte Sinn des Daseins, das Ende der Vorgeschichte, der Beginn der Vernunft, nichts als eine liebenswerte Illusion. ... Noch das Glück ist negativ.*"[107]

Angesichts des Grauens dieser Erde ist für Horkheimer das höchste Gut nur eine „rationalistische Täuschung". Schopenhauer scheint Recht zu behalten mit seiner Ansicht, dass in dem allenthalben sich artikulierenden „unvernünftigen Willen" das Wesen der Welt besteht. Das Vernünftige, das Gute, das Sinnvolle, die Wahrheit, all dies sind machtlose Ideen, existent nur noch in den Köpfen weniger Menschen. Dennoch schließt Horkheimer sich nicht völlig an Schopenhauer an: *„Wie sehr die bisherige Geschichte Schopenhauers Skepsis zu bestätigen scheint, wie grausam sich vor allem die Versuche zur Veränderung auswirkten, die Apologie der Repression gehört zur Welt, die Repression notwendig macht.*"[108] Er setzt sich gegen den Pessimismus zur Wehr: *„Die pessimistische Philosophie wurde zur Rationalisierung des beunruhigenden Zustands in der Wirklichkeit. ... Sie half dazu, das Ausbleiben der vom technischen Fortschritt erwarteten Erleichterungen aufs Wesen der Welt zu schieben, anstatt das heraufziehende Unheil aus einer Verfassung der Gesellschaft* *herzuleiten, in der die Technik dem Menschen über den Kopf gewachsen ist.*[109] Im Negativen aber gibt es einen Vorschein des Positiven: *„So wie in der dunklen Ansicht der Welt bei Schopenhauer wider Willen das Andere sich abzeichnet, weist das Verharren bei der schlechten Gesellschaft auf die bessere."*[110]

Das Zweckwidrige in der Welt ist nicht zu rechtfertigen, ganz gleich, ob der Weltgrund als guter oder böser vorausgesetzt wird, ob als gnädiger Gott oder vernunftloser Wille. Es gibt keinen umfassenden Sinnzusammenhang; nur so viel Sinn ist jeweils in der Welt, wie die Menschen in ihr zu verwirklichen im Stande sind. Auch die letzten Äußerungen Horkheimers lassen in keiner Weise den Schluss zu, es handele sich bei ihm irgendwie doch um Theodizee. Zwar wird Anklage erhoben: *„Angesichts des Leidens auf dieser Welt, angesichts des Unrechts ist es unmöglich, an das Dogma von der Existenz eines allmächtigen und allgütigen Gottes zu glauben"*[111], die Verteidigung findet jedoch nicht statt. Über Gott ist nichts auszusagen. Der Gedanke an Gott, an das Andere oder das Absolute hat lediglich die Funktion, den Menschen ständig deutlich zu machen, dass die Welt, in der sie leben, eine relative ist. Auch das *„... Wissen um die Verlassenheit des Menschen ist nur möglich durch den Gedanken an Gott."*[112] Gott ist Chiffre für die Hoffnung und Sehnsucht der Menschen, *„... daß es bei diesem Unrecht, durch das die Welt gekennzeichnet ist, nicht bleibe, daß das Unrecht nicht das letzte Wort sein möge."*[113] Gott ist ein theologisches Postulat und keine Instanz, auf die man sich berufen, die man anklagen, die man verteidigen kann. In ihm liegt lediglich der Gedanke an eine bessere Welt. Konkrete Veränderung geschieht jedoch durch die geschichtliche Anstrengung solidarischer Menschen: *„Ich meine die Solidarität, die sich daraus ergibt, daß die Menschen leiden müssen, daß sie sterben, daß sie endliche Wesen sind. Insofern sind wir alle eins, haben wir alle ein originär menschliches Interesse daran, eine Welt zu schaffen, in der das Leben aller Menschen schöner, länger, besser, leidensfreier und, wie ich noch hinzufügen würde – woran ich aber nicht wirklich glauben kann –, wir sollten das Interesse haben, eine Welt zu schaffen, die für die Erhaltung des Geistes günstiger ist."*[114]

Möglichkeit und Notwendigkeit des Handelns liegen allein bei den Menschen. Sie haben einen freien Willen, das heißt, sie sind keine Marionetten eines Willkürgottes. Die Menschheit hat eine irdische Zukunft. Auch hier können theologische Kategorien vor allzu blödem Optimismus bewahren. Absolute Freiheit und Gerechtigkeit wird es auf Erden niemals geben: *„..., denn selbst, wenn eine bessere Gesellschaft die gegenwärtige soziale Unordnung ablösen würde, wird das vergangene Elend nicht gutgemacht und die Not in der Umgebung der Natur nicht aufgehoben."* [115] Das Entsetzliche, das sich ereignet hat und immer wieder ereignet, wird auch in der Ewigkeit nicht kompensiert. Absolute Erfüllung gibt es weder im Diesseits noch in einem wie auch immer vorgestellten Jenseits. Der theologische Begriff, der diesen Sachverhalt für Horkheimer adäquat umreißt, ist der der Erbsünde: *„Die großartigste Lehre in beiden Religionen, der jüdischen wie der christlichen, ist – ich berufe mich hier auf ein Wort Schopenhauers – die Lehre von der Erbsünde. Sie hat die bisherige Geschichte bestimmt und bestimmt heute für den Denkenden die Welt. Möglich ist sie nur unter der Voraussetzung, daß Gott den Menschen mit einem freien Willen geschaffen hat. Das erste, was der Mensch tat, war, im Paradies diese große Sünde zu begehen, aufgrund deren die ganze Geschichte der Menschheit eigentlich theologisch zu erklären ist."* [116] Und an anderer Stelle heißt es: *„Auch im Reich der Freiheit würde auf der Menschheit die Schuld lasten, die in der Theologie die ,Erbsünde' genannt wird."* [117] Der Mensch ist zwar frei, er ist der „erste Freigelassene der Natur", aber eben nicht nur frei, das Gute zu tun, sondern auch das Schlechte, das Böse. Die Erbsündenlehre erinnert den Menschen daran, dass Krankheit, Tod, Mühsal der Arbeit und die Schmerzen der Geburt durch sein eigenes Verschulden in die Welt gekommen sind. Nicht Gott ist angeklagt, sondern eigentlich der Mensch. Nicht Gott bedarf der Rechtfertigung, sondern der Mensch. Dies gilt für Vergangenheit und Gegenwart in gleicher Weise. Eine totale Erlösung und endgültige Überwindung des Bösen kann für die Zukunft nur erhofft und ersehnt, nicht aber mit Sicherheit durch menschliche Anstrengung herbeigeführt werden. Das Leiden in Geschichte und Natur ist nicht zu erklären oder zu rechtfertigen. Vielmehr kommt es für den Menschen darauf an, zu versuchen, es in der Wirklichkeit so weit wie möglich zu verringern.

VIII.

Der Widerspruch, die Negation, eine Dialektik, die Versöhnung sich versagt und nicht zuletzt die Betonung des Handelns sind konstitutive Momente der Kritischen Theorie. Sie lassen sich herleiten und begreifen aus der Tradition des emanzipierten europäischen Judentums. Für diese Tradition ist Gott Geist, das andere Prinzip gegenüber der Natur. Gott ist der Fordernde und Strafende, der Schöpfer und Beherrscher der Natur. Er ist das Absolute selbst, der Ferne und Abstrakte; eine Schrecken verbreitende inkommensurable Größe. Er ist nicht darstellbar, er kann nur formuliert werden „... *durch das, was eigentlich nicht Gott ist.* "[118]

Es gilt das absolute Bilderverbot, das, was dem Terminus „bestimmte Negation" eigentlich zugrunde liegt: „*In der jüdischen Religion, in der die Idee des Patriarchats zur Vernichtung des Mythos sich steigert, bleibt das Band zwischen Name und Sein anerkannt durch das Verbot, den Gottesnamen auszusprechen. Die entzauberte Welt des Judentums versöhnt die Zauberei durch deren Negation in der Idee Gottes. Die jüdische Religion duldet kein Wort, das der Verzweiflung alles Sterblichen Trost gewährte. Hoffnung knüpft sie einzig ans Verbot, das Falsche als Gott anzurufen, das Endliche als das Unendliche, die Lüge als Wahrheit. Das Unterpfand der Rettung liegt in der Abwendung von allem Glauben, der sich ihr unterschiebt, die Erkenntnis in der Denunziation des Wahns.* "[119]

Das Negative wird aber nicht nur am Bilderverbot deutlich. Am Anfang der Geschichte der Menschheit stand das Verbot Gottes, vom Baume der Erkenntnis zu essen und die Negation dieses Verbotes durch den Menschen. Auch der Widerspruch, der jedes Denken, das auf Wahrheit zielt, kategorial bestimmt, gehört in diesen Zusammenhang. Er zeigt sich dort, wo man in der jüdischen Geschichte trotz Verfolgung – weder aus Hoffnung auf Belohnung durch individuelle Seligkeit, noch aus Furcht vor Bestrafung – an der Lehre festhält und wo man dem Gesetz gegenüber selbst dann noch die Treue bewahrt, wo ein Staat zum Beispiel, der sie hätte erzwingen können, schon nicht mehr existiert.

Das sind die Pfeiler einer Theorie, die so in dieser ungesättigten, unerlösten, nur negativen Form natürlich dem Verständnis des Christentums total zuwiderlaufen und dieses folglich der scharfen Kritik aussetzen: *„Der Schrecken des Absoluten wird gemildert, indem die Kreatur in der Gottheit sich selbst wiederfindet. ... Um soviel wie das Absolute dem Endlichen genähert wird, wird das Endliche verabsolutiert. Christus, der fleischgewordene Geist, ist der vergottete Magier. Die menschliche Selbstreflexion im Absoluten, die Vermenschlichung Gottes durch Christus ist das proton pseudos. ... Der Fortschritt über das Judentum ist mit der Behauptung erkauft, der Mensch Jesu sei Gott gewesen. Gerade das reflektive Moment des Christentums, die Vergeistigung der Magie ist Schuld am Unheil. Es wird eben das als geistiges Wesen ausgegeben, was vor dem Geist als natürliches Wesen sich erweist. Genau in der Entfaltung des Widerspruchs gegen solche Prätention von Endlichem besteht der Geist. So muß das schlechte Gewissen den Propheten als Symbol empfehlen, die magische Praxis als Wandlung."*[120]

Der gekreuzigte Gott, als Bild der Versöhnung von Zivilisation und Natur, der Versöhnung von Gott und Mensch, als das von Gott aufgerichtete Zeichen seiner Nähe, seiner Gnade, ist für Horkheimer nicht nachzuvollziehen. Die Erlösung hat noch nicht stattgefunden. Sie steht noch aus. Es gibt nur die Hoffnung auf „die Gerechten der Völker in der Zukunft". Für die Theorie bedeutet das: Ihre Dialektik bleibt zweipolig, die Synthese als Versöhnung der Widersprüche kann nicht vollzogen werden, solange die Wirklichkeit tatsächlich in ihren Widersprüchen und Gegensätzen, in ihrem Leid und Elend verharrt. Jedes Identitätsdenken ist angesichts der wahren Verhältnisse in Natur und Gesellschaft Lüge und Heuchelei. Elend und Leid sind nicht zu verklären, anzubeten, zu verherrlichen, zu preisen, sondern in der Erinnerung zu bewahren, als das, was sie sind. Es gilt, sensibel zu werden gegenüber Unrecht, Leid und Tod überhaupt und – der eigenen Endlichkeit stets bewusst – zu lernen, ihm beizustehen.

Hieran an schließt sich, nach Negation, Widerspruch und Dialektik ein viertes, für Horkheimers Theorie wichtiges Moment, nämlich das der Praxis. Praxis ist für das Judentum das unbedingte Halten des göttlichen Gesetzes. Die Wahrheit ist bei Gott und nicht dem Menschen verfügbar. Der Kant'sche Versuch der Säkularisierung des göttlichen Gesetzes, sein Versuch, es in die Autonomie des Menschen zu verlegen, gilt Horkheimer als gescheitert. Wahrheit wird dadurch zum Götzen. Praxis, das heißt, das richtige moralische Verhalten des Einzelnen, lässt sich nicht durch Menschen begründen. Praxis ist die Erfüllung von Geboten, über deren Herkunft, Gültigkeit und Verbindlichkeit letztendlich nicht zu streiten ist. Nur so ist der Anspruch der objektiven Vernunft zu bewahren, ein Anspruch, der vor allem immer wieder darauf abzielt, die Unvereinbarkeit Gottes mit der Macht der Welt herauszustellen, ein Gedanke, der heute einer zur rein subjektiven pervertierten Vernunft nicht mehr beifällt. Nicht Spekulation also, sondern Tätigkeit ist das, worauf es nach Horkheimer dem Judentum ankommt. Reine Tätigkeit als Form vollendet negativer Theologie ohne Dogma und ohne Institution: *„Den Juden schien gelungen, worum das Christentum vergebens sich mühte: Die Entmächtigung der Magie vermöge ihrer eigenen Kraft, die als Gottesdienst sich wider sich selbst kehrt. Sie haben die Angleichung an die Natur nicht sowohl ausgerottet, als sie aufgehoben in den reinen Pflichten des Rituals. Damit haben sie ihr das versöhnende Gedächtnis bewahrt, ohne durchs Symbol in Mythologie zurückzufallen.“*[121]

Schluss

Es bleiben eine ganze Reihe von Fragen und Problemen offen, sowohl im Zusammenhang der allgemeinen Theorie als auch bezüglich ihrer speziellen Aussagen zum Komplex Religion. Was das Allgemeine betrifft, so sind diese Dinge oft und ausführlich erörtert worden. Als Hauptschwächen der Theorie wurden dabei vor allem immer wieder genannt: Praxisferne beziehungsweise Praxisverlust und die Isolierung von den Einzelwissenschaften, von ihren Methoden und Erkenntnissen. Für eine Analyse sämtlicher Probleme der bürgerlich-kapitalistischen Gesellschaft reicht das von der Theorie angenommene Tauschprinzip allein nicht aus; ebenso wenig ergibt sich aus dem Verfahren der „bestimmten Negation" automatisch schon die richtige Praxis.

Sicherlich gibt es kein Zurück hinter die Erkenntnis der „Dialektik der Aufklärung". Der unbedingte Fortschrittsglaube ist radikal infrage gestellt, wir leben immer noch nicht in einem „aufgeklärten Zeitalter". Doch ist zu fragen, welchen Wert eine Theorie besitzt, die gleichzeitig mit dieser

Erkenntnis auch die Einsicht sich zurechnet, dass das Ganze das Negative sei, das Unerlöste, Nichtidentische und was eine Theorie praktisch zu leisten vermag, welche Leid und Elend in Permanenz als das der Immanenz einzig Transzendente behauptet. Praktische Veränderungen im Detail, konkrete Handlungsmodelle und Reformen sind unter diesen Voraussetzungen der Theorie fremde Begriffe. Aufklärung, Emanzipation und Humanisierung geraten so in gedankliche wie praktische Nähe zum theologischen Begriff der Erlösung am Ende der Zeiten. Veränderung ist nur noch als totale zu begreifen, ihr Subjekt wäre das Absolute, das Andere, Gott. Den Menschen bleibt einzig der bloße Appell, die Empörung und die Entrüstung über das Leid und Elend in Gesellschaft und Natur – und es bleibt ihnen die Sehnsucht und die Hoffnung auf ein Anderes. Jedoch ist auch diese Hoffnung noch abstrakt, da es nichts gibt, was Grund der Hoffnung sein könnte. Oelmüllers Kritik am Prinzip des Bilderverbots bei Adorno gilt sinngemäß auch für Horkheimer: *„Eine Theorie, die es, anders als die philosophischen Traditionen, auf die sie sich beruft, bewenden lassen muß bei der äußersten Treue zum Bilderverbot, weit über das hinaus, was es einmal an Ort und Stelle meinte, kann für die Praxis nicht fruchtbar gemacht werden. Sie kann sich bei ihren Verfahren auch nicht auf die große Tradition der negativen Theologie und der negativen Philosophie berufen, weil diese auch in ihrem Verfahren der Negation noch von religiösen, philosophischen, sittlichen und gesellschaftlichen Voraussetzungen ausgehen konnten, die heute zumindest so nicht mehr gegeben sind. Eine Philosophie, die heute Unaussprechliches zum Ausdruck zu bringen versucht, wird zu einem ‚Gestus der Hoffnung', der, wenn er weder von einer bestimmten Überlieferung noch von einem Prinzip Hoffnung aus einen Grund der Hoffnung angibt, hoffnungslos ist. "*[122]

In diesem Zusammenhang gehören auch die erwähnten Phänomene von Kult und Ritual. Eben hier zeigt sich überdeutlich, dass vernünftige Veränderung von Praxis aufgegeben ist. Einzelnen Subjekten bleibt gelegentlich die Möglichkeit des Protestes durch Verweigerung, Nichtanpassung, Ungehorsam oder auch Tätigkeiten, die sich nicht unmittelbar verwerten lassen – eine allgemeine Theorie kontrollierter Praxisveränderung gibt es jedoch bei Horkheimer nicht.

Wenn unter diesen Umständen bestimmte Richtungen moderner Theologie bei ihrer Suche nach der verlorenen Praxis sich gerade Kritischer Theorie zu bedienen versuchen, so ist das mehr als paradox. Die theologische Engführung der Kritischen Theorie und die soziologische Engführung der Theologie sind Ausdruck ein und derselben Resignation. Theologie oder Soziologie, lediglich als Haltung verstanden, reichen angesichts der schreienden Probleme der modernen Wirklichkeit nicht aus.

Was aber bleibt für die Theologie? Jede Theologie, die heute ernst genommen werden will, hat in Form von Theologie- und Institutionenkritik festzuhalten an der abstrakten Differenz zwischen Gott und Welt. Alle Versuche in der Vergangenheit und auch in der Gegenwart, diese Differenz konkret zu verwischen – sei es durch Verweltlichung Gottes oder Vergöttlichung der Welt –, sind der Kritik auszusetzen. Weiterhin darf Theologie in ihren Aussagen dem Stand moderner wissenschaftlicher Erkenntnisse nicht widersprechen, sie darf aber auch nicht darin aufgehen, sich nicht einfach anpassen an das, was sich heute als Wissenschaft ausgibt. Theologie hat die tatsächlich bestehenden Differenzen, Diskrepanzen und Widersprüche in der Wirklichkeit nicht durch einen Jargon der Erlösung zu kitten, sondern sie ernst zu nehmen. Diesseits und Jenseits, Gott und Mensch, Christentum und Christenheit sind nicht identisch und werden es auch niemals sein. Leid, Elend, Unterdrückung von Freiheit in Natur und Gesellschaft existieren fort; das „schon" der Erlösung durch Jesus Christus darf nicht dazu benutzt werden, diese Tatsache zu kaschieren. Das Maß der Kritik an Theologie und Institutionen ergibt sich daraus, wie und in welchem Maße diese in Vergangenheit und Gegenwart zur Perpetuierung und Zementierung von Leid, Elend und Unterdrückung beigetragen haben und noch beitragen. Theologie kann nur noch antidogmatisch sein. Dennoch ist sie nicht voraussetzungslos. Sie ist progressiv, indem sie das Negative in der Welt und bei sich selbst anprangert und sie ist konservativ, weil sie an ihren Traditionen festhält, ja festhalten muss, um nicht bodenlos zu werden. So verstanden wäre Theologie Bewusstsein, Einsicht, Haltung, Sensibilität, Motivation. Sie wäre Antriebsstruktur zu einer Veränderung von Wirklichkeit. Jedoch wüsste sie um die Endlichkeit und Bedingtheit solcher Unternehmung, um die Dialektik des Fortschritts und vor allem um die Problematik, die in jedem Versuch steckt, die richtige Praxis direkt und unmittelbar aus Theologie herzuleiten.

Der Turmbau zu Babel brachte die Sprachverwirrung. Dass die Türme, die heute gebaut werden, nicht in den Himmel wachsen und darüber Sprache, die imstande wäre, anderes auszudrücken als bloß das, was ist, gänzlich abstirbt – das zu verhindern wäre, abschließend bemerkt, nicht zuletzt auch eine Aufgabe, die zu bewältigen Theologie heute herausgefordert ist.

Anmerkungen

1. M. Horkheimer, Lessing-Preisrede, Hamburg 1971, 31
2. Th. W. Adorno, Negative Dialektik, Frankfurt am Main 1966, 363
3. M. Horkheimer, Kritische Theorie, Bd. I, Frankfurt am Main 1968, IX
4. Siehe dazu: Johannes Heinrich von Heiseler et al. (Hg.): Die „Frankfurter Schule" im Lichte des Marxismus, Frankfurt am Main 1970
5. G. Rohrmoser, Das Elend der Kritischen Theorie, Freiburg 1970, 104
6. Siehe auch: Der Spiegel, 11.8.1969; 5.1.1970. Die Zeit, 8.5.1970. H. Gumnior, NDR Fernsehfilm zu Max Horkheimer, 1970. H. Gumnior, Die Sehnsucht nach dem ganz Anderen, Hamburg 1970
7. Siehe dazu: G. Rein (Hg.): Warum ich mich geändert habe, Stuttgart 1971
8. Diese Bereiche gehörten immer schon zum Gegenstandsbereich der Kritischen Theorie, erhielten eine derart starke Akzentuierung aber erst in Horkheimers Spätphilosophie.
9. Zeitschrift für Sozialforschung I (1932), Doppelheft ½, III.
10. Frankfurter Universitätsreden 37 (1931), 3
11. M. Horkheimer, Kritische Theorie Bd. I, 288
12. Ebd.
13. Ebd., 353
14. ebd., 374
15. ebd., 275
16. ebd.
17. ebd., 201
18. ebd., 2
19. ebd., 6
20. ebd., 375f.

21. M. Horkheimer, Lessing-Preisrede, 32
22. M. Horkheimer, Zur Kritik der instrumentellen Vernunft, Frankfurt am Main 1967, 217
23. M. Horkheimer, Verwaltete Welt? Zürich 1970, 36
24. M. Horkheimer, Die Sehnsucht nach dem ganz Anderen, Hamburg 1970, 61
25. Siehe: Der Spiegel Nr. 33, 1969
26. M. Horkheimer, Zur Produktivität des Zweifels. In: Dialog mit dem Zweifel, herausgegeben von G. Rein, Stuttgart 1969
27. M. Horkheimer, Die Funktion der Theologie in der Gesellschaft. In: Die Funktion der Theologie in Kirche und Gesellschaft, herausgegeben von P. Neubert, München 1969, 227
28. M. Horkheimer, Hegel und das Problem der Metaphysik, in: Bücher des Wissens (Fischer Bücherei) Nr. 6014, 90
29. ebd., 94
30. M. Horkheimer, Kritische Theorie, Bd. I, 123
31. ebd., 40
32. ebd., 187
33. M. Horkheimer, Kritische Theorie, Bd. II, 86
34. ebd., 135
35. ebd., 136
36. M. Horkheimer, Die Funktion der Theologie in der Gesellschaft, in: Die Funktion der Theologie in Kirche und Gesellschaft, herausgegeben von P. Neubert, München 1969, 226
37. M. Horkheimer, Zur Kritik der instrumentellen Vernunft, Frankfurt am Main 1967, 61
38. M. Horkheimer, Vernunft und Selbsterhaltung, Frankfurt am Main 1970, 79
39. M. Horkheimer, Zur Kritik der instrumentellen Vernunft, 163
40. ebd., 174
41. ebd., 170
42. M. Horkheimer, Kritische Theorie, Bd. I, 53
43. ebd., 248
44. ebd., 49
45. ebd., 271
46. M. Horkheimer, Vernunft und Selbsterhaltung, 89
47. M. Horkheimer und Th.-W. Adorno: Dialektik der Aufklärung, Frankfurt 1969, 26
48. So fehlt zum Beispiel der Begriff Freiheit in kaum einem Tagesbefehl der letzten großen und gegenwärtigen „kleinen Kriege". Weder auf der Seite des Aggressors noch auf der des sich Verteidigenden.

49. Beispiele für eine solche Formalisierung: „*Auch die Schriften des mittelalterlichen Christentums seit den früheren patristischen Tagen, besonders die des Thomas von Aquin, zeigen einen starken Hang, die Grundelemente des christlichen Glaubens zu formalisieren. Diese Tendenz läßt sich bis auf ein so erhabenes Beispiel wie die Identifikation von Christus mit dem Logos am Anfang des Vierten Evangeliums zurückverfolgen.*" (M. Horkheimer, Zur Kritik der instrumentellen Vernunft, 70) „*Anstelle Gottes tritt jeweils ein unpersönlicher Begriff. Schon die Scholastik hatte das menschliche Leben und die Individualität des ermordeten Jesus relativiert, indem sie ihn gleichsam in Gottes Einheit aufgehen ließ. Das ipsum esse, das wahre Selbst der Gottheit, ihre Menschlichkeit, war durch die restlose Durchdringung von Wesen und Dasein, der Einheit von Essens und Existenz, in der jeder Unterschied verschwand, kaum noch vom strahlenden Sein des Neuplatonismus zu unterscheiden.*" (M. Horkheimer, Zur Kritik der instrumentellen Vernunft, 223) „*Liebe jedoch als Abstraktum, wie es in den neuen Schriften auftritt* (Robinson et al., der Verf.), *bleibt so dunkel wie der verborgene Gott, an dessen Stelle sie treten soll.*" (ebd., 227)
50. M. Horkheimer, Zur Kritik der instrumentellen Vernunft, 28
51. ebd., 23
52. ebd., 28
53. ebd., 230f.
54. ebd., 237
55. ebd., 247
56. Nur so ist dem Einspruch der Wissenschaft (der modernen Erkenntnis überhaupt) Rechnung zu tragen. Die religiösen Ideen sind als absolute nicht positiv begründbar.
57. M. Horkheimer, Zur Kritik der instrumentellen Vernunft, 67
58. ebd., 68
59. ebd.
60. ebd., 350
61. ebd.
62. ebd., 351
63. M. Horkheimer, Zur Produktivität des Zweifels, in: Dialog mit dem Zweifel, herausgegeben von G. Rein, 152.
64. M. Horkheimer, Kritische Theorie Bd. I, 103
65. ebd., 94
66. ebd., 204
67. ebd., 82

68. M. Horkheimer, Zur Kritik der instrumentellen Vernunft, 265
69. M. Horkheimer, Die Sehnsucht nach dem ganz Anderen, 62
70. M. Horkheimer, Dialog mit dem Zweifel, 9
71. M. Horkheimer, Letzte Spur von Theologie – Paul Tillich's Vermächtnis, in: Werk und Wirken Paul Tillichs, Stuttgart 1967, 130
72. M. Horkheimer, Lessing-Preisrede, 25
73. Die Trauer darüber, dass sie nicht mehr positiv auszusagen sind.
74. M. Horkheimer, Kritische Theorie, Bd. II, 326
75. M. Horkheimer, Zum Begriff des Menschen heute, in: Der wieder entdeckte Mensch, München 1958, 89
76. M. Horkheimer, Zur Kritik der instrumentellen Vernunft, 227f. Noch konkreter an anderer Stelle: Gegenwärtig verliert Demokratie besonders aufgrund der für den Einzelnen immer undurchschaubarer werdenden außenpolitischen Verhältnisse an Bedeutung. Hier könnte das Ethos der Mitmenschlichkeit eine Grundlage bilden zur Verwirklichung von Demokratie in überschaubaren Gremien. Demokratie als Lebensform, zum Beispiel in der Gemeinde. Siehe dazu auch: M. Horkheimer, Die Funktion der Theologie in der Gesellschaft, 228
77. M. Horkheimer, Zur Kritik der instrumentellen Vernunft, 236
78. M. Horkheimer, Die Sehnsucht nach dem ganz Anderen, 72
79. M. Horkheimer, Zur Kritik der instrumentellen Vernunft, 232
80. M. Horkheimer, Montaigne und die Funktion der Skepsis, in: Bücher des Wissens, Nr. 6014, 123
81. M. Horkheimer, Die Anfänge der bürgerlichen Geschichtsphilosophie, in: Bücher des Wissens, 29
82. ebd., 30
83. M. Horkheimer, Kritische Theorie, Bd. I, 312
84. M. Horkheimer, Zur Kritik der instrumentellen Vernunft, 136
85. ebd., 115
86. ebd., 138
87. ebd., 325
88. M. Horkheimer, Vernunft und Selbsterhaltung, 95
89. M. Horkheimer, Zur Kritik der instrumentellen Vernunft, 152
90. M. Horkheimer, Vernunft und Selbsterhaltung, 91
91. ebd., 90
92. M. Horkheimer, Zur Kritik der instrumentellen Vernunft, 131
93. ebd., 132
94. ebd.
95. M. Horkheimer, Montaigne und die Funktion der Skepsis, 155
96. M. Horkheimer, Kritische Theorie, Bd. II, 318

97.   M. Horkheimer, Zur Kritik der instrumentellen Vernunft, 287
98.   M. Horkheimer, Die Funktion der Theologie in der Gesellschaft, 227
99.   M. Horkheimer, Zur Kritik der instrumentellen Vernunft, 347
100. ebd., 351
101. W. Oelmüller, Die unbefriedigte Aufklärung, Frankfurt am Main 1969, 191f.
102. M. Horkheimer, Kritische Theorie, Bd. I, 369
103. ebd., 44
104. M. Horkheimer, Bücher des Wissens, 68
105. ebd.
106. M. Horkheimer, Kritische Theorie, Bd. I, 188
107. M. Horkheimer, Zur Kritik der instrumentellen Vernunft, 259
108. M. Horkheimer und Th. W. Adorno, Soziologica II, Reden und Vorträge, Frankfurt am Main 1962, 115
109. ebd., 116
110. ebd., 119
111. M. Horkheimer, Die Sehnsucht nach dem ganz Anderen, 56
112. ebd., 57
113. ebd., 61
114. ebd., 56
115. ebd., 69
116. ebd., 64
117. M. Horkheimer, Verwaltete Welt?, 36
118. Der Spiegel, Nr. 33, 1969, 109
119. M. Horkheimer, Th. W. Adorno, Dialektik der Aufklärung, 29
120. ebd., 186
121. ebd., 195
122. W. Oelmüller, Kirche im Prozeß der Aufklärung, München 1970, 108f.

Herman Noordegraaf, Rainer Volz (Eds.)
European Churches Confronting Poverty
Social Action Against Social Exclusion
SWI Verlag Bochum 2004
300 Seiten, ISBN 3-925895-90-6   22,50 Euro

Jürgen Ebach
Ein weites Feld - ein zu weites Feld?
Theologische Reden 6
SWI Verlag Bochum 2004
228 Seiten, ISBN 3-925895-88-4   18,50 Euro

Wolfgang Belitz
Arbeit unser täglich Brot
Sozialethische Texte zu Arbeit und Wirtschaft
SWI Verlag Bochum 2003
340 Seiten, ISBN 3-925895-84-1   29,90 Euro

Jürgen P. Rinderspacher (Hg.)
Zeit für alles – Zeit für nichts?
Die Bürgergesellschaft und ihr Zeitverbrauch
SWI Verlag Bochum 2003
276 Seiten, ISBN 3-925895-83-3   22,00 Euro

Heiko Kastner
Mythos Marktwirtschaft
Die irrationale Herrschaft des Geldes
über Arbeit, Mensch und Natur
SWI Verlag Bochum 2002
520 Seiten, ISBN 3-925895-81-7   32,00 Euro

SWI VERLAG

Zu beziehen über den Buchhandel

SWI SOZIALWISSENSCHAFTLICHES INSTITUT
DER EVANGELISCHEN KIRCHE IN DEUTSCHLAND

lieferbare Veröffentlichungen

Hartmut Przybylski
Wir könnten auch anders ...
Sozialethische Notizen
SWI Verlag Bochum 2002
216 Seiten, ISBN 3-925895-80-9   16,00 Euro

Lutz Finkeldey
Jugend im Hexenkessel.
Zwischen Anpassung und Ausgrenzung
SWI Verlag Bochum 2002
168 Seiten, ISBN 3-925895-77-9   15,50 Euro

Jürgen Ebach
Vielfalt ohne Beliebigkeit
Theologische Reden 5
SWI Verlag Bochum 2002
272 Seiten, ISBN 3-925895-76-0   20,00 Euro

Günter Brakelmann
Für eine menschlichere Gesellschaft
Band II: Historische und sozialethische Vorträge
SWI Verlag Bochum 2001
348 Seiten, ISBN 3-925895-72-8   25,00 Euro

Günter Brakelmann
Für eine menschlichere Gesellschaft
Reden und Gegenreden
SWI Verlag Bochum 1996
292 Seiten, ISBN 3-925895-55-8   20,35 Euro

SWI VERLAG

Zu beziehen über den Buchhandel

Joachim Weber
Diakonie in Freiheit?
Eine Kritik diakonischen Selbstverständnisses
SWI Verlag Bochum 2001
160 Seiten, ISBN 3925895-70-1   20,00 Euro

Elisabeth Conradi, Sabine Plonz (Hg.)
Tätiges Leben
Pluralität und Arbeit im politischen Denken Hannah Arendts
SWI Verlag Bochum 2000
185 Seiten, ISBN 3-925895-69-8   14,21 Euro

Klaus Heienbrok, Harry W. Jablonowski (Hg.)
Blick zurück nach vorn!
Standpunkte, Analysen, Konzepte zur Zukunftsgestaltung
des Ruhrgebiets
SWI Verlag Bochum 2000
139 Seiten, ISBN 3-925895-66-3   12,78 Euro

Lutz Finkeldey (Hg.)
Tausch statt Kaufrausch
SWI Verlag Bochum 1999
281 Seiten, ISBN 3-925895-64-7   19,68 Euro

Martin Büscher (Hg.)
Markt als Schicksal?
Zur Kritik und Überwindung neoliberaler Wirtschafts-
und Gesellschaftspolitik
SWI Verlag Bochum 1998
244 Seiten, ISBN 3-925895-61-2   19,68 Euro

SWI VERLAG

Zu beziehen über den Buchhandel

www.ingramcontent.com/pod-product-compliance
Lightning Source LLC
Chambersburg PA
CBHW020658270326
41928CB00005B/173